Der Ullstein Taschenbuchverlag ist ein
Unternehmen der Econ Ullstein List Verlag
GmbH & Co. KG, München
Originalausgabe

Projektleitung: BILD
Herausgeber: Kai Diekmann
Umschlagkonzept: Buch und Werbung, Berlin
Umschlaggestaltung: Melanie Böttcher
Textredaktion: Hauke Brost und Harro A. Ismer
Fotoredaktion: Franziska Stichert und Gerd Tippl
Layout & Produktion: Melanie Böttcher und Hans-Peter Lobmeyer
Technische Abwicklung: Wolfgang Breustedt,
Tom Brinkmann und Tobias Möhle
Koordination: BILD-Merchandising
Art Director: Veronika Illmer
Druck und Weiterverarbeitung:
MOHN Media • Mohndruck GmbH
Printed in Germany
ISBN 3-548-42062-1

Das Jahr 2001

Was uns bewegte

Herausgegeben von Kai Diekmann

ULLSTEIN

2001
Das Jahr war
schön

In Norwegen heiratet Mette-Marit Kronprinz Haakon

2001
Das Jahr war
schrecklich

In New York sucht eine weinende junge Frau ihren Verlobten

2001
Das Jahr war
glücklich

In Las Vegas wird Steffi Graf
Mutter eines Sohnes

2001
Das Jahr war
traurig
In Ludwigshafen
beerdigt Helmut Kohl
seine Frau Hannelore

2001
Das Jahr war
heiter
In Hessen vergnügt sich Rudolf
Scharping mit Gräfin Pilati

2001
Das Jahr war
ernst
Sie müssen
Soldaten
an die
Terror-Front
schicken

2001
Das Jahr war **spannend**

**Kahn Weltklasse.
Bayern gewinnt die
Champions League,
wird Weltpokalsieger**

2001
Das Jahr war
gefährlich

Burti hebt ab, Schumi im Trümmerhagel

2001 Das Jahr war **anziehend**

Die Schweizer Diplomaten-Gattin Shawne Borer-Fielding posiert als Reiter-Lady

2001 Das Jahr war **abstoßend**

In England wüten die Tierseuchen MKS und BSE

2001

In New York rennen die Menschen um ihr Leben...

..was für ein Jahr!

...und einige Wochen später um den Sieg im Marathon

Kai Diekmann
BILD-Chefredakteur

Liebe Leser,
„Ein Bild sagt mehr als 1000 Worte", heißt ein deutsches Sprichwort, und selten ist dies so tragisch bestätigt worden wie am 11. September 2001.
Die Explosion des World Trade Centers hat sich uns allen ins Gedächtnis gebrannt. Und jeder wusste in diesem Augenblick: Die sorglosen Tage sind vorbei, ein neues Zeitalter hat begonnen, und global ist im 21. Jahrhundert nicht nur die Wirtschaft, sondern auch der politische Konflikt.
Andere Bilder haben uns dieses Jahr ebenfalls beschäftigt. Die Tränen der Schalker nach dem „Herzschlag-Finale", der Jubel Schumis über seinen vierten WM-Sieg, Helmut Kohl am Grab seiner Frau. Oder das erschütternde Foto von Ulrikes Fahrrad im Schnee, Sinnbild für die Verletzlichkeit unserer Kinder und die Kälte der Täter.
Diese Bilder sind Teil unseres Lebens. Sie prägen unser Erinnern wie unseren Blick in die Zukunft. Und die besten sind nicht nur Dokument des Augenblicks, sondern Gleichnis der Zeit.
Wer könnte besser geeignet sein, diese Macht der Bilder zu dokumentieren als die Zeitung, die sich schon im Titel hierzu bekennt? Deshalb haben wir uns zu diesem Bildband entschlossen, der die besten Fotos des Jahres konzentriert: Bilder vom Leben, von seinen kleinen und großen Momenten, seinen Triumphen und Niederlagen – begleitet von den besten Augenzeugen-Reportagen unserer Reporter.
Manchmal heiter, manchmal schmerzhaft, aber immer so, wie auch BILD ist: Nah am Menschen und mit Liebe zu den Lesern.
Herzlichst, Ihr

Boris' schwerste Stunde

Es ist der 4. Januar, Ortszeit halb elf. Im 22. Stock des Gerichtsgebäudes von Miami, Florida, hebt Boris Becker die Hand zum Schwur. Sein Gesicht drückt Anspannung aus. Boris weiß, dass es hart werden kann. Und genau das wird es. Unter dem Aktenzeichen 0030253 geht es um sehr viel Geld. Und es geht um die Kinder. Wo werden sie leben? Wo wird die Ehe geschieden? Wozu muss sich Boris äußern, wozu darf er schweigen? Sein Gegner ist Babs' Anwalt. Als alles vorbei ist, sagt Becker: „Okay, er hat mich gegrillt. Aber er hat nur einen Satz gewonnen und nicht das ganze Match."

Januar

Mehr Rente für Politiker
...aber wir alle sollen weniger kriegen
ESSO Hit der Woche
Claudia Schiffer
Bild

Dienstag, 2. Januar

Verrückte Heirats-Show heute im TV
Wer gewinnt diesen Millionär?
Schmeißt Minister Funke hin?
Der Kampf um die Kinder
Boris: Blitzflug zu US-Richter
Bild

Mittwoch, 3. Januar

Babs & Boris. Fernsehen überträgt Prozess um die Kinder
Scheidungs-Schlacht live im TV
Sparbuch schlägt Aktie
Fischers Bekenntnis nach 27 Jahren
Das war ich
Bild

Donnerstag, 4. Januar

1. Prozess-Tag Becker gegen Becker
Das Verhör
Babs' Anwalt brüllte: „Sie lügen!"
Westerwelle FDP-Chef
Bild

Freitag, 5. Januar

Scheidung & Heimkehr

Die Trennung im Hause Becker, das Baby aus der Wäschekammer und Daums Heimkehr prägten den Januar 2001

Mörderisch, mild, millionenschwer: So begann das Jahr, das niemand jemals vergessen kann.

● **Mörderisch**, denn palästinensische Heckenschützen erschossen Anfang Januar den israelischen Siedlerführer Binjasmine Kahane (39) und seine Frau. Die fünf Kinder des Paares wurden bei dem Feuerüberfall auf ihren Familien-Kleinbus schwer verletzt.

Israelische Polizisten durchsuchten den Kleinbus der Siedler

● **Mild,** denn mit elf Grad war es fast überall in Deutschland „für die Jahreszeit viel zu warm", wie die Wetterfrösche staunend verkündeten.

● **Millionenschwer,** denn zum Jahreswechsel wurde erstmals im deutschen TV ein Millionär zum Heiraten verschenkt. Die Jagd nach hohen Einschaltquoten bekam durch diese RTL-Show eine neue Dimension, die viele für menschenverachtend hielten. „Europa wird 2001 zur Lokomotive der Weltkonjunktur", weissagte die Wirtschaftspresse zum Jahresbeginn, und fast orakelhaften Charakter hatte die Vorausschau: „Die goldenen US-Zeiten sind vorbei." Erstmals dienen bei uns Frauen an der Waffe. Ex-Präsidentengattin Hillary Clinton wird in den US-Senat gewählt! AOL und Time Warner fusionieren.

Was Deutschland im Januar aber wirklich bewegte, war der Scheidungsprozess Becker gegen Becker vor dem Bezirksgericht in Miami (Florida).

4. Januar 2001, ein Donnerstag, 11. Judical Circuit of Miami. Leichter

Babs' Anwalt Burstyn greift an wie ein Kampfstier

BILD-Reporter Rolf Hauschild war damals im 22. Stock des Court House dabei. Er erinnert sich:

Die Reporter-Meute war mit hochgeschlagenen Mantel-Krägen in das Gerichtsgebäude gestürmt. Um den Wolkenkratzer strich ein eisiger Wind.

Nur Boris strahlte mit der Sonne um die Wette. Die Blicke aus seinen blauen Augen durchschnitten das Blitzlichtgewitter.

Ich drücke seine Hand. „Trotzdem ein frohes neues Jahr." – „Danke, frohes neues Jahr." Wir schauen aus den Panoramafenstern. Nur wenige Kilometer Luftlinie entfernt glitzert Fisher Island im Atlantik. Das Millionärs-Eiland mit Palmen und Flamingos. Die neue Heimat seiner Söhne Noah und Elias. Und seiner Frau Babs, von der er sich einen Monat zuvor getrennt hat.

BILD-Reporter Rolf Hauschild

Für einen kurzen Moment verweilen seine Gedanken in einer glücklicheren Vergangenheit. Dann wieder ist er ganz im Hier und Jetzt. Das Kreuzverhör beginnt. Babs' Anwalt Burstyn greift an wie ein Kampfstier. Ich sitze mit einigen wenigen auserwählten Kollegen nur wenige Meter von Boris entfernt.

Ich spüre, wie Burstyns Angriffe Wirkung zeigen. Doch ich weiß auch, wie Boris sich in unzähligen, ausweglos erscheinenden Situationen auf dem Tennisplatz stets ins Match zurückfighten konnte.

Ruhig und gelassen setzt er seine Returns. Wie zuvor beantragt auf Deutsch, um sich nicht von Burstyn in einen unüberwindlichen Dschungel aus schwer verständlichen juristischen Fachausdrücken auf Englisch locken zu lassen.

„Okay, er hat mich gegrillt", sagt mir Boris abends bei einer Flasche Heinecken-Bier in der Bar „Joia". „Aber er hat nur einen Satz gewonnen und nicht das ganze Match." So war's.

Boris Becker mit BILD-Reporter Rolf Hauschild

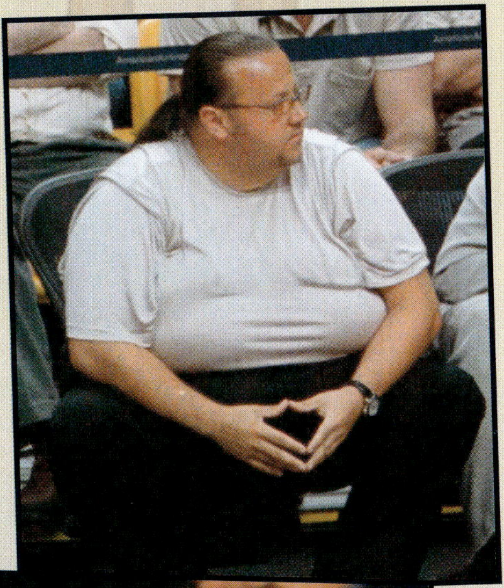

Kinder & Karriere – Babs' neues Leben als Single

Neue Karriere: In München hatte Babs Becker bei der Verleihung der Goldenen Kamera ihren ersten öffentlichen Auftritt seit der Trennung von Boris. Neuer Berater wird der dicke Guru Daniel Christian Deubelbeiss (36, kl. Foto oben). Babs muss jetzt den Vater ersetzen. Mit Söhnchen Noah besucht sie ein Basketballspiel (Mitte). In ihrer neuen Heimat Florida traf sie sich häufig mit Model Naomi Campbell (unten)

Sonnabend, 6. Januar

Babs öffnet ihr Herz
Joschka Fischer hat mich gehauen

Montag, 8. Januar

Schließt Frieden! ...den Kindern zuliebe
Scharping
Hoeneß ausgeraubt

Dienstag, 9. Januar

Babs siegt!
Stoiber doch Kanzler-Kandidat?
Alle Soldaten Strahlen-Test

Mittwoch, 10. Januar

Minister-Wahnsinn
Fischer und Funke schmeißen dem Kanzler die Brocken hin
Boris ...und jetzt auch noch Vaterschaftsklage
25 Mio

Sophia, entführt und missbraucht, ließ sich gern als Clown fotografieren. Sie beschrieb ihren Peiniger so genau, dass er kurze Zeit später verhaftet wurde. Bauschlosser Berto B. (36) wurde zu fünf Jahren Haft verurteilt

Westwind, klare Sicht und trübe Aussichten. Jedenfalls für Boris Becker. Um 10.41 Uhr Ortszeit ruft Richter Richard Maynard Gross den Scheidungsfall 0030253 auf. Deutschland hält am Fernseher den Atem an. Die Tennishand zum Schwur erhoben. „Mein Name ist Boris Franz Becker."
Barbaras Anwalt Samuel I. Burstyn, seine Zunge ist ein Dolch. „Ihre Sorge um die Darstellung Ihrer finanziellen Verhältnisse beruht doch nur darauf, dass Sie sich in einer kriminellen Auseinandersetzung mit den deutschen Steuerbehörden befinden?" „Verstehen Sie die Frage?" „Kommen Sie zum Punkt!" „Sie lügen!" „Haben Sie damals gelogen oder jetzt?"

Sophia (9) in den Händen eines Sexverbrechers

Das Jahr war erst vier Tage alt, als das erste Kind verschwand. **Sophia (9)**, Berliner Polizistentochter. Freigelassen nach 86 Stunden in den Händen eines Sittenstrolches. So glimpflich gingen nicht alle Meldungen von verschwundenen Kindern aus. In den Monaten danach gewann Deutschland den Eindruck, 2001 sei das Jahr der Kinderschänder und -mörder.

Aber der Januar zeigte uns auch ein Glitzer- und Glimmergesicht. **Klein-Schumi** erstmals mit **Cora** verliebt (beim Skispringen in Bischofshofen), Turtel-Briefe von **Prinz William** an Bushs Nichte, und **Scharping** spricht auf Bioleks Couch von Hochzeit mit der **Gräfin**...

Im Januar 2001 wurde Joschka Fischer plötzlich von seiner Vergangenheit eingeholt. Bei Recherchen für ein Buch war die Journalistin und Meinhof-Tochter Bettina Röhl auf Fotos von 1973 gestoßen, die Fischer

Denkt heute anders: Fischer als Minister

Fischers Vergangenheit 28 Jahre nach einer Gewalt-Demo in Frankfurt/Main entschuldigt sich Joschka Fischer. Dieses Foto zeigt ihn als Demonstranten (Kreis)

bei einer gewaltsamen Demonstration in Frankfurt zeigen. Er prügelt auf einen Polizisten ein. Fischer kommentierte die Fotos so: „Zum ersten Mal lief ich nicht nur weg, allein, mit nichts als meinen Händen." Er sagt auch: „Über Prügeleien und Steine ging ich nie hinaus." Und: „Wir haben viel Richtiges bewirkt und für eine gute Sache gekämpft. Aber wir hätten auch im Ansatz keine Gewalt anwenden dürfen. Recht und Gerechtigkeit sind nicht zu trennen – in keine Richtung. Gewalt verführt. Deshalb lehne ich sie aus Erfahrung und Überzeugung ab." Wenige Tage später telefoniert er mit dem damals verprügelten Polizisten und vereinbart ein Treffen mit ihm. **Joschka Fischer entschuldigt sich öffentlich.** Aber seine Jugendsünden bleiben das große politische Diskussionsthema im Januar. Und dann muss der Außenminister auch noch als Zeuge im Prozess gegen Hans-Joachim Klein aussagen, der wegen des Terroranschlags auf das Wiener OPEC-Büro aus dem Dezember 1975 vor Gericht steht. Fischer und Klein waren damals befreundet. Während dieser Aussage fallen die Fischer-Worte: „Ich war Revolutionär und kein Demokrat. Und ich habe auch lange gebraucht, bis ich die Verfassung der Bundesrepublik Deutschland als etwas Einzigartiges begriffen habe."

Ralf Schumacher mit neuer Freundin beim Skispringen in Österreich: Cora (24), Bürokauffrau und schon jetzt „die große Liebe"

Ebenfalls im Januar taucht ein Foto auf, das den heutigen Umweltminister Trittin im Juli '94 mit vermummten Demonstranten zeigt. BILD berichtet am 29. Januar, dass

Babs 5870 Mark für jeden Tag Ehe

Bild

Schumi Geheimklausel

Mercedes hofft – Ferrari zittert

Frauen-Kanzler Schröder

Noch nie waren so viele Ministerinnen in einer Bundesregierung

Donnerstag, 11. Januar

Endlich wieder zu Hause!

Daum kam mit Rose

Bild

Hier schließt er nach 82 Tagen Flucht seine Haustür auf

Rot-grüne Bauernreform Frühstücks-Ei bald 1 Mark?

Babs will mehr Geld!

Freitag, 12. Januar

auf dem Foto auch Schlagstock und Bolzenschneider in den Händen von Demonstranten zu sehen sind; dieses erweist sich bei der Auswertung weiterer Fotos und Videobänder als falsch. Zwei Tage später entschuldigt sich BILD für den Irrtum.

Barbara Valentin, dem Erotik-Star der frühen Siebziger, geht es schlecht. Die 60-jährige Schauspielerin treibt Raubbau mit ihrer Gesundheit. Tabletten, Alkohol, Zigaretten – es ist schwer für sie, alt zu werden. In einer Bar bricht sie zusammen und wird mit dem Krankenwagen in die Klinik gebracht (Intensivstation). „Wer tröstet eine Sexbombe, wenn sie einsam wird?", fragt BILD.

Geplant: Anschlag auf US-Botschaft in Rom

Mit Bart und MP: Terrorchef Osama Bin Laden begann seinen Krieg gegen die westliche Welt

Weniger Aufmerksamkeit findet eine Nachricht, die einem erst rückschauend kalte Schauer über die Haut jagt. Ein Mann, dessen Name bisher kaum jemandem geläufig war, ein bärtiger, seltsamer, furchterregender Araber mit stechendem Blick und Turban, wollte die römische US-Botschaft in die Luft jagen. Das war kein Scherz. Geheimdienste kamen ihm rechtzeitig auf die Schliche. Der Name des Mannes: **Osama Bin Laden**

Im Westen von Indien wütete im Januar 2001 ein schreckliches Erdbeben (7,9 auf der Richterskala). Über 30 000 Menschen starben.

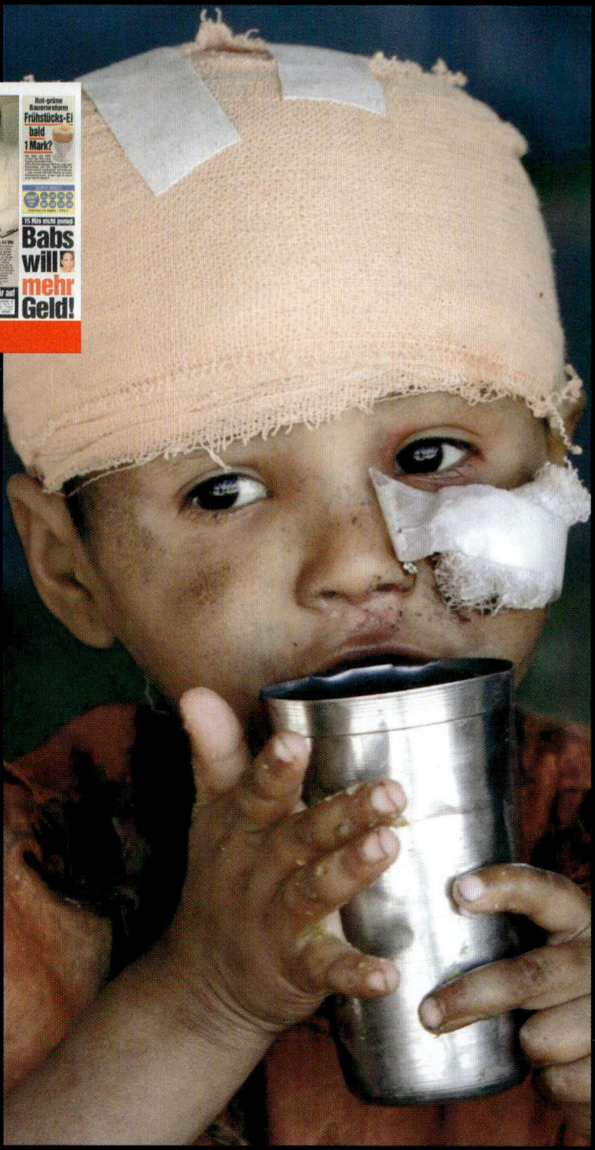

Das Erdbeben und die Leiden der indischen Kinder

Nur wenige Sekunden schüttelte das Erdbeben die Häuser im Westen Indiens, dann brachen auch Krankenhäuser und Schulen zusammen. Tausende Kinder wurden getötet oder verletzt. „Warum hat Shiva, der Gott der Zerstörung, uns so bestraft? Unser ganzes Land liegt unter einem Leichentuch." Mit diesen Worten nahm ein Hindu-Priester Abschied von den Toten. Nach wenigen Tagen brachen Seuchen aus. Brunnen waren zerstört oder vergiftet. Kinder – viele verletzt und nur notdürftig behandelt - irrten erschöpft durch die Trümmerwüste, immer auf der Suche nach etwas Essbarem oder einem Becher Wasser (oben links).

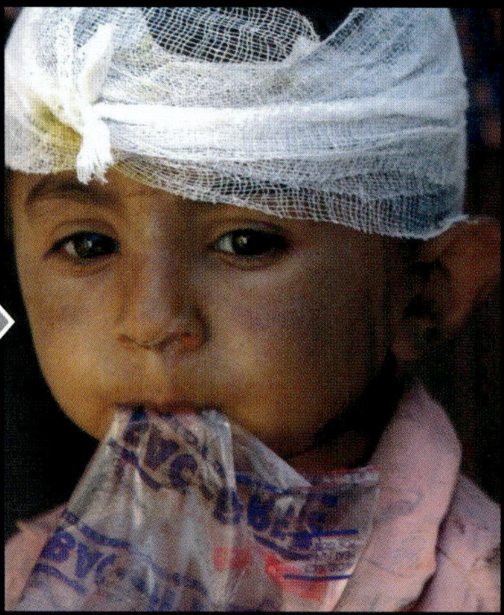

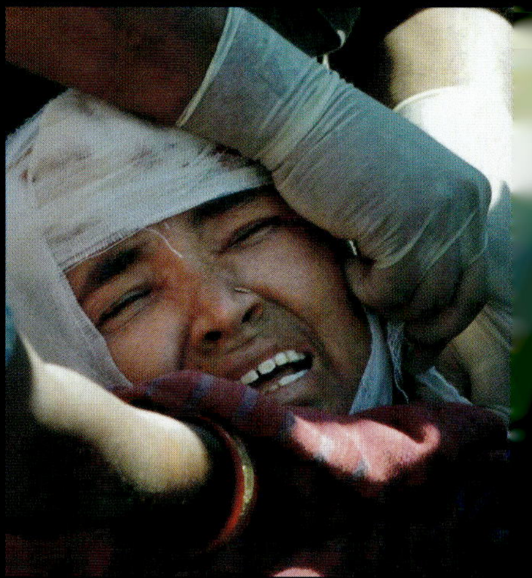

Ratlos standen Menschen vor den Trümmern ihrer zerstörten Häuser

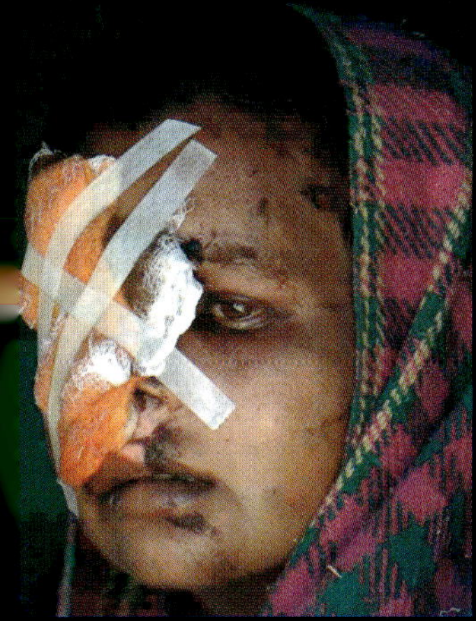

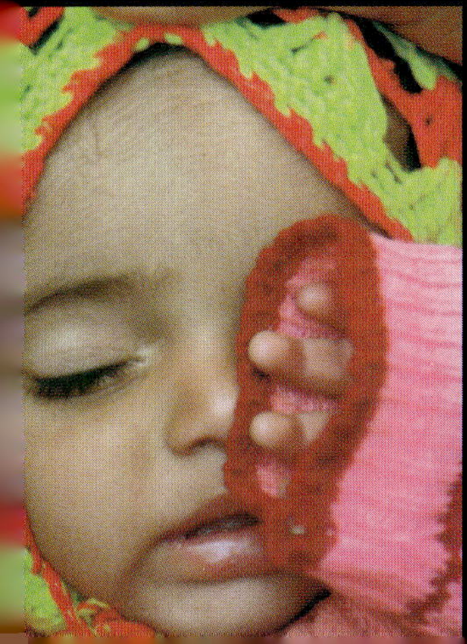

BILD-Leser spenden 2,4 Millionen Mark für leidende Kinder

Die „Aktion ein Herz für Kinder" von BILD half sofort. 50 000 Mark Soforthilfe gingen schon wenige Tage nach dem Erdbeben an das Internationale katholische Missionswerk, um Opfer mit Nahrung, Decken und Medikamenten zu versorgen. BILD-Leser spendeten danach 2,4 Millionen Mark für den Wiederaufbau von Kinderheimen.

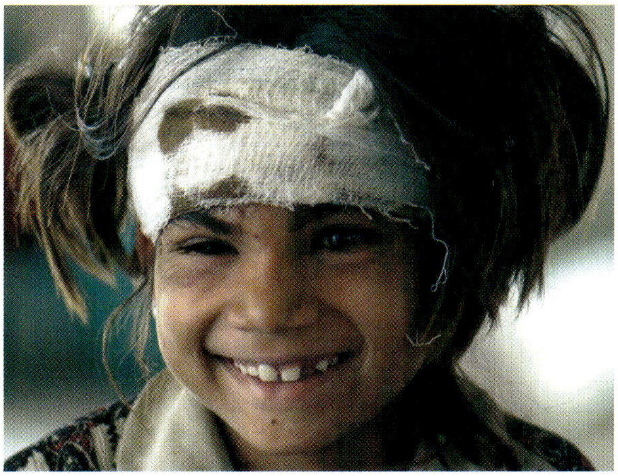

Die kleine Sunil (8) hatte schwer verletzt überlebt. Sie freute sich über die Hilfe aus Deutschland

Die Toten wurden sofort auf offener Straße verbrannt – aus Angst vor Seuchen

Kokain-Geständnis! Aber Daum sieht nicht aus wie ein Verlierer
Bitte verzeiht mir!
Bild
Boris hat mir Geld geboten
BSE: Schon Tausende Jobs weg

Sonnabend, 13. Januar

„Ich möchte ja noch mal heiraten"
Boris will Blitz-Scheidung
ESSO Hit der Woche
Bild
Joschka Fischer Schwere Vorwürfe von Terror-Chef Carlos
BSE durch Milch?

Montag, 15. Januar

Gestern 10.15 Uhr die Blitz-Scheidung
Boris lacht
Warum hatte er es bloß so eilig?
Bild
Ministerin prüft BSE-Verdacht bei Milch
Kappt SPD Kindergeld-Erhöhung?

Dienstag, 16. Januar

Boris und das Baby
War es Samen-Raub?
Bild
Joschka Fischer im Terror-Prozess
Ich war kein Demokrat
BILD-Aktion: Die Wahrheit über BSE

Mittwoch, 17. Januar

Blaue Augen, rote Haare: Anna sieht ihrem Vater Boris sehr ähnlich

Das Baby aus der Wäschekammer

Hotel „Metropolitan" in London, unweit der Bar gibt es dort eine Wäschekammer (Foto links): Hier wurde, so berichtet Boris Becker freimütig, seine Tochter Anna gezeugt. „Es hat nur fünf Sekunden gedauert", sagt Boris. Der Gen-Test beweist: Er ist der Vater.

Von Reportern umringt: Angela Ermakowa beim Verlassen des Vormundschaftsgerichts in London

Unterwegs zum Vaterschaftstest: Boris Becker

170 000 wurden verletzt. Eine halbe Million Menschen wurde obdachlos. Am schlimmsten traf es die Stadt Bhuj. Dort stürzte ein Krankenhaus ein. 400 Kinder wurden in ihrer Schule verschüttet. Brandgeruch in allen Straßen; die Krematorien qualmten rund um die Uhr, viele Menschen verbrannten ihre toten Angehörigen auf der Straße. In Deutschland schaltete sich die Aktion „BILD hilft – Ein Herz für Kinder" ein und bat um Spenden. BILD-Leser spendeten in den darauf folgenden Wochen 2,4 Millionen Mark, mit denen z.B. Schulen wieder aufgebaut werden konnten.

Zwei Minister warfen das Handtuch

Der Januar, so ging er weiter. Flächenbrand in Kalifornien! Dieter **Hoeneß`** Berliner Villa ausgeraubt! Vollständige Mondfinsternis! 52 Grad minus in Sibirien, sie erfrieren dort im Stehen! Und zwei Minister traten ab (**Andrea Fischer, Karl-Heinz Funke**). Drei Buchstaben waren der Grund. Drei Buchstaben, die Angst machten, bis später im Jahr ein anderer schrecklicher Mord-Begriff diese Angst überwucherte. **BSE**. Der Milzbrand des Januar im Deutschland 2001.

Boris Becker blieb in den Schlagzeilen. Er kam auch in den folgenden Januarwochen nicht zur Ruhe. In London wandte sich die 33-jährige **Angela Ermakowa** an die auf Millionärsscheidungen spezialisierte Anwaltskanzlei Mishcon de Reya (sechs Büro-Etagen, 222 Angestellte) und gab zu Protokoll, dass er der Vater ihres Kindes sei.
Noch mochte das niemand so recht glauben. Es klang nach Trittbrettfahren. Doch wenig später gab es ein neues Wort in Deutschland. Ein Wort zwischen Schmuddel und Schamlosigkeit, zwischen Gier und Gemeinheit: **Samenraub.**

Samen-Raub
Boris bei Anwalt in London
DIE SENSATION!
0,-
HANDYS-FOR-YOU
Bild
Super Bingo
Bargeld, Reisen, Autos gewinnen!
Heute neue Karten

Donnerstag, 18. Januar

Samen-Raub
Boris will Gen-Test
„Ja, es gibt ein Baby namens Anna..."
2 Mio DM
BSE doch bei Schweinen?
Bild
Ex-Terroristin nimmt Fischer in Schutz
Greif dir das Glück!

Freitag, 19. Januar

Gottschalk fragt heute Abend diese Frau
Kriegst du ein Baby von Boris?
DIE SENSATION!
0,-
HANDYS-FOR-YOU
Bild
Doch Uran-Schlamperei bei uns!

Sonnabend, 20. Januar

Schau mal, Boris
...so schön macht nur die Liebe
ESSO Hit der Woche
Ja, Gottschalk singt beim Grand Prix
Bild
Super Bingo
Ab heute gewinnen!

Montag, 22. Januar

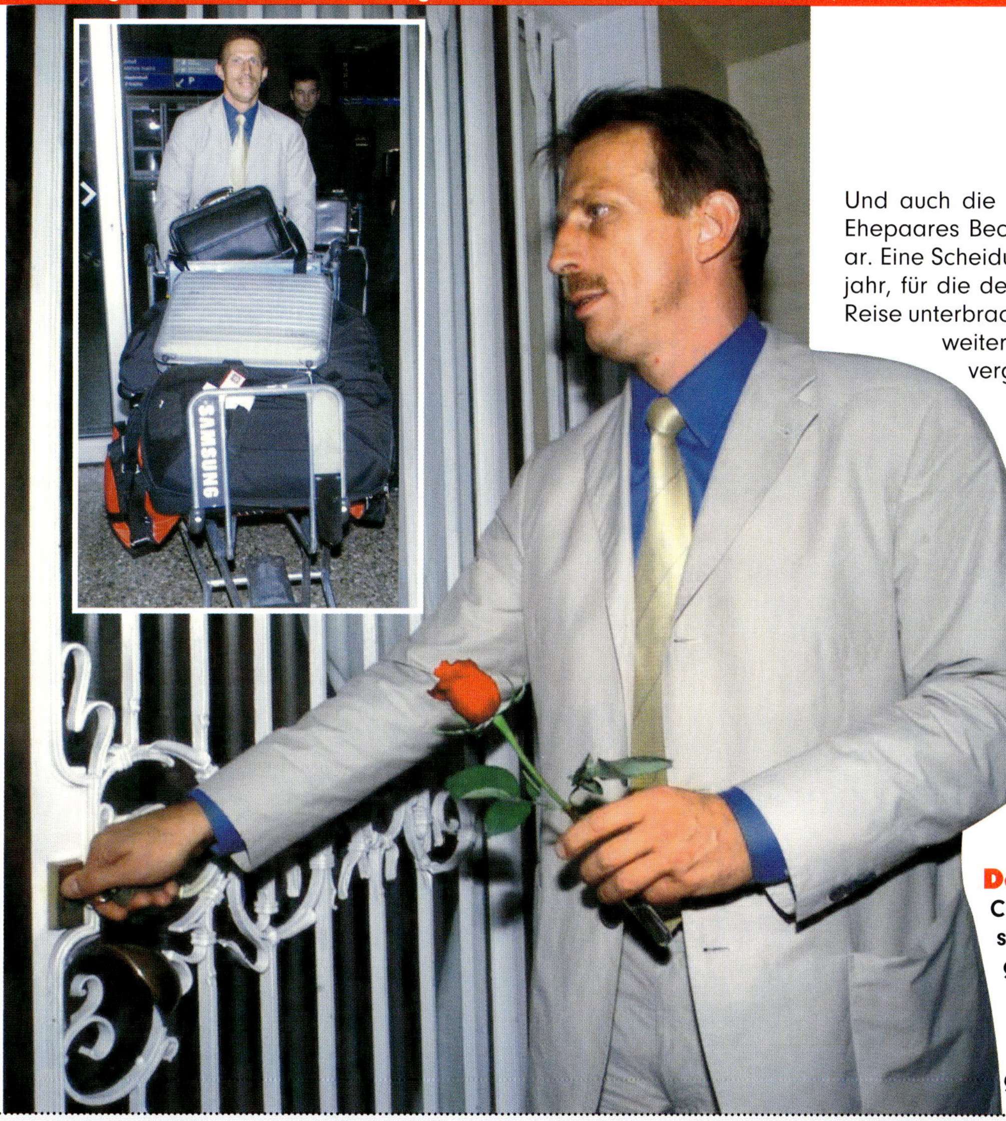

Und auch die **Blitz-Scheidung** des Ehepaares Becker fiel in den Januar. Eine Scheidung ohne Trennungsjahr, für die der Richter sogar eine Reise unterbrach! Aber es gab noch weitere Ereignisse, die unvergesslich bleiben...

Lufthansa-Flug 463 aus Miami, Donnerstag, 11. Januar, verspätete Ankunft in Frankfurt 8.27 Uhr. **Christoph Daum kehrt zurück**, um sich den Drogenvorwürfen zu stellen... (Augenzeugen-Bericht unten).

Der Heimkehrer
Christoph Daum schloss nach 82 Tagen in den USA seine Villa auf. In der linken Hand eine rote Rose für Lebensgefährtin Angelika

„Ich habe Kokain genommen. Es ist kein Kavaliersdelikt"

BILD-Reporter Vim Vomland, der Christoph Daum als erster Journalist in Florida besucht hatte, erinnert sich: *Das erste Treffen nach einer Verwirrfahrt durch Orlando in einem Hinterzimmer. Daum war damals, am 2. November 2000, braun gebrannt, aufgekratzt, aufgeregt. Aber noch nicht mit sich im Reinen.*

Am 11. Januar 2001 erlebe ich auf der Fahrt im schwarzen Audi A 8 von Frankfurt nach Köln in seine Villa im Hahnwald einen anderen Christoph Daum. Er hat nach der Drogen-Affäre zu sich selbst gefunden. Er ist bereit, Fehler beim Namen zu nennen. „Ja, ich habe Kokain genommen. Nein, es ist kein Kavaliersdelikt. Ja, Sie können es Lüge nennen. Nein, es gibt keine Entschuldigung. Bitte verzeiht mir!"

BILD-Reporter **Vim Vomland**

Mit diesem Drogen-Geständnis in einer spektakulären, einstündigen, showartigen Pressekonferenz am 12. Januar im „Rhein-Saal" des Kölner Hotel „Hyatt" zieht Daum vor 200 Journalisten und 33 TV-Kameras für sich selbst einen ersten Schlussstrich unter die Kokain-Affäre. Ich erlebe einen erleichterten Christoph Daum. Aber man spürt ihm auch an: Er hat große Sorge vor dem Drogen-Prozess in Koblenz und um seine Zukunft...

Macht sie es besser als Boris?
Steffi
Dieses Jahr
Hochzeit
Bild
Porno-Verbot bei der Bundeswehr
Franz sagt, wer Meister wird
24 Jahre nach der Ermordung des Generalbundesanwalts
Bubacks Sohn greift Trittin an

Angst um Schumi
Bild
Wie gefährlich ist sein neuer Ferrari?
Steffi
Wie treu ist ihr Agassi?
Hier lebten Fischer und die RAF-Terroristin

EU will T-Bone-Steaks verbieten
Kanzler, was sollen wir noch essen?
Bild
Gottschalks Lied für den Grand Prix
Da ist er wieder!
Fall Schmitz
Der kleine Joseph starb den Badetod

Lindenstraße oder Liebesfilm?
Babs wird jetzt TV-Star
Bild
BSE treibt alle Preise hoch
Bundesliga
Rente
So viel müssen Sie zur Seite legen

Sedat (9): Getötet und grausig verstümmelt

Im Januar 2001 ist die Pokémon-Sucht bei unseren Kindern noch ungebrochen. Auch der neunjährige Sedat aus Duisburg liebt die Pokémons. Das ist sein Todesurteil. Ein Hundebesitzer findet seinen Torso beim Gassi gehen in einem blutverschmierten Koffer bei der „Glück-Auf"-Halle; der abgetrennte Kopf des Kindes liegt in einem Altkleider-Container. Mit dem Versprechen, ihm Pokémon-Karten zu schenken, hatte **Triebtäter Oliver S.** (23) den kleinen Jungen vom Spielplatz weggelockt, getötet und grausig verstümmelt. Die Karten gaben diesem erschütternden Verbrechen seinen Namen: **Pokémon-Mord.**

Andrea im brutalen Knast

Streng bewacht saß die 20-jährige Andrea aus Berlin im brutalsten Gefängnis der Türkei. Zöllner hatten in ihrer Reisetasche Heroin gefunden, drei Päckchen mit je zwei Kilo

Sedat – mit Pokémon-Karten in den Tod gelockt

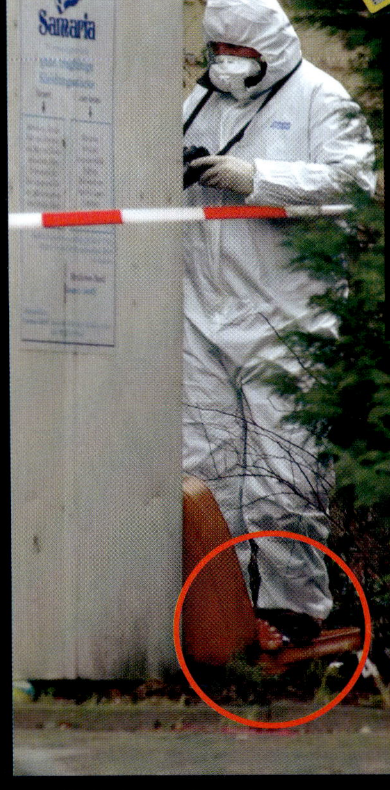

Der kleine Sedat (kl. Foto links) starb am 11. Januar. Seine Freunde brachten ihm Teddybären, Kerzen und Abschiedsbriefe ans Grab. „Ich wollte mal sehen, wie ein Kind stirbt", sagte sein Mörder Oliver S. (24, Foto rechts, bei seiner Verhaftung). Er hatte Sedat erwürgt und seine zerstückelte Leiche in einem Koffer neben einem Altkleider-Container abgelegt (gr. Foto links)

Eine Frau lässt die Männer in der Wüste
Da bebte die Sahara: Mit der Nummer 205 raste die Deutsche Jutta Kleinschmidt in ihrem Geländewagen beim schwersten Autorennen der Welt zum Sieg

George W. Bush zog ins Weiße Haus ein

In Hamburg steht Reemtsma-Entführer **Thomas Drach** vor Gericht. In Berlin wird Mirjana Boglojevic zur **„Miss Germany"** gewählt. In Washington zieht **George W. Bush** als 43. Präsident der Vereinigten Staaten ins Weiße Haus. In Los Angeles wird der **„golden globe"** verliehen (u.a. an **Julia Roberts, Tom Hanks**). In Frankfurt wird „national befreite Zone" zum „Unwort des Jahres" gewählt. Und in Izmir kommt die 18-jährige Berlinerin **Andrea R.** in den berüchtigten Buca Chezaevi- Knast. Sie hatte Heroin für 360 000 Mark im Gepäck. Andreas Schicksal wird uns auch in den folgenden Monaten noch begleiten...

Das „Schnitzel" machte im Januar die meisten Schlagzeilen im Sportteil der Zeitungen. „Schnitzel" war der liebevolle Spitzname für den schmächtigen Super-Fußballer **Tomas Rosicky (20)**, der für die sagenhafte Summe von 25 Millionen Mark (Rekord!) von Sparta Prag zu Borussia Dortmund wechselte. Schnitzel hieß er eben deshalb, weil er, so die Fans, öfter mal eins essen sollte. Später bat er dann entnervt: „Nennt mich nicht immer Schnitzel!" Das zweite wichtige Sportereignis im Januar war der Sieg von **Jutta Kleinschmidt** bei der **Rallye Paris-Dakar**, die 114 Konkurrenten abhängte. Eine unglaubliche Strapaze: 10 739 km bei brütender Hitze durch Schlamm, Dünen, Schluchten und Wüste!

Der 25-Mio-Mann
Tomas („Schnitzel") Rosicki kam für 25 Millionen nach Dortmund – und schlug als Mittelfeld-Regisseur groß ein

In der letzten Januarwoche 2001 ging eine Sensations-Nachricht aus Rom um die Welt. Papst **Johannes Paul II.** wird die Bischöfe **Karl Lehmann** (64) aus Mainz und **Johannes Joachim Degenhardt** (74) aus Paderborn zu Kardinälen ernennen! Lehmann, Vorsitzender der deutschen Bischofskonferenz, ist ein streitbarer Mensch; er tritt z.B. offen für Schwangerschaftsberatung ein. „Ich sehe die Ernennung als Ermutigung auf meinem Weg, den ich fortsetzen möchte", sagte er.

Kardinalsweihe: Kardinal Lehmann küsste den Ring des Papstes

Das Comeback der Jennifer Capriati

Der US-Doppelsieg bei den Australian Open in Melbourne! **Andre Agassis siebter Grand-Slam-Streich**. Und Jennifer Capriatis drittes Leben mit erst 24: Gefeiert als

Boris & Sabrina
Liebes-Urlaub
Erwischt!
Dr. Klitschko lädt zur Nasenkorrektur.
Bild
Schumi ganz privat
Gottschalk wirft hin

Sonnabend, 27. Januar

Boris & Sabrina
EXKLUSIV! DAS INTERVIEW
Ja, es ist Liebe
ESSO Hit der Woche
Bild
Bischof Lehmann wird doch Kardinal

Montag, 29. Januar

Babs
Wie weh tut ihr diese Liebe?
Magath weg, kommt jetzt Otto?
Schumi Neuer Super-Ferrari
Bild
Krebs! Mann von Dagmar Berghoff tot

Dienstag, 30. Januar

Sabrina Setlur exklusiv
Jetzt spricht Boris' Neue
Bild
Magath Ja, ich wurde weggemobbt
Helft den Erdbeben-Kindern

Mittwoch, 31. Januar

Kinderstar, gefallen als Ladendiebin und Haschraucherin, jetzt wieder ganz oben und fit wie nie! Das „Wechselbad der Gefühle" – auf die **Capriati** traf es ebenso zu wie für den ersten Monat des Jahres 2001.

Spekulationen um Beckers Sabrina

Januar 2001. Der Monat begann mit dem Boris-Trennungskrieg in Miami und er endete mit neuem Boris-Glück. **Sabrina Setlur**! Im Exklusiv-Interview sagte Becker zu BILD: „Ich bin kein Mensch, der sich versteckt...", „Wir tun nichts Verbotenes...", „Spätestens jetzt sollten alle Zweifel beseitigt sein, dass ich wirklich dunkelhäutige Frauen mag..."

Sabrina bei „Wetten dass...?". Die Gerüchte über eine Affäre mit Boris überschlugen sich. Sie zeigte die BILD-Schlagzeile, blieb aber geheimnisvoll mit ihren Antworten

Boris Becker beim Abflug in London Heathrow

Also doch!

Boris und Sabrina turteln in New York

Den BILD-Reportern entging nichts, auch nicht das heimliche Turtel-Treffen von Boris Becker und Sabrina Setlur in New York. Klammheimlich waren die beiden auf getrennten Wegen in die USA aufgebrochen: Boris startete in London, Sabrina in Frankfurt/Main. Beide geben in New York große Interviews. Sabrina himmelte ihn an: „Ich lerne jeden Tag eine neue Seite an ihm kennen. Es ist einfach toll.“ Und Boris orakelte: „Sollten wir etwa getrennte Hotels buchen und jeden Abend zueinander schleichen?“ Trotzdem – gehalten hat dieses Glück nicht lange.

Sabrina Setlur beim Abflug am Flughafen Frankfurt

Boris und Sabrina strahlen

Sie himmelt ihn an. Er genießt

Sie schaut zur Kamera, als wolle sie sagen: „Ja, wir sind ein Paar“

Strahlendes Glück: Boris Becker und Sabrina Setlur als verliebtes Paar in New York

Boris und Sabrina in der Hotellobby

Wie der Januar unser Leben veränderte

Gedanken über die Fehler der Jugendzeit

Hans-Olaf Henkel

Hans-Olaf Henkel (61) war von 1995 bis 2000 Präsident des Bundesverbandes der Deutschen Industrie

Am Anfang des Jahres wurde Joschka Fischer von der Vergangenheit eingeholt. Fotos zeigten, wie er damals einen am Boden liegenden Polizisten trat. Er selbst gab zu, mit Steinen geworfen zu haben, aber eine direkte oder indirekte Mittäterschaft an der schweren Verletzung eines Polizisten durch einen geworfenen Molotowcocktail konnte man ihm nicht nachweisen. Das war für ihn durchaus bedrohlich. So schien es mir nur eine Frage der Zeit, wann er selbst zurücktreten müsse oder der Kanzler ihn fallen lassen würde.

Joschka Fischer kämpfte wie damals, wenn auch mit anderen Mitteln. In den Zeitungen, der BILD vorneweg, in Zeitschriften und auf allen Fernsehkanälen reklamierte er das Recht, sich verändert und aus Fehlern gelernt zu haben.

Und wie hat er sich geändert! Aus dem Turnschuh tragenden Chaoten wurde der Außenminister mit dem Dreiteiler. Aus dem Gewaltbereiten wurde der Vorkämpfer gegen den weltweiten Terrorismus. Aus dem Pazifisten entwickelte sich der Außenminister, der unsere Soldaten erst nach Ex-Jugoslawien sandte und den Boden vorbereitete, sie unter Umständen auch nach Afghanistan zu schicken..

Ich zweifle allerdings immer noch daran, dass er heute vielen anderen auch dieses Recht zugestehen würde.

1998, einige Monate vor der letzten Bundestagswahl, trafen wir uns in Köln bei einem Italiener. Ich bestellte eine Flasche Rotwein und musste sie halb ausgetrunken stehen lassen. Er trank nur Wasser, aß trockenes Brot, Spaghetti mit Tomatensauce. Er wolle sich auf seinen ersten Marathonlauf vorbereiten. Dann erzählte er mir, was er denn alles als Außenminister tun würde. Er wolle die Wirtschaft durch eine exportfreundliche Politik unterstützen, den Botschaften Dampf machen.

Zugegeben, ich habe mich innerlich totgelacht, ihm nicht den Hauch einer Chance gegeben, weder für den Marathon noch für den Außenminister.

Wenn ich heute Fotos von ihm aus seiner Chaotenzeit und mir vom Anfang der 60er-Jahre sehe, dann ist die äußerliche Metamorphose von uns beiden durchaus ähnlich.

Mir gingen Anfang des Jahres 2001 viele Gedanken auch über meine Vergangenheit durch den Kopf. Klar, ich wollte auch was werden. Aber jedem, der mir damals vorausgesagt hätte, ich würde mal der Boss eines großen Unternehmens, gar BDI-Präsident, hätte ich gesagt, dass er verrückt geworden sei.

Aber es blieben Unterschiede. Ich lächele über sein weltmännisches Gehabe, er nennt mich offen einen „Freak“. Das tun einige meiner Kollegen hinter meinem Rücken auch. Pazifist war ich nicht, Gewalt anzuwenden kam mir nie in den Sinn. Mit „links“ und „rechts“ konnte ich nie etwas anfangen, eher mit „geradeaus“. Trotzdem, ich habe viel aus eigenen Fehlern lernen müssen und mir unterlaufen heute immer noch zu viele. Man hat sie mir meist großzügig verziehen.

Gut, dass man Joschka Fischer seine auch verziehen hat.

Zwischen Protest und Politik: Joschka Fischer, lässig mit Zigarette bei einem Teach-in der Uni Frankfurt (links) – und ganz staatsmännisch als deutscher Außenminister

BSE, MKS – das Gespenst grässlicher Viehseuchen macht uns im Februar Angst. In Deutschland werden tausende Rinder und Schafe notgeschlachtet, um ein Ausbreiten der Rinderseuche BSE zu verhindern. Und besorgt schauen wir nach England und Holland: Dort wütet die Maul- und Klauenseuche (MKS). Überall lodern Feuer wie Mahnmale für uns Menschen gegen die Massentierhaltung: Auf monströsen Scheiterhaufen werden tausende Tiere verbrannt, damit sich die hochansteckenden Viren nicht weiter ausbreiten. Deutschland schottet sich ab – und bleibt verschont.

Ausgesetzt
Kälbchen „Max" auf Stroh in der Telefonzelle – mit einem blau-weißen Strick um den Kopf. Es schaut zu Boden, hat Hunger und Durst

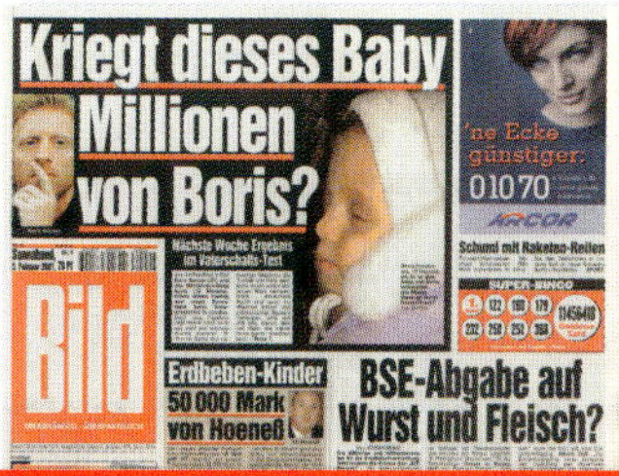

BSE & Angst um Ulrike

Deutschlands Steakhäuser blieben im Februar leer. Dann fand man ein Kinderfahrrad, von Schnee bedeckt, im Wald.

Dieses Foto rührte unsere Herzen, als der Februar begann. Es zeigt das ausgesetzte **Kalb „Max"**, angebunden in einer Darmstädter Telefonzelle. Deutschland hatte Angst. BSE machte auch in den Vormonaten Schlagzeilen; aber im Februar wurde aus Vorsicht Hysterie.

Die Bundesregierung beschloss den Tod von 400000 Rindern. Die ersten Steakhäuser mussten schließen. Auf den Schlachthöfen spielten sich erschütternde Szenen ab.

„Manche Männer gehen zum Weinen nach draußen, wenn sie nicht mehr können. Es ist mein schlimmster Einsatz in 14 Jahren Seelsorge", sagte Pastorin Annette-Christine Lenk in Sachsen-Anhalt den BILD-Reportern.

Ausgerechnet der Bauernverband begrüßte die Aktion. Pro Kilo Rindfleisch aus der Massenschlachtung gab es ungefähr vier Mark; der Marktpreis lag Anfang Februar aber bei drei Mark, und der Markt war tot.

Oliver Kahn fordert: Weg mit der Freistoß-Mauer!

● **Fußball-Deutschland** diskutierte die Freistoß-Mauer: Soll sie weg? Torwart Oliver Kahn forderte das, um den freien Blick auf den Ball zu haben. **Handball-Deutschland** trauerte; im Viertelfinale flogen wir aus der WM.

● **Fernseh-Deutschland** entdeckte die Lust an der Bildung; **Günther Jauchs „Wer wird Millionär?"** brach alle Rekorde. Spitzenwert im Februar: 13,09 Millionen Zuschauer, das sind 39 % Einschaltquote in der werbe-relevanten Zielgruppe! Seitdem meldet der Buchhandel einen heftigen Boom bei Fachbüchern, die kurzfristig Verstand und Intelligenz schulen (z.B. „Jogging für den Kopf").

Spannend
Günther Jauch (45) macht Deutsche reich. Sich selbst auch: Bei „Wer wird Millionär?" verdient er 7,5 Mio. Mark im Jahr

Gescheitert
Oliver Kahn (32) muss seinen Vorderleuten auch weiterhin zeigen, wie sie die Freistoß-Mauer dichtmachen sollen

Das erste Interview
Jetzt redet Babs
Der Tag, an dem Boris ging
Was sie jetzt am meisten vermisst
Wie sie über Boris' Neue denkt
Bild
20 Mio im Lotto-Topf
BILD verlost 3 Jackpot-Knacker

„Das ist der erste Schritt in mein neues Leben"
Babs für eine Nacht in Deutschland
Bild
Lotto
Deutscher Politiker fordert
Gesetz gegen Fremdwörter

Boris
Ja, ich bin der Vater!
„Ich übernehme die Verantwortung und werde für die kleine Anna sorgen."
Bild
Stoiber kritisiert Merz und Merkel
Achtung, Schumi!

Vergewaltigungs-Prozess
Freispruch schockt Frauen
Richter: „Sie hat sich nicht ausreichend gewehrt"
Bild
Kohl muss 300 000 Mark Buße zahlen
Boris Alle Sorgen los!

 Dienstag, 6. Februar | Mittwoch, 7. Februar | Donnerstag, 8. Februar | Freitag, 9. Februar

Teppichluder mit Möchtegern-Millionär

Janina Youseffian (20) im Traumschiff-Pool mit Kim Schmitz (26). Er ist zwei Meter groß, 150 kg schwer – und habe 500 Millionen, hieß es. Letzteres aber nur angeblich. Nach einer kurzen Liebes-Kreuzfahrt warf der dicke Möchtegern-Millionär Dieter Bohlens hübsches Ex-Luder wieder von Bord

● **Finanz-Deutschland** lachte über den dicken **Kim Schmitz** (26), der was mit Bohlens **„Teppichluder"** anfing, angeblich millionenschwer war und an die Börse wollte. Lug und Trug, glaubten viele Wirtschaftsexperten, und die „Telebörse" verspottete ihn als „Taschenspieler".

● **Polit-Deutschland** notierte Risse in der Führungsriege der CDU: **Friedrich Merz** brachte sich als Kanzlerkandidat ins Gespräch, Erwin Teufel sprach offen von einem „verheerenden Bild", von „heilloser Zerstrittenheit" seiner Partei. BILD fragte: „Wie lange hält Angela Merkel das durch?" Das Thema hielt sich bis in den Dezember hinein; es war wirklich nicht unbedingt ein leichtes Jahr für Frau Merkel!

● **Boris-Deutschland** diskutierte Sabrinas Vorzüge. Kann sie ihn wirklich glücklich machen? Ist es auf Dauer oder bald vorbei? „Nur ein Strohfeuer. Ein, zwei Monate, dann ist Schluss", vermutete BILD-Leser Dirk Claus (33) in einer Straßenumfrage und lag, wie man später feststellte, damit gar nicht so schlecht (die 1. Trennungs-Schlagzeilen noch vorm Sommer). Boris bekannte sich im Februar 2001 zum Londoner **Wäschekammer-Baby** („Ja, ich bin der Vater"); mit seiner Trennungsgeschichte und der vermutlich kürzesten Schlagzeile aller Zeiten (**„Ich"**) kam er sogar auf den „SPIEGEL"-Titel.

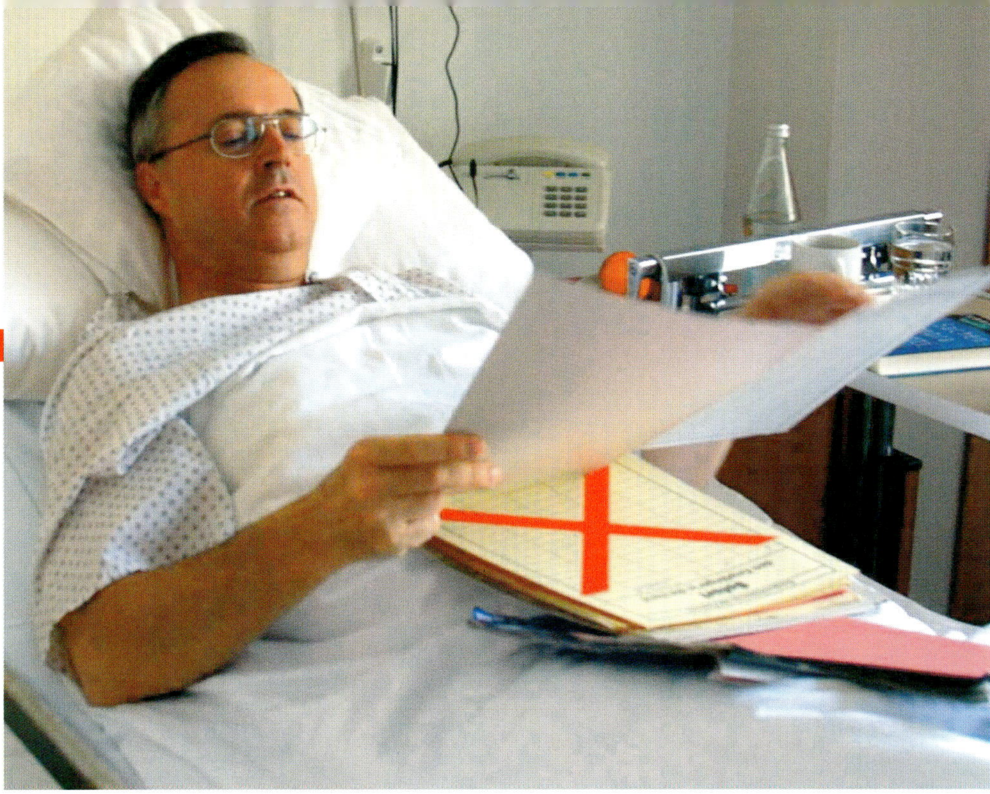

Vergewaltigungs-Urteil empört Deutschland
Richter verteidigt Freispruch
Das Prozess-Protokoll in BILD
Bild
Davis-Cup 1:1 – Kiefer versagt
BSE! Deutsche essen wieder Pferd
Trotz Boris: Babs glaubt an die Liebe
Jenny Elvers „Ich schäme mich für nichts"

Eichel operiert
An der Bandscheibe erwischte es Finanzminister Hans Eichel. Als die Schmerzen zu heftig wurden, ließ er sich in der Berliner Charité drei Stunden lang operieren – und arbeitete im Bett weiter

Toyota wollte im Februar offenbar DaimlerChrysler schlucken, der Kanzler musste Grippe-Tabletten schlucken und **Alfred Sirven** schluckte die SIM-Karte aus seinem Handy; darauf gespeichert vermutlich hunderte von Korruptions-Nummern aus der Elf-Aquitaine- und **Leuna-Affäre**. Sirven, der „Mann mit dem dicksten Geldkoffer Europas" (BILD), zerkaute den verräterischen Chip zum Kummer der Ermittler bei seiner Festnahme auf den Philippinen.

Politiker fordert: Weg mit den Fremdwörtern!

Minister Eichel ließ sich die Bandscheibe und **Olaf Thon** ließ sich das Sprunggelenk operieren (elfte OP). Erstmals waren 20 Millionen im Lotto-Jackpot. „Berlin trägt Hermelin", schrieb Katja Kessler in ihrer BILD-Society-Kolumne: Zum 36. Mal verlieh die HÖRZU die „Goldene Kamera", und nur der BILD-Kolumnistin fiel auf, dass Katja Burkard irgendwie schwanger aussah (Partner: RTL-Chef Hans Mahr). Sie war es wirklich (fünfter Monat).
Innensenator Werthebach (Berlin) forderte ein Gesetz gegen Fremdwörter; allein in den letzten Zeilen dieses Textes wären dann sowohl „Handy" als auch „Chip", „Jackpot" und „Society" zu streichen gewesen. Im Rheinland blühten Osterglocken, in Hamburg bei 19 Grad die Krokusse. Alle redeten übers Wetter. Kaum jemand redete über eine kleine Meldung, die nachts von den Nachrichtenagenturen verbreitet wurde: CIA-Chef George Tenet warnt den US-Senat vor Osama Bin Laden, der laut Tenet „die größte Gefahr" für Amerika darstelle. Viele glauben: Da übertreibt ein Geheimdienstler mal wieder mächtig!

Leuna-Affäre: Er verschluckte den Handy-Chip

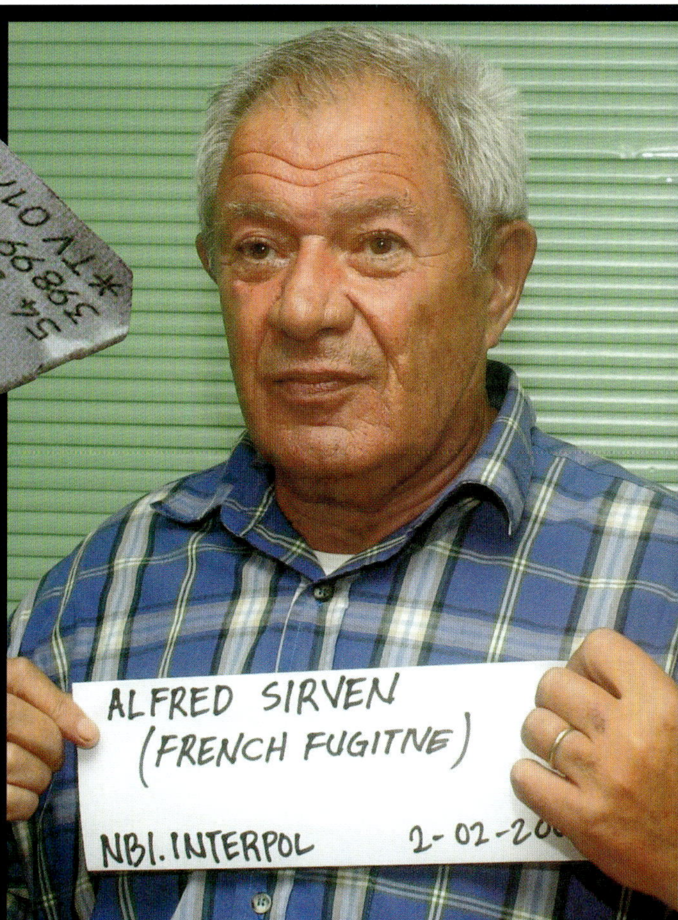

Ob ihm dieser Chip wohl gut bekommen ist? Alfred Sirven hatte die SIM-Karte seines Handys verschluckt, um die Namen von Politikern zu vertuschen, die in die Leuna-Affäre verwickelt sein könnten. Nach monatelangen Ermittlungen kam heraus: Die Manager des französischen Öl-Konzerns Elf-Aquitaine hatten sich beim Leuna-Kauf vor allem selbst geschmiert. Nach Deutschland flossen offenbar keine Bestechungsgelder

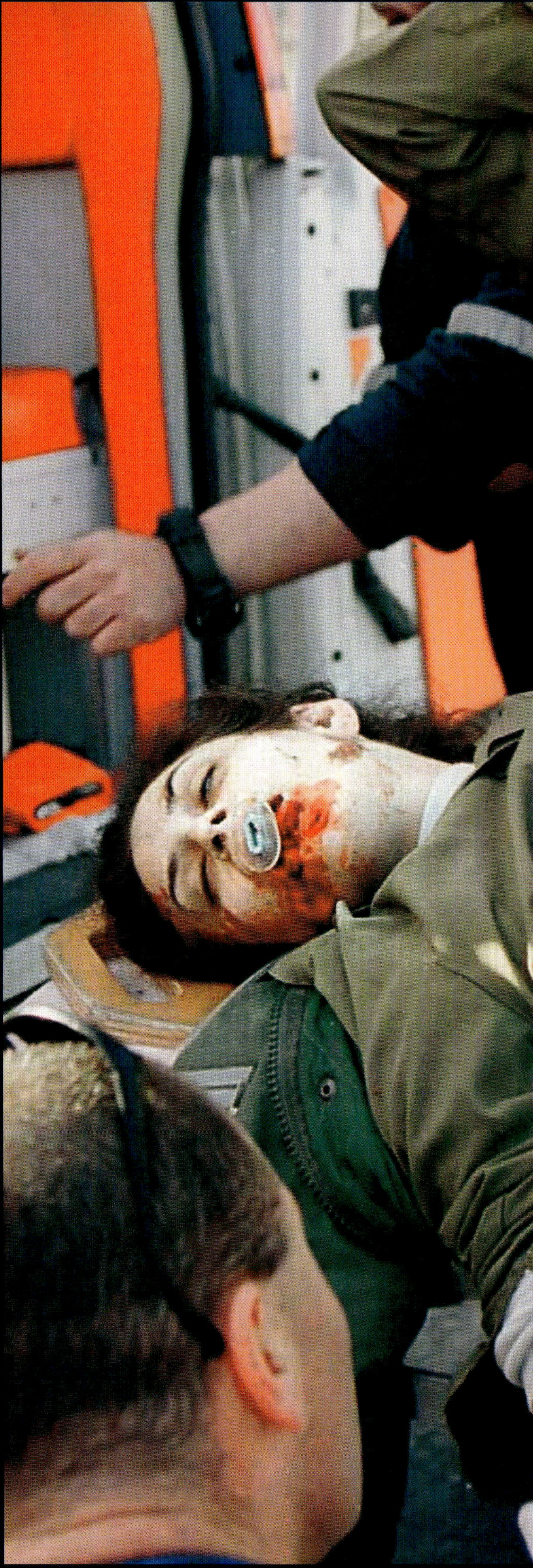

Sie warteten auf ihren Bus – doch es kam ein Attentäter

Es war der Auftakt einer ganzen Serie grässlicher Attentate in Israel: Morgens um 7.35 Uhr fuhr der palästinensische Busfahrer Alaa Chalil Abu Olba (Foto oben in seinem zerstörten Cockpit) in die Menge der wartenden Fahrgäste. Ein Augenzeuge berichtete später: „Er bog nach rechts, raste mitten in die Menschenmenge. Körperteile flogen durch die Luft. Es war entsetzlich.“ 29 Opfer wurden niedergewalzt. Acht von ihnen starben, darunter sieben israelische Soldaten (Foto unten links). Während die Israelis um das Leben der Opfer kämpften (Foto rechts), feierten die Palästinenser den Attentäter als Helden.

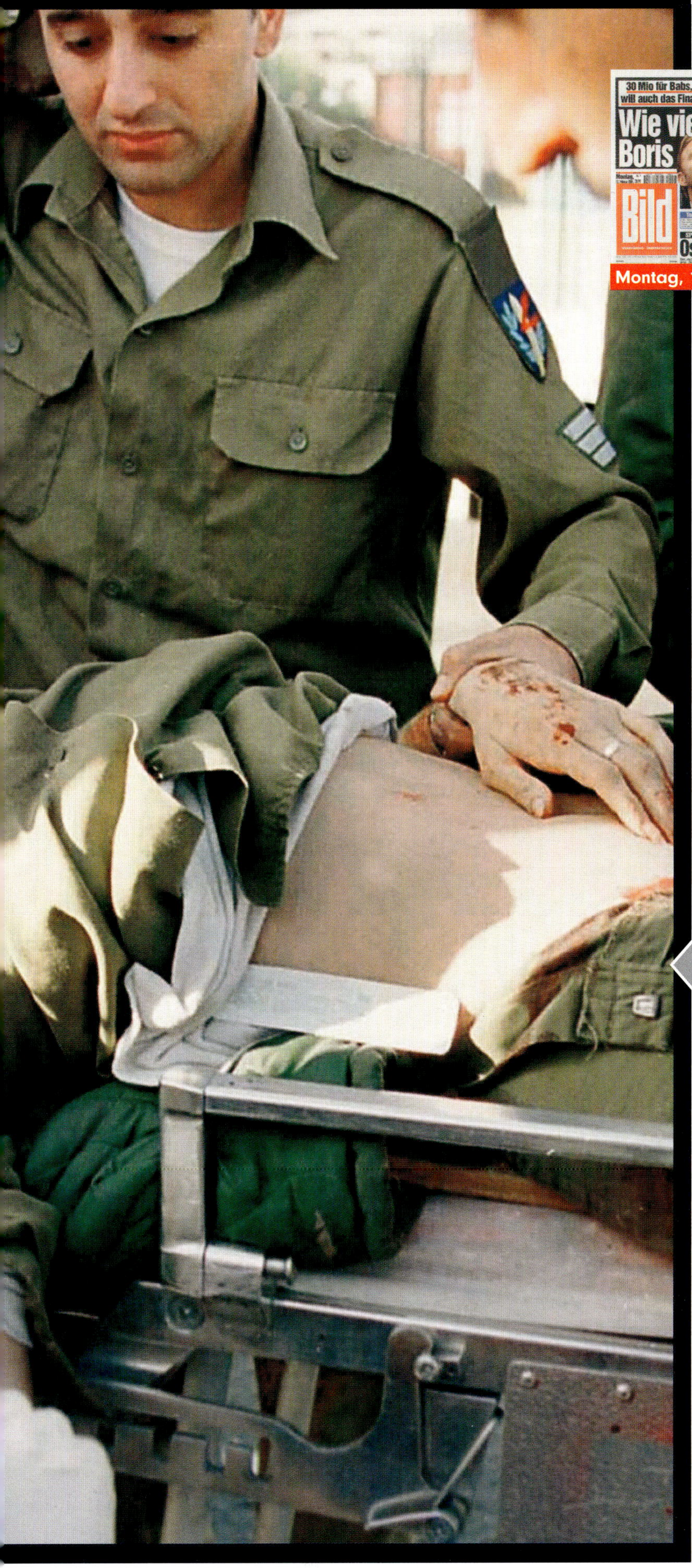

30 Mio für Babs, 10 Mio fürs Baby – jetzt will auch das Finanzamt noch 50 Millionen
Wie viel Geld hat Boris noch?
ESSO Hit der Woche
Bild
Pferdefleisch-Preise verdoppelt
Osten will Soli-Nachschlag

Montag, 12. Februar

Schwerer Sturz beim Skilaufen in Zürs
Caroline mit Hubschrauber in Klinik
Bild
HANNIBAL
Matthäus
Boris. Steuer-Akte zum Staatsanwalt?
Schäuble soll Bundespräsident werden

Dienstag, 13. Februar

Vor Hawaii kollidiert das Atom-U-Boot „USS Greenville" mit dem japanischen Fischtrawler „Ekime Maru". Neun Menschen ertrinken. Songs aus dem Internet runterladen ist ab sofort legal.

Immer neue Blüten treibt die BSE-Hysterie. Ganz neue Gerichte tauchen auf den Speisekarten auf: Vogel Strauß, Wasserbüffel, Bisamratte, Krokodil... Es gab aber auch Meldungen über gefälschte Packungstexte auf Lebensmitteln, um doch noch Rindfleisch unters Volk zu bringen.

Acht Tote, 21 Verletzte bei Terror-Anschlag

Auf der Nationalstraße 44 südlich von Tel Aviv raste der palästinensische Busfahrer Alaa Chalil Abu Olba (35) mit Absicht in eine Menschenmenge. Acht Israelis starben, 21 wurden verletzt. Zum Anschlag bekannte sich eine bis dahin unbekannte **„Wiederkehr-Gruppe"**.

Weitere Meldungen des Monats ● Michelle wirft Matthias Reim raus ● Der Mensch hat nur 300 Gene mehr als die Maus ● Jenny Elvers will sogar ihre Schwangerschaft vermarkten ● Und dann noch: Bayern gegen Stuttgart. 47. Minute. Aus fünf Metern Entfernung traf der von VfB-Stürmer Ganea abgefeuerte Ball Oliver Kahn genau dahin, wo es einem Mann am meisten weh tut! Da schrie ganz Deutschland Aua ● Katie Richmond (23, BILD-Lesern bekannt als „Mi-Ma-Mausesack") brachte eine eigene Bikini-Kollektion auf den Markt. Ab sofort verliert man den Führerschein ab 0,5 Promille. In Hamburg wird der Baustopp fürs „Mühlenberger Loch" aufgehoben; der Erweiterung der Airbus-Geländes steht jetzt nichts mehr im Wege.

Abgerockt: Thomas Gottschalk und seine Band „Die besorgten Väter" in „Wetten dass...?"

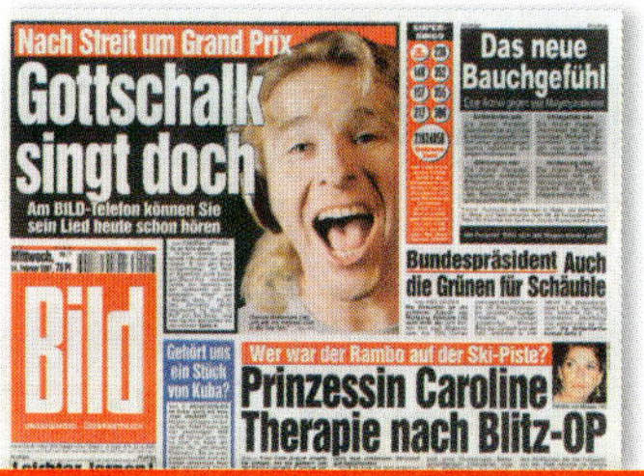

Nach Streit um Grand Prix
Gottschalk singt doch
Am BILD-Telefon können Sie sein Lied heute schon hören
Das neue Bauchgefühl
Bild
Bundespräsident Auch die Grünen für Schäuble
Wer war der Rambo auf der Ski-Piste?
Prinzessin Caroline Therapie nach Blitz-OP

Mittwoch, 14. Februar

Streit um Gottschalk-Lied für den Schlager-Grand-Prix

18. Februar bei „Wetten dass..." im ZDF: 14,8 Millionen guckten, staunten und hörten, wie Thomas Gottschalk unbeschwert mit seiner Band „Die besorgten Väter" (sechs Rock-Veteranen) losrockte. Eigentlich wollte Gottschalk sein Lied „What happened to Rock'n' Roll" bei der Vorentscheidung zum Schlager-Grand-Prix in Hannover uraufführen. Aber die Kritik über angebliche Unregelmäßigkeiten nervte ihn derart, dass er den Song in seiner eigenen Sendung (außer Konkurrenz) präsentierte. Der Moderator löste damit auch eine Saalwette aus der letzten Sendung ein. Gottschalks Gäste (unter ihnen Michael Schumacher) staunten: Fast so gut wie Bruce Springsteen.

Und wie ein dumpfes Donnergrollen aus der Ferne tickerten die Nachrichtenagenturen schon wieder eine Warnung um die Welt: +++ US-Botschaft in Saudi-Arabien entging offenbar nur ganz knapp einem Bombenanschlag +++ Das berichtet der Kronzeuge im Prozess gegen vier Anhänger des Top-Terroristen Osama Bin Laden +++

Sabrina Setlur hat sich die Brüste neu gestalten lassen! Im Taunus wurde ein schwarzer Panther gesichtet! Markus Lanz will Birgit Schrowange heiraten! Mallorcas Präsidentin Maria Antonia Munar lässt Boris seine Villa nicht bauen, er hat sie viel zu groß geplant!

Große Debatte um die Zukunft der Bundesliga

Bei „Wetten dass...?" sang **Thomas Gottschalk** den Song, den er beim Grand Prix nicht singen mochte: „What happened to Rock 'n' Roll?" „What happened to German Fußball", interessierte die deutschen Fans im Februar 2001 noch mehr. Die große Debatte, warum immer weniger ins Stadion kommen, warum am **„heiligen" Sonntag** gespielt werden muss und warum die vielen ausländischen Spieler die Identifikation mit dem eigenen Verein erschweren, beherrschte wochenlang die Schlagzeilen im BILD-Sportteil. Auch andere Blätter stiegen auf das Thema ein („FAZ": „Der Schwund in den Stadien ist vor allem eine Terminsache", „WELT": „Mogelpackung Bundesliga").

Fast unglaublich klingt der Verdacht, dass **Bin Laden** einen Giftgas-Anschlag auf Frankfurts U-Bahn geplant haben soll...

Eine der schönsten BILD-Schlagzeilen des Jahres stammt auch aus dem Februar. Bayern 0:1 in Haching,

Schumi
Ich will nicht wie Boris leben
Schlagerstar Manuela Krebs-Tod mit 57
Bild
Alimente
Wer nicht zahlt, Auto weg
Caroline
Polizei sucht Pisten-Rüpel

Donnerstag, 15. Februar

Staatsanwalt beschließt Ermittlungen gegen Joschka Fischer
Bild
Sabrina
Neuer Busen für Boris?

Freitag, 16. Februar

Dagmar Berghoff
Abschied vom geliebten Mann
Bild
Rücktritt? Fischer denkt nicht dran

Sonnabend, 17. Februar

Sternen-Amulett beschützt Schumi
ESSO Hit der Woche
Bild
Die Bundesliga lacht sich schlapp
Saddam will neuen Golf-Krieg

Montag, 19. Februar

Leverkusen 1:2 in Rostock, Schalke 1:2 in Bremen! Das Spitzen-Trio schämte sich, und die Schlagzeile hieß ganz einfach: „Bayern hahaha, Leverkusen hihihi, Schalke hohoho!"

Über die T-Aktie, Hoffnung vieler Kleinanleger, wurde im Februar weniger gelacht. Der Kurs am 6. März 2000 hatte bei 103,9 Euro gelegen; am 24. Februar 2001 lag die Aktie nur noch bei 24,74 Euro!

Höhenflug hingegen bei der Ski-WM in Lathi, Gold für **Martin Schmitt** (131 m)

Gold-Flieger
Martin Schmitt segelte im silbernen Anzug der Gold-Medaille entgegen. Sein großer Gegner, der Pole Adam Malysz, kam auf Platz zwei

Wir haben uns lieb
Die Fußballfans waren sauer auf ihre Stars. Die Spieler (wie hier Anthony Yeboah vom HSV) reagierten sofort: Händeschütteln nach dem Spiel

Was ist bloß aus dem Schlager-Grand-Prix geworden?
Nackte sollen für Deutschland singen
Bild
Ajuta
Adler Schmitt Weltmeister
Schumis Amulett
Das Geheimnis der Glücksbringer
Stoiber: Joschka Fischer nicht voll handlungsfähig

Jessica Stockmann-Stich
Ihr erster Freund starb an AIDS
Wie soll Schumi sein Auto taufen?
Bild
Völler holt drei Neue
Grüne fürchten „Putsch" gegen Joschka Fischer
Matthias Reim
20 Mio Schulden

Sabrina Setlur
Wirbel um Nackt-Fotos
Was wird Boris dazu sagen?
Bild
3:0 Bayern erwischt Moskau eiskalt
Jessica Stockmann-Stich
Außenminister verteidigt Bomben-Angriff auf Irak
Grüne sauer auf Joschka Fischer

Keine Fußball-WM bei ARD und ZDF
Wofür zahlen wir so hohe TV-Gebühren?
Jetzt können sich Formel 1-Fans schon mal warm lesen.
Bild
Drogen
Zahl der Toten steigt dramatisch
Sabrina
Millionen-Klage wegen Nackt-Fotos
Telekom-Chef kämpft um seinen Job

„Ihr Fahrrad im Schnee – die letzte Spur. Wo ist Ulrike?" Das war die traurigste BILD-Februar-Schlagzeile, und einen Tag später hatten sich die großen, ernsten Kinderaugen unter der hohen Stirn und den streng zurückgekämmten Haaren für immer in Deutschlands Herz gebohrt. **Ulrike**, die 12-jährige aus Eberswalde in Brandenburg. „Tschüs, Mutti, ich fahr zum Handballtraining." Das war gegen 15 Uhr. Abends, halb zehn, fand die Mutter das Rad mit verdrehtem Lenker im Schnee. Von Ulrike keine Spur...

Ihr Gesicht wurde zum Symbol gegen Missbrauch

Es gibt Verbrechen, die lassen ein ganzes Land näher zusammenrücken. Rational ist das kaum erklärbar. Viele ähnliche Taten erschütterten Deutschland 2001. Unter allen aber bleibt der Fall Ulrike am unvergesslichsten. Als sei ihr unschuldiges Gesicht ein Symbol gegen Missbrauch und Kindesmord.

Nur wenige Tage in dieser letzten Februar-Woche kann Deutschland mit den Eltern hoffen; dann gibt es kaum noch Zweifel: Es muss etwas Schreckliches passiert sein. Irgendwo ist sie vergraben... Lesen Sie auf Seite 45, wie sich BILD-Reporter Rainer Mittelstaedt an diese schrecklichen Tage der Ungewissheit erinnert. Er hat die Bilder immer noch im Kopf.

So traurig klang dieser Monat aus, der – mit der Massenvernichtung von Rindern – ja auch recht traurig begonnen hatte. Apropos: Als sich der Februar dem Ende zuneigte, belebten sich die Steakhäuser. Die BSE-Hysterie ging fast schneller, als sie uns erwischt hatte. BILD brachte es auf den Punkt: „Deutsche essen wieder Rindfleisch!".

Die kleine Ulrike, spurlos verschwunden

Donnerstag, 22. Februar in Eberswalde (Brandenburg). Weil ihre Tochter Ulrike (rechts) nicht wie sonst immer um 20 Uhr nach Hause kam, machte sich die Mutter auf die Suche. Sie fand Ulrikes Fahrrad beschädigt im Schnee, nur 400 m entfernt vom Wohnhaus der Familie. Was ist hier passiert? Ein Unfall? Ein Verbrechen? Für die Eltern begannen schreckliche Wochen der Ungewissheit. Die Polizei bildete eine Sonderkommission, suchte mit Hunden die Wälder und Felder ab. Sogar die Bundeswehr half mit Tornado-Jets. Doch Ulrike blieb – zunächst – verschwunden.

Ihr Fahrrad im Schnee – die letzte Spur

Wo ist Ulrike?

12-Jährige seit zwei Tagen vermisst

Bild

Gerüchte um noch ein Boris-Baby

Was soll das, Herr Kerner?

Stuttgart: Magath schon da

Sonnabend, 24. Februar

Ulrikes Eltern flehen

ESSO Hit der Woche

Bild

Muss Boris seine Villa abreißen?

Demo-Verbot für Asylanten

Montag, 26. Februar

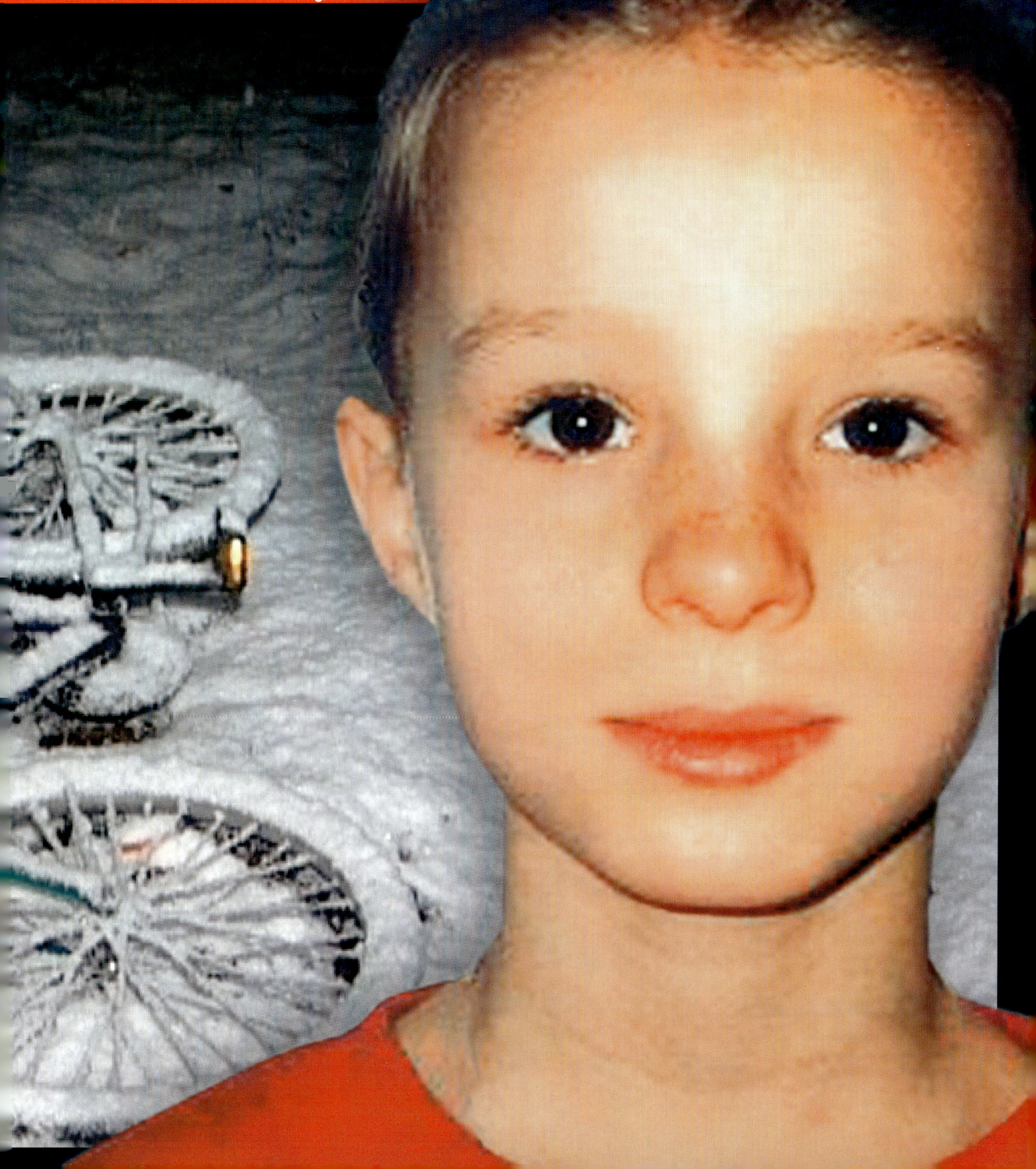

Schumi verdient 300 000 Mark pro Tag

Rückenbeschwerden? Ajuta

Rudi Riese gegen Frankreich

Schrempp räumt bei DaimlerChrysler auf

Bild

Polizei jagt Ulrikes Entführer

- Er ist 1,75 m - 20 bis 30 Jahre alt - Lockiges Haar - Er fährt VW

In seinem Auto fanden Polizisten ihre Sachen

Er hat Ulrike verschleppt

Rückenbeschwerden? Ajuta

Bild

Schumi: Angst um neuen Super-Motor

Auch Menschen können Maul- und Klauenseuche kriegen

Heiratet Stéphanie den Zirkusdirektor?

Dienstag, 27. Februar

Mittwoch, 28. Februar

Die Eltern: Kerstin und Detlev Brandt baten den möglichen Entführer um ein Lebenszeichen ihrer Tochter Ulrike

Die Suche beginnt…

Dicht an dicht: Polizisten durchkämmten die Wiesen und Wälder zwischen Eberswalde-Finow und Bernau. Auch aus Niedersachsen und Berlin waren Polizei-Hundertschaften gekommen, um bei der Suche zu helfen

Handzettel

Mithilfeersuchen an die Bevölkerung

Fahndung nach PKW

Im Zusammenhang mit der Vermissten Ulrike Brandt fragt die Polizei:

Wer hat am Donnerstag, dem 22.02.2001 zwischen 05.00 und 21.00 Uhr einen weißen VW Polo, amtliches Kennzeichen B – HT 5662, gesehen?

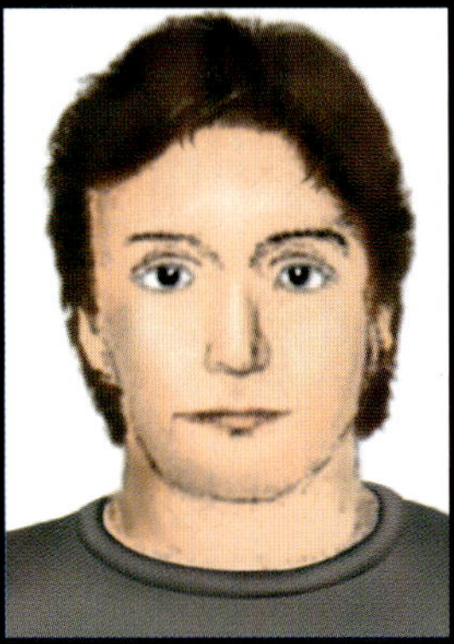

Die Fahndung: Ein Nachbar hatte einen jungen Mann mit dunklen Haaren beschrieben, der zur Tatzeit in einem weißen VW-Polo davonraste

Erste Spur: Den weißen VW-Polo fand die Polizei ausgebrannt am Ortsrand von Finow. Später entdeckte ein Spaziergänger Ulrikes Leiche am Flughafen bei Werneuchen

Gründlich: Polizisten untersuchten auch die Munitionsbunker auf dem ehemaligen russischen Fliegerhorst bei Eberswalde

Auf der Suche nach der kleinen Ulrike

BILD-Reporter Rainer Mittelstaedt erinnert sich so an die ersten Tage, nachdem Ulrike verschwunden war:

Schneematsch klatschte gegen die Windschutzscheibe meines Wagens. Es war Donnerstag, der 22. Februar. Nach einem ruhigen Tag in der Redaktion hatte man mich noch einmal in die Nacht geschickt: Ein Mädchen, zwölf Jahre, vermisst in Eberswalde-Finow. Es gibt öfter vermisste Kinder, ich kannte meine Aufgaben. Meistens klären sich die Fälle schon bald auf – Ausreißergeschichten mit Happy End.
Doch an diesem Abend sah ich das Fahrrad im Schnee. An einem Waldrand, daneben der Friedhof, von Scheinwerfern der Polizei angeleuchtet. Irgendwie spürte ich den Tod der kleinen Ulrike.

BILD-Reporter
Rainer Mittelstaedt

Vermutlich viel früher als die Eltern. Eltern, dass weiß ich, ich bin Vater von zwei Söhnen, haben andere Hoffnungen als ein Polizeireporter, der 37 Jahre im Dienst ist.
Ich sah die Anspannung im Gesicht des Vaters, die Müdigkeit. Tag und Nacht hetzte ich mit den Suchtrupps der Polizei durch die weißen Wälder, über die gefrorenen Felder. Als würde es den Brandts helfen, wenn man ihre Tochter tot im Wald findet, dachte ich. Unheimliche Anspannung.
Sie gingen vor die Presse, immer wieder. Die Worte der Mutter, ein Appell an einen Täter, mehr nicht. Sie sprach nie für sich, immer für Ulrike. Doch durch den Sucher meiner Kamera sah ich ihre Kraft von Mal zu Mal schwinden. Von Hoffnung und Kampfesgeist bis zur totalen Erschöpfung. Ich habe nie ihre Hand gehalten, ich konnte ihr nie Mut zusprechen. Vielleicht war das gut, denn sie hätte meine Befürchtungen gespürt…

Feinarbeit: Im Umkreis von Ulrikes Fahrrad kennzeichneten Kripobeamte mit Nummerntafeln mögliche Spuren, wie weggeworfene Zigarettenkippen, leere Flaschen und Bierdosen

Wie der Februar unser Leben veränderte

Die Deutschen und ihre Furcht vor BSE

Claus Jacobi
Autor und Kolumnist des Axel Springer Verlages

Im Stall von Bethlehem, so weiß es die Legende, wärmte einst ein Rind das Neugeborene mit seinem Atem. Gott schenkte der Art dafür den süßen Atem der Grasfresser. Aber der Mensch verwandelte die unschuldigen Vegetarier aus Gier in Kannibalen: Er fütterte sie mit Tiermehl, mit billigen Leichenresten von anderen Tieren, darunter auch kranken. Der Rinderwahnsinn war die Folge. Im Dezember 1984 erkrankte auf einer Farm in Südengland die mit Tiermehl ernährte Kuh „113“. Sie zuckte unkontrolliert mit dem Kopf und hatte Koordinationsstörungen. Zwei Monate später war sie tot. Das ist der erste bekannt gewordene BSE-Fall. Die drei Buchstaben BSE stehen für „bovine spongiforme Enzephalopathie“: „Bei Rindern vorkommende schwammförmige Hirnerkrankung.“ Ein Eiweiß namens Prion, das normalerweise auf Nervenzellen sitzt, zerstört dabei das Hirn der Rinder.

Wie ein Steppenbrand breitet sich die Seuche aus. Durch Exporte britischer Rinder sprang BSE auch auf den Kontinent über. Die EU schaltete sich ein. 1995, zehn Jahre nach dem Tod der Kuh „113“, starb in England der 19-jährige Stephen Churchill – möglicherweise das erste menschliche BSE-Opfer. Denn bei ihm und zwei weiteren Kranken wurde in jenem Jahr eine neuartige Form von Hirnschwamm entdeckt, die an BSE erinnerte.

Dieses Leiden erhielt das Kürzel „nvCJK“ für „neue Variante der Creutzfeldt-Jakob-Krankheit“. Sie war 1921 von den deutschen Neurologen Hans Gerhardt Creutzfeldt und Alfons Jakob entdeckt worden. Es ist eine Gehirnerkrankung bei Menschen, deren Opfer nach Gedächtnis-, Seh- und Bewegungsstörungen in eine Art geistige Umnachtung fallen und meist innerhalb eines halben Jahres sterben. Bei knapp unter einer Million Menschen tritt die Krankheit weltweit jährlich auf, meist bei Männern und Frauen über 60.
Bei der neuen Variante „nvCJK“ dagegen waren die Patienten durchweg um 30 und starben oft erst Jahre nach dem Auftreten erster Krankheitssymptome. Es ist sehr gut möglich, dass der Genuss von BSE-Fleisch die Krankheitsursache ist. Endgültig bewiesen wurde es noch nicht.

Die Bilanz:
- *Bis Anfang 2001 waren in England 180 000 BSE-Fälle bei Rindern registriert worden, im übrigen Europa 1768 – davon 29 in Deutschland.*
- *Bis Anfang 2001 waren in England 83 Menschen an „nvCJK“ gestorben, in Deutschland noch niemand. Da die „nvCJK“ jedoch eine lange Inkubationszeit haben kann, wäre endgültige Entwarnung verfrüht.*

Trotz der vergleichsweise geringen Berührungspunkte wurde kein anderes Land durch die BSE-Krise anscheinend so beunruhigt, wie die Bundesrepublik. Wochen beherrschte das Thema die Politik. Der Bundestag beriet, Gesetze wurden umgeschrieben. Fleischfabriken mussten schließen. Bauern demonstrierten. Verbraucher forderten mehr Sicherheit. Opfer der menschlichen Angst um das eigene Leben wurden vor allem die Rinder. Über vier Millionen Tiere mit dem süßen Atem der unschuldigen Grasfresser wurden in Europa hingerichtet. Natürlich wären sie eines Tages sowieso geschlachtet worden. Natürlich hätten sie sowieso sterben müssen (das gilt allerdings auch für die Menschen).

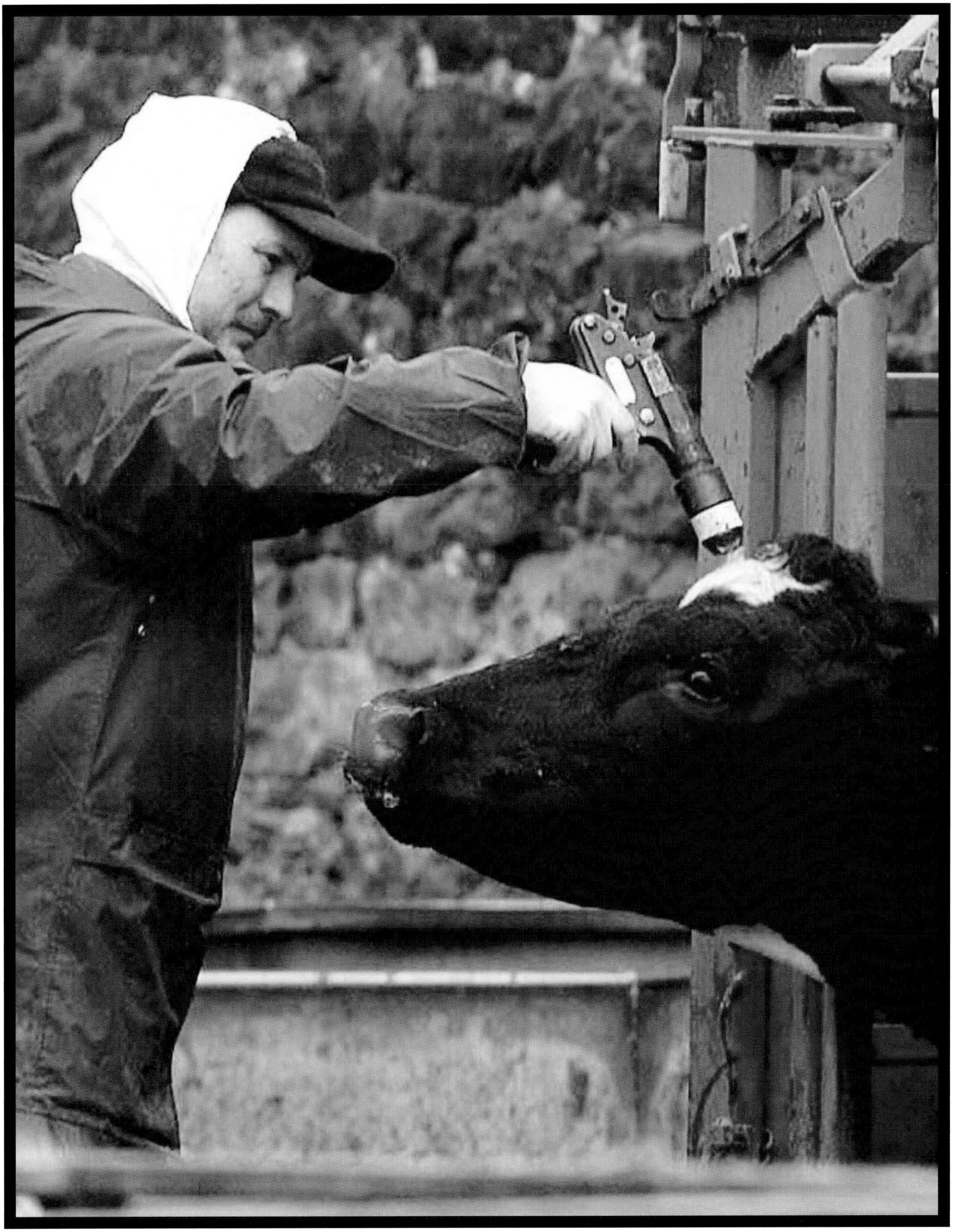

Seuchenangst: Ein britischer Tierarzt setzt sein Bolzengerät zum tödlichen Schuss an. In ganz Europa wurden Millionen Rinder und Schweine getötet, um ein Ausbreiten der Seuchen zu verhindern

Die Formel 1 hielt den Atem an

BILD-Reporter Gerald Selch bei Schumis Überschlag in Melbourne

„Tempo 280, gelbe Warnflagge, Vollbremsung, das Ferrari-Heck bricht aus, ein Blitz-Dreher, Kiesbett, und plötzlich hebt Schumis Auto ab! Fest umklammert er sein Lenkrad, duckt sich ins Cockpit. „Ich hatte mich auf einen knallharten Aufschlag eingestellt", sagt er hinterher. Aber noch fliegt er kopfüber im Ferrari durch die Luft. Einmal, und gleich noch einmal dreht er sich um die eigene Achse... Hinter den Sicherheitszäunen gehen die Zuschauer in Deckung, Steine spritzen hoch, Staub vernebelt die Sicht. Für Sekunden hält die Formel 1 den Atem an. Unglaublich: Er stieg einfach nur so aus dem Wrack. So, als hätte er das Auto im Kiesbett geparkt..."

BILD-Reporter **Gerald Selch**

Lebt sie noch?
Bild
Seuchen-Alarm! Vögel verbreiten Viren
Trennung von Sabrina? Boris trifft sich wieder mit Babs

Stürzt die MIR auf Deutschland?
Bild
Schumi verliert Millionen-Prozess
Boris holt Babs zurück nach München

Schumis Horror-Crash
Bild
Hat ihn Corinnas Amulett beschützt?
1. Liebes-Foto
Richter schließen Akte Kohl

Die Sekunde des Todes
Bild
...und Schumi rast zum Sieg
Mosi will Grand Prix verklagen

 Donnerstag, 1. März | Freitag, 2. März | Sonnabend, 3. März | Montag, 5. März

Grand Prix peinlich & Raab geht k.o.

Mir: Ganz Deutschland schaute im März besorgt zum Himmel

Ein Auf und Ab der Gefühle nicht nur am Monatsanfang.

● **Ulrike:** Mal heißt es, sie könne vielleicht doch noch leben. Mal heißt es, sie muss irgendwo vergraben sein.

● **Becker gegen Becker:** Mal heißt es, sie verstehen sich wieder. Mal heißt es, keine Chance!

● **Maul- und Klauenseuche:** Mal heißt es, alles nicht so schlimm. Mal heißt es, jetzt wird die Seuche schon von Vögeln übertragen!

Besorgt guckt man auch deshalb in den Himmel, weil die **Mir** dort unkontrolliert herum fliegt (geht aus einem Geheimbericht des Innenministeriums hervor). Tonnenschwere Trümmerteile könnten uns treffen.

Die Raumstation Mir verglüht im All

23. März, morgens um 6.59 Uhr: Die Trümmer der Raumfähre Mir verglühten beim Eintritt in die Erdatmosphäre (Foto oben). Die Russen hatten ihr stolzes Raumschiff punktgenau vom Himmel geschossen. 40 Tonnen Schrott versanken zwischen Chile und Neuseeland Tausende Meter tief im Pazifik.

Polizei sucht jetzt blauen Nissan
Ulrike von zwei Männern verschleppt?
Spiel 0,77 %
Bild
Boris
Sabrina
Michelle
Sie will nie mehr mit ihren Eltern sprechen

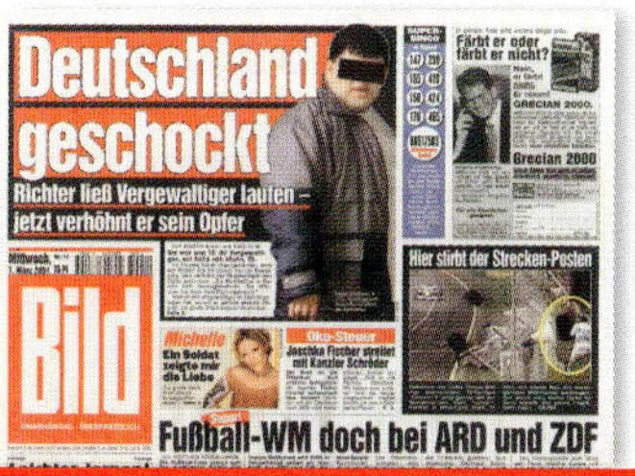
Deutschland geschockt
Richter ließ Vergewaltiger laufen – jetzt verhöhnt er sein Opfer
Färbt er oder färbt er nicht?
Grecian 2000
Hier stirbt der Strecken-Posten
Bild
Michelle
Fußball-WM doch bei ARD und ZDF

Dienstag, 6. März

Mittwoch, 7. März

The winner is: „Wer Liebe lebt"

Die Freude auf die Vorentscheidung zum **Schlager-Grand-Prix** hält sich Anfang März in Grenzen. Zu viele peinliche Kandidaten: **Mosi, Zlatko, Nackte, Verrückte.** Wer von denen kann eigentlich noch singen? **Michelle** („Wer Liebe lebt"), sie gilt drei Wochen nach ihrer traurigen Trennung von Matthias Reim noch als aussichtsreichste Kandidatin und wird tatsächlich für uns nach Kopenhagen fliegen.

Der März ist ein Atem-Anhalte-Monat. Melbourne, Schumis Überschlag im Ferrari! In der Kurve zwischen Whiteford und Lakeside Drive müssen ganze Heerscharen von Schutzengeln aktiv gewesen sein. Dann aber sehen die Schutzengel weg. Melbourne (und Schumis Sieg) wird vom **Tod eines Streckenpostens** überschattet, den ein Rad von Villeneuves BAR-Honda trifft.

Sie singt für uns
Schlager-Stern Michelle soll Deutschland beim Grand Prix in Dänemark vertreten

Die Reifen flogen durch die Luft...

...einer trifft den Streckenposten (Kreis)...

...und Schumacher und Villeneuve (rechts) sind betroffen

Der Tod eines Streckenpostens

Formel-1-Rennen in Melbourne (Australien), 14.10 Uhr, Kurve 3: Bei Tempo 280 berührte der BAR von Jacques Villeneuve mit dem rechten Vorderrad das linke Hinterrad von Ralf Schumachers BMW-Williams. Wie ein Torpedo schoss Villeneuves Wagen 100 Meter durch die Luft. Dann schrammte er an einer Betonmauer entlang. Wrackteile schleuderten umher und verletzten sieben Zuschauer. Ein australischer Streckenposten wurde von einem Reifen am Brustkorb getroffen. Die sofort herbeigeeilten Notärzte konnten nichts mehr für ihn tun. Er war sofort tot. Die Formel-1-Fahrer bekamen zunächst nichts davon mit. Sie rasten weiter – Michael Schumacher siegte.

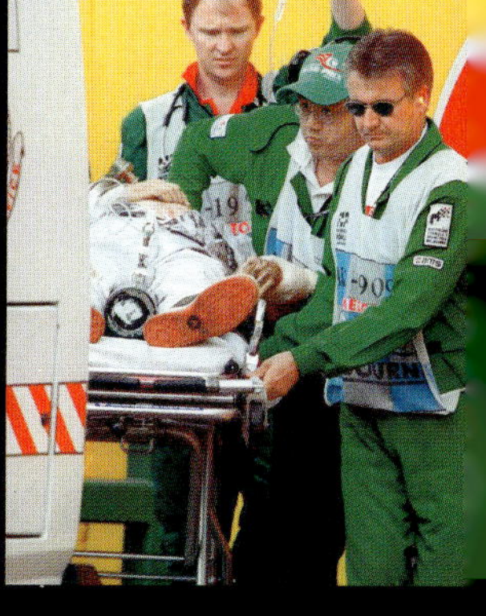

Die Psycho-Akte des Vergewaltigers
Exklusiv!
Einfach geschmackvoll!
West
Fischer-Affäre im Bundestag
Bild
Jenny Elvers
Kaiserschnitt?
Kaiser wütet gegen Bayern-Millionäre
„Sucht euch einen anderen Job!"

Donnerstag, 8. März

Oliver Kahn sprang hoch, faustete in bester Torwartmanier den Ball ins Rostocker Tor

Oliver Kahn und das Lach-Tor in Rostock

Oliver Kahn. Beißer, Kneifer, Treter. Jetzt auch Fauster! Die Lachnummer in Rostock bleibt unvergesslich: Wie er beim 2:3-Rückstand in der Nachspielzeit nach vorn stürmte und den Ball ins Netz boxte. Gelb-rot gab`s dafür, und der Keeper rechtfertigte sich: „Ein Torwart darf doch im Strafraum den Ball mit der Hand spielen!"

Wegen der gestiegenen **Öl- und Gaspreise** hagelt es in Deutschland horrende Mietnebenkosten-Zahlungen. **Manfred Krugs** Sympathie-Kurve fällt im März wie der Kurs der T-Aktie. Ziemlich arrogant kanzelt er einen Kleinaktionär ab, der Krugs Werbesprüchen vertraute und viel verlor („jetzt muss ich mir Ihr Gejammer anhören...").

So richtig was anhören müssen sich die Bayern-Spieler nach dem beschämenden **Champions-League-0:3 gegen Lyon.** Beckenbauers legendäre Wutrede! „In Zukunft könnt ihr das nicht machen, sonst müssen wir uns alle einen neuen Beruf suchen, das ist vielleicht gescheiter..." „Wenn einer Nachhilfe braucht, dann werde ich ihm noch was ganz anderes sagen..." „Bis auf das Spiel war`s ein schöner Ausflug..."

Warum wollten so viele Deutsche Leichen gucken?

Die Wanderausstellung „Körperwelten" schlägt in Berlin alle Rekorde; 1,3 Millionen stehen in sieben Monaten Schlange. Und BILD fragt: „Warum wollen so viele Deutsche Leichen gucken?" Denn **„Körperwelten"** zeigt echte Leichen. Aufgeschnitten, entwässert, mit Plastik präpariert. Später gab es Ärger um Gunther von Hagen (oben), den Macher der Ausstellung „Körperwelten", die in Berlin alle Rekorde brach (und vorher schon in Köln erfolgreich gezeigt wurde). Angeblich waren die ausgestellten Leichen in Nowosibirsk (Russland) geklaut worden.
Als Beleg nannten Kritiker angebliche Tätowierung in kyrillischer Schrift auf den Leichen. Doch von Hagen konterte: Bei der tätowierten Leiche handelte es sich um einen Schrotthändler aus Deutschland...

Ulrike – haben wir umsonst gehofft?
Totes Mädchen im Wald gefunden
Bild
Spiel 0,77 %
Bierhoff zu Daum nach Istanbul?
Ex-Grünen-Chefin Radcke arbeitslos
Die große Krise beim FC Bayern
Jetzt geht Effe auf Franz los
Bin Weinen! Das Baby kommt
Jenny Elvers in Klinik

Freitag, 9. März

Ulrikes Eltern
Sie haben gerade ihr totes Kind gesehen
Bild
Polo
SUPER-BINGO
Jenny Elvers Baby da!
Mafia betrügt Steffi 1,2 Millionen weg!

Sonnabend, 10. März

Abschied von Ulrike – Deutschland weint und betet
Wo warst du, Gott?
ESSO Hit der Woche
Bild
Diana könnte noch leben
Grüne wollen Asyl-Recht lockern

Montag, 12. März

Fall Ulrike – Polizei schwört
Du Mörder, wir kriegen dich!
Bild
SUPER-BINGO
Kanzler Schröder gegen Gen-Test für alle Männer
Schlimmer Bade-Unfall

Dienstag, 13. März

Kripobeamte in weißen Schutzanzügen untersuchten die ganze Nacht hindurch den Fundort der Leiche im Wald nach Spuren des Mörders

Abschied von Ulrike! Deutschland weinte

Alles Suchen der Polizei, alles Beten war umsonst. Die kleine Ulrike wurde tot gefunden. Ermordet und missbraucht. Deutschland war geschockt. Menschen, die das Mädchen nie gesehen hatten, weinten, als sie von der schrecklichen Tat hörten. Dr. Wolfgang Huber, Landesbischof von Berlin/Brandenburg, hielt die Predigt bei Ulrikes Beerdigung: „Wir alle, die auf Gott vertrauen, fragen: Wo warst du, Gott, an diesem 22. Februar?“ Mehr als 1000 Menschen standen draußen vor der völlig überfüllten Kirche. Viele hielten Kerzen in den Händen.

Der schwerste Gang
Ulrikes Eltern mussten im Institut für Gerichtsmedizin ihre ermordete Tochter identifizieren (oben). Nachbarn und Klassenkameraden legten Blumen und Spielzeug auf Ulrikes Grab

Juhnke-Drama
Jetzt das Herz! Wieder Klinik!
Seine Frau schreibt in BILD, wie schlimm es um ihn steht
Bild
Clinton soll zu „Wetten, dass..?"
Pöbel-Affäre
CDU stellt Trittin Ultimatum

Fußball-Star Herrlich
Tumor besiegt
„Ich danke Gott für seine Hilfe"
DU HUF!
Bild
1:0 Bayern weiter
Gottschalk
Pöbel-Affäre Union fordert Trittins Rauswurf
Juhnke Jeden Tag kommt der Psycho-Arzt

Jenny Elvers
„Ich habe mein Leben verpfuscht"
Bild
Riesen-Krach! Schumi geht auf Frentzen los
Steffi So wurde ich um 1,2 Millionen betrogen

Am 8. März, einem Donnerstag, findet ein Spaziergänger um 15.10 Uhr auf dem Gelände eines ehemaligen russischen Militärflughafens bei Werneuchen, knapp 30 km von Eberswalde entfernt, die Leiche eines Mädchens. Es ist **Ulrike**.

Heiko Herrlich kann endlich wieder lachen

Im Auf- und Ab-März wechseln sich Trauer und Triumphe, Tränen aus Leid und Tränen aus Freude auch weiterhin ab. Am 9. März, einem Freitag, bringt **Jenny Elvers** um 8.23 Uhr ihren 3060 Gramm schweren **Sohn Paul** zur Welt und nimmt von der Party-Szene Abschied.

Borussen-Star Heiko Herrlich kann wieder lachen; der Tumor ist offenbar besiegt. Bei der WM in Salt Lake City strahlt Eis-Königin Gunda Niemann-Stirnemann über 2x Gold (3000 und 5000 m). **Beckenbauers Wutrede** war nicht umsonst; Elber köpft Bayern gegen Arsenal ins Champions-League-Viertelfinale (1:0).

Darf ich als Deutscher stolz sein auf mein Land? Diese Frage, auf die bis dahin wohl fast jeder mit einem achselzuckenden „Warum denn nicht, natürlich darf man" geantwortet hätte, bekommt im März 2001 plötzlich politische Brisanz. Grünen-Umweltminister Trittin beleidigte zunächst CDU-General Meyer, der das von Neo-Nazis missbrauchte Zitat des Kommunisten Ernst Däumig (1866-1922, „Ich bin stolz, ein Deutscher zu

Mutter Jenny Elvers
Jenny und Sohn wohlauf. Das erste Foto von Jenny Elvers mit Söhnchen Paul. Der Kleine hat den Fototermin glatt verschlafen. Der Mama wäre das nicht passiert

Dürfen wir stolz auf unser Land sein?
Unser schönes Deutschland: Viele ausländische Touristen bewundern die Schönheiten zwischen Rhein und Oder, wie zum Beispiel die Burg Kratz am Rhein (gleich neben der Loreley). Eine deutsche Idylle mit spitzen Giebeln, Zinnen und Kemenaten. Gegründet 1393, von Napoleon zerstört, wenig später wieder aufgebaut – und 1989 an einen Japaner verkauft.

sein") ebenfalls benutzt hatte. Trittin warf Meyer in der Asylanten-Debatte „die Mentalität eines Skinheads und nicht nur das Aussehen" vor. Der Minister musste sich entschuldigen, aber die Debatte über Nationalstolz war dadurch nicht aus der Welt. Während **Schumi beim Großen Preis von Malaysia** wie ein Donnergott im Monsunregen von Platz elf zum Sieg rast und die **„Boxen-Trottel von Ferrari"** Barrichellos vierten Intermediate-Reifen nicht finden können (BILD-Schlagzeile: „Uno, due, tre, Mamma mia, wo ist quattro?"), stimmt Deutschland im **BILD-Stolz-TED** ab. Spannendes Ergebnis: Auf den internationalen Erfolg deutscher Künstler sind die Menschen stolz (Platz 9), auf die Leistungen deutscher Sportler (8) und Autos (7), unsere Weltoffenheit (6), unser Sozialsystem (5) und den Klang der deutschen Sprache (4). Auf dem Stolz-Treppchen aber stehen deutsche Dichter und Denker (3), das Grundgesetz (2) und „the winner is..." die wunderschöne deutsche Landschaft!

Die Boxentrottel von Ferrari

Mamma mia!
Wo ist quattro?
uno
due
tre

Die Lachnummer des Jahres in der Formel 1: Beim Rennen in Malaysia (Sieger: Michael Schumacher) musste Rubens Barrichello in der vierten Runde auf Regenreifen wechseln. Eins, zwei, drei – aber wo ist Nummer vier? Erst nach 72 Sekunden war er gefunden... BILD machte Ferrari deshalb für die weiteren Rennen einen Verbesserungsvorschlag: Den Dreirad-Renner

Der Dreirad-Ferrari

Sieht so der Dreirad-Ferrari für den schnellen Reifenwechsel aus?

Fotomontage: CHRISTIAN KORTE

Die Opfer
Von Böttcher mit 19 Schüssen getötet: Seine ehemalige Lebensgefährtin Barbara und ihre Töchter Dorothea und Monika (rechts)

Darf man so vor Gericht erscheinen?

Er lümmelte sich breitbeinig auf der Anklagebank, kaute Kaugummi. Er war unrasiert, trug ein buntes Piratentuch auf dem Kopf, Sonnenbrille und wild gemusterte Schlabberhosen. Sven B., der kaltblütig drei Menschen erschossen hatte. BILD fragte: Darf ein Verbrecher so vor Gericht erscheinen? Zuschauer und Staatsanwalt hatten gegen dieses respektlose Auftreten protestiert. Ohne Erfolg

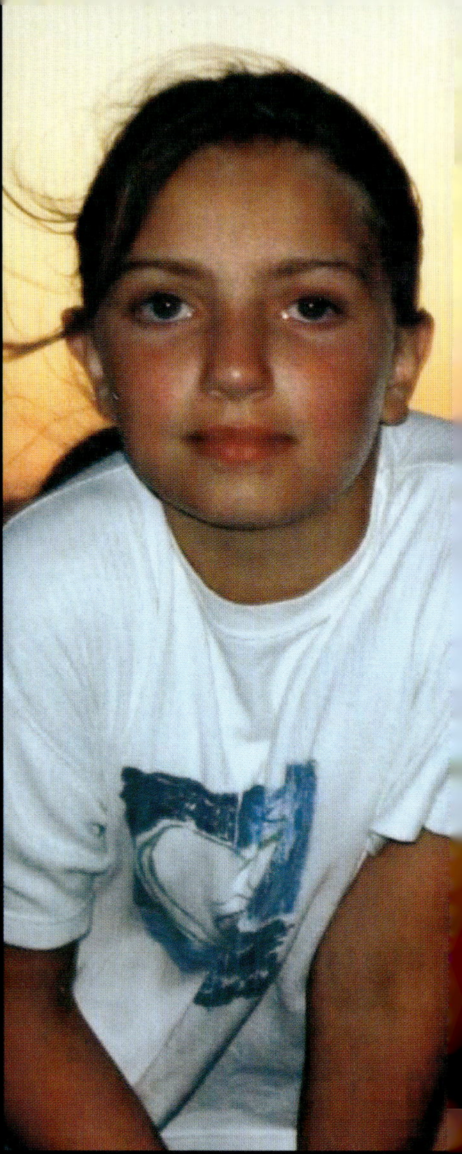

Nicoletta überlebte als Einzige das Massaker an ihrer Familie

„Der Killer sah mich an. Direkt und eiskalt"

BILD-Reporterin Doris Brückner beim Prozess gegen Sven Böttcher.
Ich werde diesen Moment nie vergessen: Langsam nahm Sven Böttcher seine verspiegelte Sonnenbrille ab, drehte sich zu den Zuhörern im Gerichtssaal um. Sein ausgeschossenes rechtes Auge hatten Ärzte mit dem Lid zugenäht. Dann blickte der Dreifach-Killer mich an, direkt und eiskalt. So wie seine Tat.
Der kleinen Nicoletta (11) wurde dieser Anblick zum Glück erspart. Sven Böttcher hatte sie, ihre Mutter und die beiden Schwestern (14,15) mit Handschellen aneinander gekettet und ans Bügelbrett gefesselt. Nicoletta konnte ihre schmale Hand herausziehen und floh. Gerade noch rechtzeitig: Sekunden

BILD-Reporterin **Doris Brückner**

später richtete Sven Böttcher seine Ex-Freundin und die beiden Mädchen mit 19 Schüssen hin. Ein Gerichtsmediziner: „Es war ein Menschenknäuel, das wir mit Hilfe von Bolzenschneidern trennen mussten."
In einem kahlen Büro machte Nicoletta ihre Aussage. Auf ihrem Schoß saß Hund „Blacky". Sein warmes Fell beruhigte sie, gab ihr Trost. Unglaublich tapfer erzählte das Mädchen von den schlimmsten Erlebnissen ihres Lebens. Die Videokamera schnurrte leise, nahm alles auf. 85 Minuten lang.
Als der Videorecorder abgeschaltet wurde, herrschte Totenstille im Saal. Nur Sven Böttcher saß da, als ob ihn das alles gar nichts angehen würde: Kaugummikauend, hingelümmelt in Schlabberhose und mit Piratentuch auf dem Kopf.
Er hätte Nicoletta Angst gemacht – so wie mir. Doch die muss das Mädchen nie wieder haben: Sven Böttcher wurde zu lebenslanger Haft verurteilt. Wegen der „Schwere der Schuld" wird er wohl nicht wieder aus dem Gefängnis kommen.

Schumi in Malaysia
Angst vor Killer-Hitze
Deutsche Soldaten beschossen
Bild
Bundestag Tumulte um Trittin
Jenny Elvers Das ist mein Paul

Sonnabend, 17. März

Aus dem Kiesbett zum Sieg
Schumi Donner-Gott
Er lachte Blitz und Regen aus
ESSO Hit der Woche
Bild
16 Millionen sahen Gottschalk
Worauf können wir Deutschen stolz sein?

Montag, 19. März

Die brisante Deutschland-Debatte
Wie stolz dürfen wir sein?
„Ich bin gerne Deutscher"
Bild
Schau mal, Boris
MIR

Dienstag, 20. März

Er tötete ihre ganze Familie
0,- Nummer!
Bild
Scharping schickt Fallschirmjäger auf den Balkan
MIR Schon außer Kontrolle?

Mittwoch, 21. März

In Hamburg wird gegen Sven Böttcher verhandelt

In Saal 237 des Hamburger Landgerichtes beginnt am 20. März ein aufsehenerregender Mordprozess. **Sven Böttcher** (32) hat seine Ex-Lebensgefährtin und zwei ihrer Töchter kaltblütig erschossen, weil sie sich von ihm getrennt hatte. Nur die dritte Tochter (11) entkam. „Aus kosmetischen Gründen" (eine Polizeikugel traf den Täter in den Kopf) erlaubt der Vorsitzende Richter dem Angeklagten, mit Piratenkopftuch und Sonnenbrille zum Prozess zu erscheinen. BILD-Reporterin Doris Brückner beobachtete den Prozess. Lesen Sie unten links ihren Bericht.

Wissen Sie noch, die „20 Jahre Wetten dass...?"-Jubiläumssendung? Das war auch im März 2001! Sieben Stunden und fünf Minuten! **Janet Jackson! Kevin Costner! Iris Berben! Sir Peter Ustinov!** Und das „geilste Tor des Jahres" (BILD am Sonntag), Leverkusens Schneider trifft vom Mittelkreis ins Dortmund-Tor (Ball war 4 Sek. in der Luft)! Das hatte es in der ganzen Bundesliga noch nie gegeben – ein Treffer, von dem man noch lange sprechen wird!

Halmich haut Raab k.o.

Es war die Spaß-Schlacht des Jahres. Kampf-Wampe Stefan Raab und Box-Bambi Regina Halmich stiegen für „TV total" in den Ring. Fast acht Millionen Zuschauer wurden Zeuge, wie Raab einen linken Haken verpasst bekam, zu Boden ging und danach heftig aus der Nase blutete. Erst später kam heraus: Er hatte bei dem Kampf einen Nasenbeinbruch erlitten.

Der linke Haken von Regina Halmich trifft Raab an der Nase...

...er geht zu Boden. Raab hinterher: „Ich wollte einen Pfennig aufheben"

Raab geschlagen
Nach dem Kampf: Regina Halmich, Nummergirl Gina Wild (läutete die erste Runde ein) und Stefan Raab

 Donnerstag, 22. März | Freitag, 23. März | Sonnabend, 24. März | Montag, 26. März

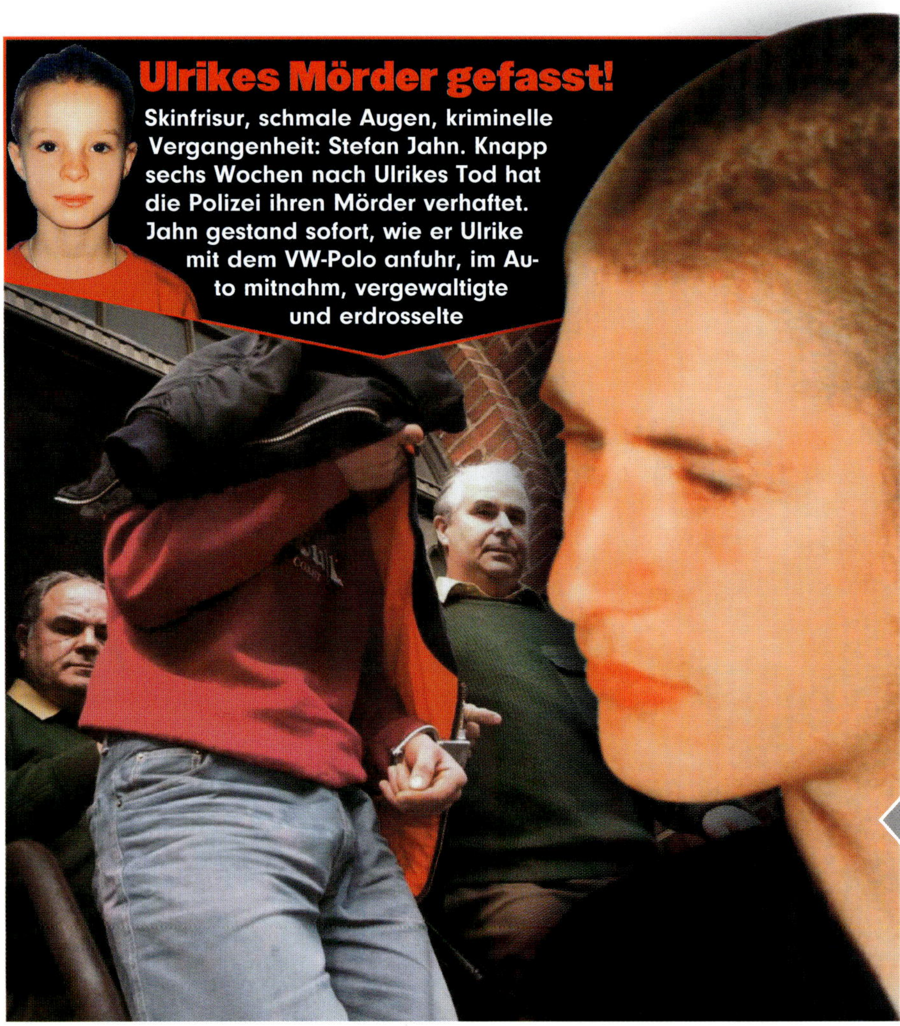

Ulrikes Mörder gefasst!

Skinfrisur, schmale Augen, kriminelle Vergangenheit: Stefan Jahn. Knapp sechs Wochen nach Ulrikes Tod hat die Polizei ihren Mörder verhaftet. Jahn gestand sofort, wie er Ulrike mit dem VW-Polo anfuhr, im Auto mitnahm, vergewaltigte und erdrosselte

Gegen Ende des Monats werden wegen Maul- und Klauenseuchen-Gefahr die ersten Grenzübergänge geschlossen. Zoos machen dicht, Sperrbezirke werden eingerichtet! 7,65 Millionen Deutsche gucken zu, wie Regina **Halmich Stefan Raab** auf die Nase haut (Einschaltquote sensationelle 38,5 %). Und **Bohlen** trennt sich von **Naddel** (s. unten).

Zwei Wahlen, nach denen Sektkorken knallten

Nach den Landtagswahlen in Baden-Württemberg und Rheinland-Pfalz knallen bei den großen Parteien die Sektkorken. In Stuttgart kann **Erwin Teufel (CDU)** weiter mit der FDP regieren, die Reps fliegen raus. 5 % plus für SPD-Beck in Mainz! **Castor-Transporte** mit schweren Krawallen (22 verletzte Polizisten). Bei Dannenberg lassen sich Demonstranten ins Gleisbett einmauern.

Als der Monat zu Ende ist, legt Ulrikes Mörder ein Geständnis ab. Spur 1569 – ein Fingerabdruck auf einer Bierflasche neben der Leiche – hatte zu dem 25-Jährigen geführt. Der März. Ein Monat, nicht nur von Tränen geprägt. Doch wäre er ein Lied gewesen – man hätte es in Moll geschrieben und nicht in Dur.

Bohlen & „Naddel" - alles aus!

Die schöne Nadja Abdel Farrag und der untreue Dieter Bohlen („Modern Talking") waren zwölf Jahre lang ein Paar. Doch plötzlich war alles aus – wegen der 21-jährigen Hamburgerin Estefania.

Während Bohlen mit seiner neuen Liebe auf den Malediven turtelte, trug „Naddel" sich erstmals ganz ernsthaft mit dem Gedanken, auszuziehen. Tapfer ging sie dann auch sofort auf Wohnungssuche.

Die Neue

Stolz ließ sich Dieter Bohlen mit seiner neuen Liebe Estefania am Strand fotografieren. Kurze Zeit später zog sie bei ihm ein

Seuchen-Alarm!

Tierärzte töteten mit Karabinern ganze Schweineherden

Wer mit dem Auto einen MKS-Sperrbezirk verlassen wollte, musste vorher durch eine Desinfektionssperre fahren

Der Kampf gegen die tödlichen Viren

Die Maul- und Klauenseuche wütete in England, hatte sich von dort schon nach Holland und Frankreich ausgebreitet. In Deutschland begann ein verzweifelter Kampf gegen die tödlichen Viren, die sogar von Vögeln übertragen werden können. Immer wieder gab es Alarm. Vorsorglich wurden ganze Tierherden getötet. Am Ende hat Deutschland Glück – und blieb von der Seuche verschont

Tausende tote Schweine wurden mit Traktoren zur Verbrennung gebracht

Ein Helfer schützte sich mit einer Gasmaske vor den Viren – auch Menschen können an MKS erkranken

Nerven-Krieg um Trittin
Erste Grüne fordern seinen Rücktritt
Kanzler spricht von „Menschenjagd“
Mit Fett-Binder abnehmen ohne Diät
Bomber Müller gegen Bierhoff
Bild
Naddel spricht über Bohlens Neue
Boris So ist das wirklich mit Sabrina
Einkaufen wird billiger

4x hat Dieter Bohlen seiner Naddel die Ehe versprochen
Warum lässt sich eine Frau so demütigen?
Bild
Erben soll richtig teuer werden
Kaufen Japaner unseren Schumi?
WM-Spiel: Rudi lobt 5 Neue
MKS Fällt bei uns jetzt die Spargel-Zeit aus?

Lebendig einbetoniert – Intensivstation
Du dummes Castor-Mädchen!
Gegen jede Regel
…jetzt auch noch Millionen-Klage?
Bild
Schumi wird in Japan glücklich
Am Wochenende endlich Frühling
Bohlens Neue Ich will ein Baby von Dieter
Kanzler stoppt höhere Erbschaftssteuer

Ulrikes Mörder
Lasst ihn nie wieder raus
Bild
Er hat alles gestanden!
Wie er Ulrike vergewaltigte
Wie er Ulrike erdrosselte
Doch der Staatsanwalt sagt schon jetzt: „Er hatte so eine schwere Kindheit“
Jetzt streiten sie um den Hund

Dienstag, 27. März

Mittwoch, 28. März

Donnerstag, 29. März

Freitag, 30. März

Bild
Ulrikes Mörder
Seine perversen Liebesbriefe
Rudi Carrell
Heimliche Hochzeit
Er ist 66, sie erst 30
Er gab sich als Kind aus und erschlich sich das Vertrauen junger Mädchen
Trittin-Rücktritt noch vor Ostern?

Sonnabend, 31. März

Sogar ihre Babys schoben die Demonstranten im Kinderwagen auf die Schienen, um die Durchfahrt des Castor-Zuges zu verhindern

Mädchen Marie und die Schlacht um den Castor

Ein Zug mit Atommüll auf dem Weg ins Zwischenlager nach Gorleben (Niedersachsen). 5000 Demonstranten wollten ihn Ende März kurz vor dem Ziel aufhalten. In Dannenberg, wo die Behälter mit Atommüll auf LKW verladen wurden, gab es schwere Krawalle. Die Polizei nahm hunderte Chaoten fest, setzte Wasserwerfer und Tränengas ein. Schon vorher war es den Demonstranten gelungen, den Castor-Zug 14 Stunden aufzuhalten. Ein junges Mädchen hatte sich zusammen mit drei jungen Männern im Gleisbett der Bahn einbetoniert. Die Polizei musste den Beton mühsam aufbohren, um die Bahnstrecke räumen zu können.

Polizisten beobachteten die Gleise mit Ferngläsern

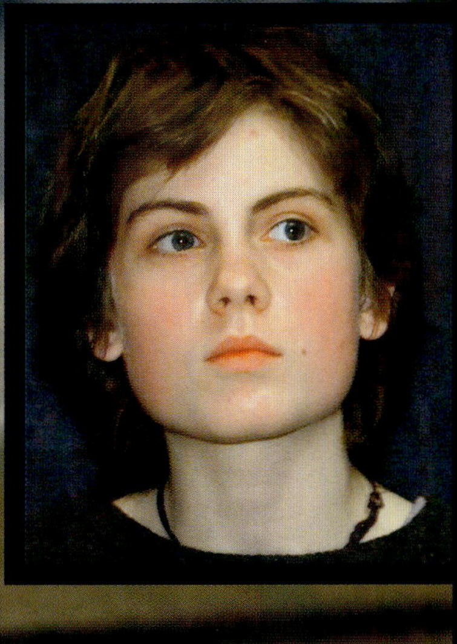

Beton-Mädchen
Polizisten mussten Marie (16, links) mit einem Presslufthammer aus dem Beton befreien (rechts). Sanitäter brachten sie danach mit starker Unterkühlung ins Krankenhaus

Wie der März unser Leben veränderte

Die Deutschen und der Stolz

Michael Stürmer

Der Erlanger Historiker und Publizist („Welt", „Welt am Sonntag") Prof. Michael Stürmer (63) ist Spezialist für deutsche und europäische Geschichte

Seit dem 11. September ist nichts mehr, wie es einmal war. Aber das wussten wir noch nicht im März, als wir über den Stolz der Deutschen diskutierten. Die Deutschen rücken enger zusammen. Sie ahnen, was sie an ihrem Land haben. Noch nicht lange ist es her, da wurde der brandenburgische Innenminister Schönbohm angegiftet, weil er verlangte, dass Ausländer in Deutschland die deutsche Sprache lernen sollten. Eine ähnliche Geisterdebatte gab es bei der Frage nach der deutschen „Leitkultur" für Zuwanderer aus fernen Ländern.

Von der Politik wird heute mehr verlangt als ordentliche Verwaltung der Deutschland GmbH. Die strategischen Fragen sind gestellt: Deutschland fällt in seiner Leistungskraft zurück. Europa braucht die Bindungskraft des Euro. In der Außen- und Sicherheitspolitik wird nichts mehr verschenkt, auch nicht an die Deutschen.

Das alles hat einschneidende Bedeutung für das Gemeinwesen. Patriotismus muss nicht mehr fragen, ob er denn gestattet sei. Er kommt wie selbstverständlich in einem Land, das ein Rechtsstaat ist, wo Demokratie dem Ausgleich dient, wo die Armen nicht verkommen, wo Opposition ein sicheres Gewerbe ist. Der deutsche Zweifel, ob man sein Vaterland lieben dürfe, hat sich in die Studierstuben zurückgezogen. Die große Mehrheit hat längst entschieden.

Am deutlichsten ist das neue Lebensgefühl an den deutschen Soldaten zu sehen. Es geht nicht mehr um nukleare Abschreckung, die ganz und gar abstrakt war. Es geht um den Schutz des Gewebes unserer Zivilisation hier und überall. Versteckspiele hinter der Geschichte, hinter dem Grundgesetz, hinter Träumereien von der Nichts-als-Zivilgesellschaft sind heute nicht mehr möglich.

Seit dem 11. September ist die Außenwelt nicht mehr dieselbe und auch die Innenwelt der Deutschen hat sich geändert: Freunde, Familie und Zuhause, so lange als selbstverständlich hingenommen, erscheinen in anderem Licht, wertvoller, aber auch gefährdeter. Dasselbe gilt für Heimat und Vaterland, in einem Wort – es gilt für Deutschland.

Es hat ein Ende mit der Spaßgesellschaft und auch mit der unbedarften Freude an Multikulti. Plötzlich ist „German Angst" nicht mehr Modeerscheinung, sondern verrät ein verändertes, zerbrechliches Lebensgefühl.

Man wird sich an eine neue Lage gewöhnen und zugleich scharf aufpassen müssen, dass unsere Weltoffenheit nicht Verengungen erfährt. Denn auch das gehört zum Liebenswerten an diesem Land der Mitte, dass wir bisher immer die europäischsten der Europäer waren – und wir wollen es weiter sein.

Deutschland bleibt den Seinen schwieriges Vaterland. Die meisten haben es sich nicht ausgesucht, Deutsche zu sein. Aber seit mehr als einem halben Jahrhundert haben die Menschen dieses Landes der deutschen Katastrophe ein blühendes, geachtetes Land abgerungen. Jetzt steht vieles von unserer Kultur auf dem Spiel. Behalten aber kann man nur, wofür man auch zu kämpfen bereit ist.

Der Reichstag in Berlin (hier bei seiner Eröffnung), gewidmet „Dem Deutschen Volke". Und das Volk hat entschieden, dass wir Deutschen uns nicht mehr verstecken sollen. Worte wie „Heimat" und „Vaterland" gelten wieder

Er tötet, was er liebt

Wir sehen Jan C. bei der Arbeit: Mit einem dicken Knüppel schlägt er einen wehrlosen Schwan tot. Ein Tiermörder? Nein! Jan liebt die Tiere und die Natur. Als Helfer von Greenpeace kam der Politik-Student aus Frankfurt/Main an die dänische Ostsee küste. Dort hatte der Tanker „Baltic Carrier" Anfang April 2700 Tonnen Öl verloren, 25000 Seevögel mussten sterben. Um ihnen die Qualen des langsamen Todes zu ersparen, schlugen die Tierfreunde zu. Jan weinte bei jedem Schlag. Er flehte den Schwan an: „Hör doch bitte auf, mit den Flügeln zu schlagen!" Dann schleifte er das tote Tier aus dem schwarzen Öl-Morast.

Chaos-Rennen im Regen
Schumi nass gemacht
ESSO Hit der Woche
Bild
4:1 Dortmund jagt die Bayern
3 Tabletten zerstörten ihre Gesundheit
Neues TV-Spiel in BILD
Milosevic wollte seine Familie töten

Regierung in Sorge
Konjunktur kommt ins Stottern
Bild
Die Revanche
Heute sind wir alle Bayern
Väter, aufgepasst! Ist Ihr Kind wirklich von Ihnen?

Nackt-Video!
Schmeißt Bohlen seine Neue raus?
Bild
MKS Alarm-Plan tritt in Kraft
Pflege-Urteil: Wer jetzt weniger zahlt

Wer zahlt Putzfrau, Koch und Gärtner?
DU HUF!
Bild
Verona kauft sich Rittergut
Pflege-Urteil: Jetzt auch Rente neu

 Montag, 2. April | Dienstag, 3. April | Mittwoch, 4. April | Donnerstag, 5. April

Milosevic & Ölpest

Die Festnahme des Diktators und Tierbilder zum Weinen prägten den April. Erst am Schluss wurde der Monat fröhlich

Ein Monat, der atemberaubend begann und dann langsam immer spannender wurde.
Los ging's mit dem Wahnsinns-Rennen von São Paulo. Gleich zu Beginn das Duell der Schumi-Brüder. Später dreht sich Michael im Regen und Coulthard rast an ihm vorbei zum Sieg!
In Ex-Jugoslawien sind das **Milosevic-Ultimatum** der USA und des UN-Tribunals in Den Haag abgelaufen. Was wird jetzt geschehen? Die Welt hält den Atem an, man möchte vor den letzten Nachrichten gar nicht ins Bett gehen. Vorm Belgrader Präsidenten-Palast waren Elitesoldaten in Stellung gegangen, Hubschrauber knatterten über der Stadt, drinnen fielen Schüsse, Milosevics Tochter ballerte im Palast – dann atmete die Welt auf: Endlich sitzt der mörderische Diktator in Haft!

Abflug: Jugoslawiens Ex-Diktator Slobodan Milosevic wurde nachts aus dem Belgrader Gefängnis geholt und nach Holland geflogen. Dort brachte ihn ein Polizei-Hubschrauber zum Gefängnis Scheveningen (rechts)

Elite-Polizisten holten Milosevic aus seiner Villa

Er hatte elf Jahre lang sein Volk geknebelt und drei grausame Kriege angezettelt, doch am 1. April kam das Ende: Schwer bewaffnete Elite-Polizisten stürmten in Belgrad die Villa des jugoslawischen Ex-Diktators Slobodan Milosevic, brachten ihn ins Gefängnis. Er wurde später an den internationalen Gerichtshof in Den Haag ausgeliefert, der ihm wegen seiner Kriegsverbrechen den Prozess machte. Dort besuchte ihn seine Frau Mira (rechts).

Kanzler droht Drückebergern „Es gibt kein Recht auf Faulheit“
Bild
Dagmar Berghoff Mein Leben als Witwe
Wegen MKS Geld für Urlaub zurück
29 Mio im Jackpot BILD verlost 3 Super-Scheine
1. Hofgang für Ulrikes Mörder
Bayern in Bundesliga nur noch mit B-Elf

Lichtallergie: Hannelore Kohl sprach in diesem Monat erstmals über ihre schwere Krankheit. Da ahnte noch niemand, wie sehr sie wirklich litt

Aufgeben ist das Letzte, was man sich erlauben darf

Hannelore Kohl gibt der „WELT am SONNTAG“ ein großes Interview. Rückblickend scheint jeder Satz ein Signal zu sein. „Gesundheit ist das höchste Gut des Menschen. Nur vergessen das viele, weil man Gesundheit nicht spürt, wenn man sie hat.“ Sie spricht über die Lichtallergie. Dass sie so gerne wieder einmal bei Tageslicht ins Freie gehen möchte, wie sehr sie Berlin vermisst. Und dann: „Aufgeben ist das Letzte, was man sich erlauben darf...“ Sicher dachte sie schon an den Tod.

Tier-Drama in der Ostsee. 2700 Tonnen Öl aus der „Baltic Carrier“ schwappen an die dänischen Strände. Tausende Wasservögel sind mit verklebtem Gefieder dem Tod geweiht. Erschütterte Urlauber stehen am Ufer und starren auf die hilflose Kreatur. Man kann einfach nicht wegsehen... Unter den Helfern sind viele Deutsche. Sie erschlagen die armen Tiere mit Knüppeln oder drücken ihre Köpfe unter Wasser, bis sie ertrunken sind. Die Helfer weinen dabei, es fällt ihnen so unsagbar schwer. BILD-Reporter Wolfram Hammer beobachtete die schreckliche Aktion; lesen Sie rechts auf der Seite seinen Bericht!

Ostsee-Öl: So erlebte ich das Drama vor der Insel

BILD-Reporter Wolfram Hammer beobachtete das Öl-Drama an der Ostseeküste. Er erinnert sich:

Die fünf Kormoran-Küken fiepen erbärmlich in ihrem Nest. Als wollten sie fragen: „Mutter, wo bist du?“ Ihr Flehen ist vergeblich. Die Tiermama liegt zu meinen Füßen, Beine und Flügel im Todeskampf verdreht. Schwarzes Öl hat jede Feder verklebt. Sie erstickt.

Ich stehe auf einem namenlosen Eiland vor der Insel Mön, nur 50 mal 50 Meter groß. Aber übersät von hunderten Vogel-Leichen. Die Sterbe-Insel. Das Öl der „Baltic Carrier“ brachte den Tod in ihr kleines Paradies.

Ein verzweifelter Schrei reißt mich von den Kormoran-Küken los. Jan, der 27-jährige Greenpeace-Aktivist, hebt einen Knüppel in die Höhe. Vor ihm im seichten Wasser ein Schwan, noch lebend, aber rettungslos ölverklebt. Mit voller Wucht schlägt Jan ihm den Knüppel auf den Kopf. Wieder und wieder. Jan fleht dabei: „Hör auf, mit den Flügeln zu schlagen. Hör doch bitte auf!“ Endlich, mit einem letzten Schlag, ist das Tier erlöst.

Jan sinkt auf die Knie. Er weint. Er betet. Noch nie zuvor hat er die Hand gegen ein Lebewesen erhoben. Die Natur zu schützen gehört zum Wichtigsten in seinem Leben. Jetzt muss er Tiere töten. Um ihnen noch grauenvolleres Leid zu ersparen.

Und ich: Darf ich darüber schreiben, was ich eben mit angesehen habe?

BILD-Reporter **Wolfram Hammer**

Ja. Ich muss. Wie oft schon habe ich selber von Tankerunglücken gelesen. Nüchtern war's da aufgelistet: Name des Schiffes, Unglücksort, Menge des ausgelaufenen Öls. Jetzt ist mir klar: Da gibt es nichts nüchtern zu berichten. Es ist immer der tausendfache, qualvolle Tod. Es ist immer ein Verbrechen von uns Menschen an der wehrlosen Kreatur.

Ja, das werde ich berichten. Auch heute habe ich diese Bilder noch vor meinem Auge. Ich werde sie vielleicht nie mehr rauskriegen, nie vergessen können...

„Tagesthemen"-Moderator prahlt mit 16 Stunden Haschisch-Trip
Herr Wickert, sind Sie stolz auf Ihren Drogen-Rausch?
Bild
Michelle
Schumi: Ralf wird mich bald besiegen
Kanzler Schröder bekräftigt Kritik an Drückebergern

Tränen, als Beckmann ihn nach seinem Vater fragte
Boris weint in Talk-Show
Jeden Tag 5 smart gewinnen
ESSO Hit der Woche
Bild
Effe 4x gesperrt?
Ist sie Wickerts Neue?
Verhext! Irre 30er-Serie

So passierte ihm das mit dem Wimbledon-Baby
Boris' intimstes Geständnis
Aus für Kopfschmerzen. Neuralgin mit Coffein. Das wirkt.
Bild
Deutschkurs für alle Türken

Alle ohne Frauen, alle fröhlich, alle auf der Suche...
Boris' neues Leben in der Männer-WG
Bild
Hass-Rennen am Oster-Sonntag?
Mallorca-Urlaub wird teurer
Nur Mini-Lohnerhöhungen?

 Sonnabend, 7. April — Montag, 9. April — Dienstag, 10. April — Mittwoch, 11. April

Auf der Wiese der Wirtschaft blüht eine neue Wortdistel, die keiner richtig mag: „Stotter-Konjunktur". Die Wachstumsprognosen werden um 0,7 % gesenkt. Im sog. Ausrüstungs-Investitionsbereich (darunter fällt alles, was Firmen zum Produzieren brauchen) halbieren sich die Umsätze, und die der Werbewirtschaft, immer Gradmesser Nr. 1, liegen Anfang April 5,3 % unterm Vorjahr. Als Hauptgrund wird von den Unternehmen die schwache US-Konjunktur genannt. Das 630-Mark-Gesetz und die Ökosteuer kommen hinzu. Der Bundesverband des Groß- und Außenhandels spricht nur noch von einer 2 %-Umsatzsteigerung. Der Einzelhandelsverband rechnet damit, dass Zwangspfand und Mitbestimmungsgesetze bis zu 20 000 Arbeitsplätze kosten könnten.

Viermal schaut Deutschland über den Kanal!

● **England I:** Das **„Spindluder"**. Die deutsche Truppe hat gewählt; jetzt wird die Siegerin einen Soldaten besuchen. Hauptgefreiter Martin Jungnickl vom Gebirgs-Nachschub-Bataillon in der Regensburger Prinz-Leopold-Kaserne hat einige schlaflose Nächte, dann fährt Englands schönster Export durchs Kasernentor: The Spindluder is... Das britische Super-Model **Katie Price**, und BILD lässt die Prinz-Leopold-Soldaten vor der blonden Schönheit strammstehen.

● **England II:** Ein ganz anderer britischer Export erschreckt uns im April. Während die Maul- und Klauenseuche bisher nur wie eine drohende Wolkenwand vor den deutschen Grenzen stand, gibt es jetzt die ersten Fälle. Im Münsterland ging es los; 100 Ferkel wurden sofort getötet. In einer Gärtnerei bei Gießen wiesen zehn erkrankte Schafe Symptome der Seuche auf.

Kurviger Kasernen-Besuch

Jubel bei der Bundeswehr. Katie Price, das Spindluder, geizte nicht mit Küsschen, Autogrammen und tiefen Einblicken

Die Robben-Schande

Bilder, die zornig machen: Ein kanadischer Robben-Jäger schlägt mit einem Knüppel auf ein wehrloses Robben-Baby ein. Sekunden später ist es tot, seine Schnauze blutrot. Die Schlächter haben kein Erbarmen. Dem Fotografen zeigt einer den Stinkefinger

● **England III:** In Oxford unterzieht Prof. Bryan Sykes vom Institut für molekulare Medizin Anfang April 2001 ein ganz besonderes Haar der DNS-Analyse. Es stammt aus dem Migyur-Shitexa-Tal (übersetzt: „Wo sich der Yeti nach Läusen kratzt") im Himalaja-Königreich Buthan und wurde unter dem Baum gefunden, den Eingeborene als **Yetis** Lieblings-Schlafplatz bezeichnen. Das Haar stammt weder von einem Menschen noch von einem Bären, noch von einem Affen. Die Erbmasse ist völlig unbekannt. Prof. Sykes ist seitdem überzeugt, dass es den Yeti wirklich gibt.

Haarig
Sieht so der Yeti aus? Dieses Bild wurde nach Berichten von Augenzeugen, die das Fabelwesen angeblich gesehen haben, erstellt

● **England IV:** Die Rache für '99! Bayern siegt durch Sergios 1:0 in Manchester. Die Münchner Fans singen: „Football is coming home."

Kanzler: „Es gibt kein Recht auf Faulheit."

In Sachsen kommt Biedenkopf ins Gerede; es geht darum, wer eigentlich seine Putzfrau bezahlt. **Wickert** erzählt öffentlich von seinem früheren Drogenkonsum. Und Kanzler Schröder sagt im BILD-Interview den Satz des Monats: „Es gibt kein Recht auf Faulheit."

Im Packeis vor den Prinz-Eduard-Inseln beginnt das Robbenschlachten. Grausame Fotos gehen um die Welt; bis Juni sollen 275 000 Sattelrobben und Klappmützen sterben. 42 % leben noch, als man ihnen das Fell abzieht. Männchen kriechen ohne Penis übers Eis; ein Einziger bringt – zum Potenzmittel verarbeitet – auf dem asiatischen Markt 1000 Mark. Ein Schrei der Empörung geht um die Welt! Und in USA sucht „Mops-Model" Anna Nicole Smith einen neuen Greis fürs Bett.

Wickert 16 Stunden auf dem Hasch-Trip
„Mir war, als sei aus mir ein Zweiter geworden, ein anderer Uli." „Tagesthemen"-Moderator Ulrich Wickert berichtete in „MAX" ausführlich, wie er als junger Mann einen 16-stündigen Haschisch-Trip erlebte

12 Jahre hat sie für ihn gekocht...
Bohlen zahlt Naddel keinen Pfennig
Aus für Kopfschmerzen.
Bild
Chinesen lassen US-Soldaten frei
Seine Neue ist erst 23! Andy Möller verlässt Frau und seine Kinder
Deutsche sauer auf Mallorca-Steuer

Donnerstag, 12. April

Schumi jagt Schumi in Imola
Wie brutal wird der Bruder-Kampf?
Rollies Filter: Typisch West!
West
Bild
Schalke Wir stürzen die Bayern
Michelle
Benzin-Wut
Immer wenn wir in die Ferien wollen, beginnt die große Abzocke

Sonnabend, 14. April

Urlaub nur noch für Reiche?
ESSO Hit der Woche
Bild
Bruder Vollgas
Verspielen die Bayern jetzt alles?
Selbstmord-Pille für alle?

Dienstag, 17. April

Mallorca-Steuer
Majestät, stoppen Sie diesen Unsinn!
oxano
Bild
Naddel zieht aus
Bevölkerung schrumpft dramatisch

Mittwoch, 18. April

Beim Bundesliga-Hit Dortmund gegen Bayern ballte Effenberg die rechte Faust und verpasste Gegenspieler Evanilson einen Ellbogen-Scheck. Dafür gab's die gelb-rote Karte

In den April fiel Nicolas Kiefers Angsthasen-Tennis im Daviscup-Viertelfinale gegen Jan „Das Auslaufmodell" Siemerink ebenso wie Lauterns 1:5-Desaster im UEFA-Cup-Halbfinale gegen CD Alaves. Aus der Monatschronik hätte man ebenfalls gern den **„Schmutz-Gipfel" Dortmund gegen Bayern** gestrichen (1:1, 12 x Gelb, 2 x Rot, 1 x Gelb-Rot, 3 Tore nicht anerkannt).

Bei **„Beckmann"** sagt **Boris**, wie das denn nun gewesen ist mit der Wäschekammer. „Das war eine Aktion, die dauerte fünf Sekunden. Vorher nie gesehen, nachher nicht gesehen. Der teuerste One-Night-Stand meines Lebens." Deutschland sieht dann gerührt, wie er feuchte Augen bekommt – das macht ihn sympathisch (s. unten).

Der April war sowieso ein schöner Monat für alle, die Klatsch und Tratsch lieben. Andy Möller verlässt Frau und Kinder, seine Neue ist erst 23! Japans Kronprinzessin endlich schwanger! Zahlt Bohlen seiner Naddel wirklich keinen Pfennig? Dann der „Schamlos-Vertrag": Christian Anders verkauft seine Freundin für eine halbe Mio an Kitsch-Millionär Michael Leicher (44)! Witta Pohl heimlich geschieden, Fürstin Glorias Sohn prügelt sich, und Naturschützer auf Mallorca malen Hassparolen auf den Zaun von Claudia Schiffers Baustelle.

Harald Schmidt (mit BILD) zog in seiner Show über die Mallorca-Steuer her

Mallorca ist ohnehin in aller Munde, denn die geplante **„Ökosteuer" für Touristen** kommt beim deutschen Urlauber nicht gut an – zumal die Fluggesellschaften gleichzeitig einen Kersosin-Zuschlag planen und Benzin wieder mal pünktlich zur Oster-Reisezeit teurer wird (Normal fünf Pfennig rauf auf 2,09 Mark).

In England treibt die Furcht vor der Maul- und Klauenseuche extrem grausame Blüten. Weil sie wegen des Transportverbotes nicht einmal über die Straße geführt werden dürfen, stehen neugeborene Osterlämmchen auf ihren total abgegrasten Weiden zitternd bis zum Bauch im Schlamm; sie verhungern, ertrinken oder erfrieren jämmerlich.

Boris' Tränen bei Beckmann

Seine Stimme stockte, seine Augen füllten sich mit Tränen. Boris Becker weinte vor der Kamera. ARD-Moderator Reinhold Beckmann hatte ihn bei der Aufzeichnung seiner Talkshow auch nach seinem Vater gefragt, der an Krebs starb. Boris antwortete: „Wenn ich nur einen Menschen gebraucht hätte, dann meinen Vater." Beckmann bohrte weiter: „Konnten Sie sich denn richtig verabschieden von Ihrem Vater"? Boris, mit Tränen in den Augen, antwortete mit leiser Stimme: „Kann ich jetzt nicht sagen..." Dann nahm er einen großen Schluck Wasser: „Gleich geht's wieder."

Der Moment, als Beckmann nach dem toten Vater fragte. Boris hat Tränen in den Augen, er blickte nach unten, ihm versagte die Stimme

Die Kadaver der toten Schafe wurden auf Haufen geworfen und wegen der Ansteckungsgefahr verbrannt

Das Leiden der Osterlämmer

In England hatte die Maul- und Klauenseuche (MKS) ihren Höhepunkt erreicht. Die Regierung verhängte ein Transportverbot für alle Klauentiere. Dramatische Folge: Schafe, die gerade ihre kleinen Lämmer bekommen hatten, durften nicht von ihren abgegrasten Weiden geholt und auf frisches Grün gebracht werden. Zu tausenden verhungerten die Tiere auf ihren schlammigen Weiden

Dieses traurige Osterlämmchen musste zuletzt Erde fressen. Im Schlamm wartete es mit seiner Mutter auf den Tod

Mandy (10) in diesem Verlies lebendig begraben
Bild
Andy Möller Seine Neue ist erst 22
Tierseuche Impft endlich!

Er hat Mandy lebendig begraben
Bild
Neue Sex-Pille macht Frauen Lust
Kahn privat
Jauchs neue Show Wie komme ich an die 10 Millionen?
Arcor
Benzin bald drei Mark?

Benzin-Wut
Die Autofahrer müssen bei den hohen Preisen ja nicht tanken
Herr Minister, haben Sie einen Knall?
Rollies Filter: Typisch West!
Bild
Naddel So halte ich mich schön
Großmaul Coulthard Ich besiege die Schumis
Staatsanwalt stellt Verfahren gegen Joschka Fischer ein

Benzin-Wut
Herr Minister, so sieht eine Tank-Quittung aus!
ESSO Hit der Woche
Bild
Berti vor dem Aus
Nanu, Naddel im Brautkleid
10-Millionen-Quiz Jauch tröstet den Pechvogel

Die alte, verfallene Hartste
fabrik. Fenster und Türen
sind herausgebrochen. Hie
hauste der Täter im Keller

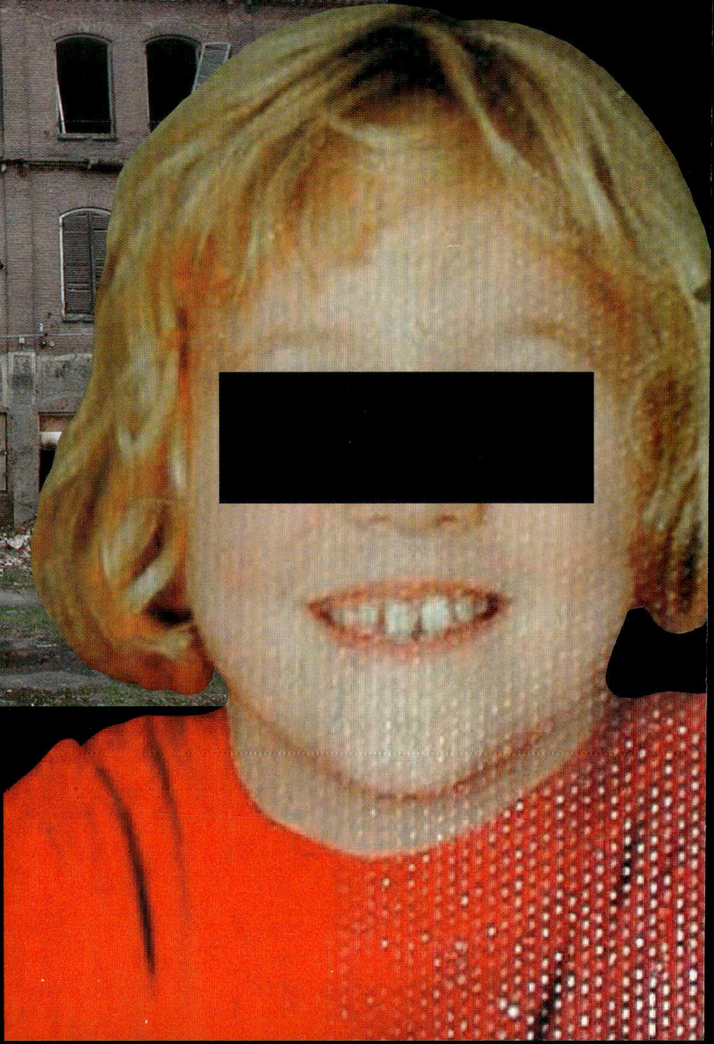

Die kleine blonde Mandy, gerade zehn Jahre alt. Auch nach
Tagen stand sie noch unter Schock

Michael L., langes Nackenhaar, trinkt Schnaps und Bier am liebsten aus der Flasche

Mandy (10) - missbrauch und ins Verlies gesperrt

Michael L. aus Goch am Niederrhein – ein Mann ohne Arbeit und ohne festen Wohnsitz. Seit Jahren hauste er in den Kellern der verfallenen Hartsteinfabrik, wo er Mandy zusammen mit seinem Freund Sascha L. schändete, schlug und einsperrte. Ein Polizist h te schließlich das verzweifel Wimmern des Mädchens un befreite es aus dem Gefäng

Mit 170 km/h in Radarfalle

Fahrverbot für kleinen Schumi

Darf er trotzdem Sonntag starten?

Bild

Babs Becker Ihr Single-Leben in Miami

Di-Muttis greifen den Kanzler an

3 ELK Liter-Haus

Franz Schalke wird Meister

„DOTWIN" – das neue Super-Spiel

Dieses Ding macht Sie reich

Ralf Schumacher

Ich will ein Baby ...und heiraten auch

Bild

Kampf um Deister

Linda de Mol verhöhnt unsere Nationalhymne

500 000 Mark, Autos, Reisen

Gewinnen Sie mit DOTWIN

Dienstag, 24. April

Mittwoch, 25. April

Er fand die kleine Mandy: Polizeikommissar Klaus Becker vor dem Verlies, in dem Mandy 16 Stunden lang gefangen war

Schampus-Dusche für Klein-Schumi (ganz oben) nach seinem Sieg in Imola. Bruder Michael musste seinen Ferrari mit Bremsschaden vorzeitig parken

Klein Schumi siegt, Ralfs Ferrari stottert

Imola! Schumi gegen Schumi: Ralf gewinnt zum ersten Mal – und Michaels Ferrari zickt (leider nicht zum ersten Mal). Schalke gewinnt nach 18 Jahren erstmals in München (3:1); BILD tauft die Klasse-Schalker Sand und Mpenza daraufhin „Dänen-Bomber" und „Belgien-Blitz".

Auch im April 2001 erschüttert ein brutaler Kinderschänder-Fall unser Land. Das Opfer ist die 10-jährige **Mandy** aus Goch am Niederrhein. Ein älterer Junge und ein Obdachloser überfallen das Kind in einer stillgelegten Fabrik. Sie missbrauchen es brutal und werfen das arme Mädchen wie Müll in die Zugluft-Kammer eines alten Kamins. Den Einstieg versperren sie mit einer schweren Betonplatte. Erst nach 16 Stunden wird Mandy von der Polizei befreit! Ganz oben links zwei BILD-Schlagzeilen zu dem Fall.

Wie kann man 1 Million Mark auf seinem Konto einfach übersehen?
Verkaufen Sie uns nicht für dumm, Herr Kiep!
Linda de Mol entschuldigt sich bei allen Deutschen
Ralf Schumacher: Auf der Strecke kenne ich keinen Bruder
Autos • Traumreisen • Ganz viel Geld
Mit DOTWIN 500 000 Mark gewinnen!
Bild

Schumi geschockt!
Sein Freund starb bei Tempo 340
...und Schumi II glücklich „Wir haben uns verlobt"
Was ist bloß mit Günther Jauch los?
Bild
1. Vergewaltigung in Kaserne

Cora & Corinna
Wer hat den schnellsten Schumi?
Geraubtes Baby wieder da!
Herr Bohlen, Ihre neue Schwiegermutter
Bild
Regierung gibt jetzt zu Konjunktur stottert

10 Millionen!
Diese Hausfrau schwimmt jetzt im Geld
...aber der Glücksgott hat die Richtige geküsst!
ESSO Hit der Woche
Dusel-Schumi „So will ich nicht gewinnen"
Bild
SPD will CDU-Chefin Merkel verhören

 Donnerstag, 26. April | Freitag, 27. April | Sonnabend, 28. April | Montag 30. April

Der ehemalige CDU-Schatzmeister **Walther Leisler Kiep** (75) entdeckt beim Studium seiner Kontoauszüge eine Million Mark, deren Herkunft im Dunkeln bleibt. „Verkaufen Sie uns nicht für dumm, Herr Kiep", titelt BILD!

Der Monat, der so spannend begann und dann langsam immer aufregender wurde... Er endet auch in einem Wahnsinnstempo. Am 28. April um 9.37 Uhr hebt eine Sojus-Rakete in der kasachischen Steppe ab. Mit an Bord: US-Milliardär Dennis Tito (60), der erste Weltraumtourist! Er hat für die wundersame Reise (28 800 km/h) den Russen ungefähr 40 Millionen gezahlt.

Und **Schumi**? Streichelt seinen Ferrari in Barcelona am liegen gebliebenen **Häkkinen** mit sich auflösenden Reifen ins Ziel (BILD: „Ein Ruckel-Zuckel-Rumpel-Sieg").

Hausfrau Waltraud Kretschmann mit Günther Jauch und dem Zehn-Millionen-Scheck

Fortuna küsste die Richtige

April 2001. Ein Monat so wie ein Feuerwerk, wo man am Ende denkt: Das war's jetzt aber – und dann platzt doch noch eine Rakete. Denn ganz am Schluss gewann erstmals im deutschen TV jemand die sagenhafte Summe von zehn Millionen Mark. **Hausfrau Waltraud Kretschmann** (47) aus Ehingen bei Ulm, Mutter von zwei Kindern (eins schwer krank), pokerte sich ganz locker durch Günther Jauchs SKL-Show. Und BILD beendet den Monat mit einer fröhlichen Schlagzeile: „Der Glücksgott hat die Richtige geküsst!" Dass sie so normal wirkte, unverkrampft und doch konzentriert, ließ ihr die Herzen der Zuschauer zufliegen. Am Ende drückten ihr alle die Daumen und jubelten über ihren furiosen Sieg.

Der Champion und der Pechvogel

Mika Häkkinen fiel kurz vor dem Ziel mit Kupplungsschaden aus. Schumi siegte, holte zehn wertvolle WM-Punkte.

Was steckt da im Koffer, Herr Kiep?

Seit Ex-CDU-Schatzmeister Walther Leisler Kiep sich nicht mehr daran erinnern konnte, woher die Million auf seinem Konto stammte, fragte sich Deutschland: Was hatte dieser Mann wohl in dem schwarzen Koffer, den er immer bei sich trug?

Erster Tourist im Weltraum

Winke-Winke zur Erde: Weltraumtourist Dennis Tito bekam in der Sojus-Rakete (links) einen Fensterplatz. Er durfte auch durch die Raumstation ISS schweben (unten) – aber nur unter Aufsicht der echten Astronauten. Tito blieb eine Woche im All und schwärmte nach seiner Landung in der Steppe von Kasachstan: „Es war wunderbar"

Wie der April unser Leben veränderte

Milosevic, Europas letzter Diktator

Norbert Körzdörfer
Autor und Kolumnist des Axel Springer Verlages

Es ist eine Sternstunde der Menschheit. Den Haag, 1.15 Uhr nachts, 29. Juni. Ein gebeugtes Monster steigt aus einem Polizei-Helikopter. Zwei Spezialagenten packen den letzten Diktator Europas. Festgesetzt im April. Das hat nicht nur den Monat verändert. Es hat die Welt verändert.
Der Mann hat das Gesicht einer Bulldogge, den Gang eines Häftlings und das Gewissen eines Massenmörders.
Slobodan („Der Freie") Milosevic (60), kommunistischer Tyrann Serbiens, betritt das UNO-Kriegsverbrecher-Gefängnis.
Es ist ein Rendezvous mit der Gerechtigkeit. Sein eigenes Volk hat ihn ausgeliefert – für ein „Lösegeld" von drei Milliarden Mark Finanzhilfe der Weltbank.

- *Er ist schuld an 300 000 Toten*
- *Er ist schuld an drei Millionen Heimatlosen*
- *Er ist schuld an vier Balkankriegen: Slowenien (1991), Kroatien (1991-95), Bosnien (1992-95) und Kosovo (1998-99)*
- *Er ist schuld an Massengräbern, Konzentrationslagern, ethnischen Säuberungen, Attentaten, Vergewaltigungen, Folterungen. Er sagt: „Ich bin unschuldig!"*

„Der Schlächter von Belgrad" sitzt in einer rosa gekachelten Einzelzelle (12 qm). Ohne Schlips, Gürtel und Schnürsenkel. Milosevic ist selbstmordgefährdet.
Sein Vater hat sich erschossen, seine Mutter aufgehängt. Er murmelt in sich hinein: „Warum habe ich sie nicht alle umgebracht, als ich noch die Macht hatte... Bringt mir Gift..."
Er schwitzt. Der Diabetiker leidet unter Bluthochdruck.
Er hat hypochondrische Angst vor Angina Pectoris (Herzinfarkt-Vorstufe).

Wie konnte ein so unscheinbarer Funktionär und Provinz-Bankier zum gefährlichsten Mann Europas werden?
Nach Titos Tod zerfiel der Vielvölkerstaat Jugoslawien. Aus den blutigen Scherben stiegen die stalinistischen Schergen. Aus der kommunistischen Masse der grauen Betonköpfe erhob Milosevic sein Haupt. Er war zur falschen Zeit am falschen Platz unter den falschen Fanatikern. 1987 begann seine Karriere des Elends mit einer Brandrede des serbischen Größenwahns.
Er befahl vier Kriege, um an der Macht zu bleiben. Erst die Bomben der Nato zertrümmerten die letzte Diktatur des Kontinents.

Wird Milosevic lebenslang in seiner Zelle sitzen und Sokrates lesen und die Bibel?
Es ist schwer, Dokumente der Massenmorde zu finden.
Es gibt die Gräber, aber keine Unterschriften der Befehle.
Milosevic umgab sich mit einem kleinen Kreis von Polit-Gangstern, die seine Befehle blind ausführten. Den Großteil der Mitwisser ließ er ermorden.
Die Kriegsverbrecher Karadzic und Mladic sind auf der Flucht. Aber es gibt Geheimdienstquellen, die seine Bluttaten belegen.

Milosevic ist ein Symbol in einer Welt, in der die Hälfte der 186 UNO-Staaten von Diktaturen, Regimen oder Militärs regiert und unterdrückt werden. Heute Milosevic, morgen die Bin Ladens unserer Welt. Im Namen der Völker.

Ex-Diktator Slobodan Milosevic vor dem Kriegsverbrechertribunal in Den Haag. Die Anklage wegen Völkermordes beeindruckte ihn wenig. Er lehnte sogar einen Verteidiger ab

Der Titel-Schrei

Ein Mann lässt seinem Jubel freien Lauf: Bayern-Torhüter Oliver Kahn. In Hamburg ballte er mit einem Urschrei auf den Lippen die Fäuste gen Himmel, weil die Bayern Sekunden vor Schluss deutscher Fußballmeister wurden. Wenige Tage später feierte Kahn wieder – diesmal den Gewinn der Champions League (unten)

Estefania wird für den Playboy fotografiert

Als im Mai Nacktfotos von seiner neuen Freundin Estefania auftauchten, war Dieter Bohlen „not amused“. Aber wenig später entstand dann eine noch viel erotischere Produktion für die Dezember-Ausgabe des „Playboy“, aus der das Foto links stammt. Damit war er dann einverstanden.

24 000 Menschen flohen aus Phantasialand
Feuer-Panik in Achterbahn
Brennende Trümmer flogen durch die Luft • 36 Verletzte, viele Kinder • Dabei war es ein so schöner Maitag
Barbara Valentin im Rollstuhl
Hört Häkkinen auf?
Muss Biedenkopf alles zurückzahlen?

Mittwoch, 2. Mai

Schumis Cora
Wirbel um Nacktfotos
Ralf kauft 360 Erotik-Bilder zurück
Opfer-Schutz statt Täter-Vorteil
Berti denkt ans Auswandern
Kanzler: sind Wessis fauler als Ossis?
Ihr großes Glück mit BILD

Donnerstag, 3. Mai

Warum ziehen sich die Mädchen so gerne aus?
Auch Bohlens Neue nackt
Zerbricht sie am vielen Geld?
Piloten-Streik bei Lufthansa und Condor
Unser Urlaub in Gefahr

Freitag, 4. Mai

„Es ist mein größter Lebenswunsch"
Verona
Jetzt will sie ein Baby
Stoppt er heute Möllemann?
Ralf Schumacher & Cora
Krimi um die Nacktfotos
Industrie-Boss will Feiertage streichen!

Sonnabend, 5. Mai

Feuer-Panik & „Peli"

Der Mai begann mit einer Katastrophe. Dann wurde er fröhlicher: Ein Pelikan verirrte sich zu uns

1. Mai, 13.47 Uhr, Freizeitpark Phantasialand. Prasselnde Flammen schlagen aus der Achterbahn, und in den Himmel von Brühl steigt schwarz der Pilz aus Qualm und Ruß. Panik bricht aus, im Park sind 26 000 Menschen!
Ein Albtraum. Viele Besucher erreichen den rettenden Erdboden aus Schwindel erregender Höhe nur über Notleitern. Kinder rufen verzweifelt nach ihren Eltern. Wer unten stolpert, wird niedergetrampelt. Die Menschen reißen Zäune ein, versuchen der Flammenhölle über hohe Mauern zu entkommen. Wie durch ein Wunder gibt es nur Verletzte (36).
Danach sind Katastrophen aber in der Minderheit. Der Wonnemonat Mai erfreut Deutschland gleich zu Beginn mit hocherotischen Fotos:
● **Cora!** Ralf Schumachers Verlobte, wie Gott sie schuf, im Kunstband „Erotic Acts". Ralf versucht vergeblich, die Rechte an allen Negativen zu kaufen.
● **Estefania!** Weil sie Dieter Bohlens Freundin (und deshalb prominent) ist, tauchen die Nacktbilder – aus einer privaten Produktion – plötzlich aus der Versenkung auf. Bohlen tobt, Estefania weint.
● **Shawne Borer-Fielding!** Zwar nicht nackt, was viele Männer lächelnd bedauern – aber die Kostümierung der Diplomaten-Gattin für eine Aufsehen erregende „MAX"-Fotoproduktion (mal als Cowgirl, mal im Super-Mini auf dem Botschafts-Dach mit National-

Die Botschafter-Gattin als Texas-Girl

Unglücksbahn In dieser Achterbahn brach das Feuer aus. Viele Fahrgäste mussten herunterklettern, um ihr Leben zu retten

Skelettiert Die qualmenden Reste der hölzernen Achterbahn. Sie wurde bei dem Feuer völlig zerstört

Panik 28 000 Menschen, darunter viele Kinder, flohen aus dem Vergnügungspark Phantasialand vor der brennenden Bahn

Drogenmädchen Andrea weinte vor Gericht Von zwei türkischen Militärpolizisten scharf bewacht, hörte Drogenmädchen Andrea das Urteil. Danach brach die junge Berlinerin in Tränen aus, wurde ins Gefängnis abgeführt

flagge) wirkt vielleicht gerade deshalb so erotisch, weil man eben nicht alles sieht. Es hagelt Proteste und Beifall; die „Süddeutsche" ortet die kesse Dame bereits auf dem Weg zum „Diplomaten-Luder". Die passendsten Worte findet jedoch BILD-Kolumnist Franz-Josef Wagner in einem offenen Brief an Shawnes Botschafter-Gemahl:
„Natürlich ist Ihre Frau keine Tee trinkende Botschafter-Gattin. Sie ist Avantgarde. Sie ist das Berlin, von dem wir seit vielen Jahren träumen. Jung, frech, unlangweilig."

Posträuber Biggs kehrt nach England zurück

Zwei Männer, die jeder kennt, denken Anfang Mai ans Auswandern. Der eine, **Berti Vogts**, tut`s in Leverkusen: „Ich weiß nicht, ob Deutschland wirklich das Land ist, in dem wir leben wollen." Als Trainer wird er den Monat nicht überstehen (gefeuert am 20. Mai).

Der andere, **Posträuber Ronald Biggs**, tut`s in Rio: „Mein letzter Wunsch ist es, in London in einen Pub zu gehen und ein Bier zu trinken." Der Wunsch geht nur zum Teil in Erfüllung – denn statt im Pub findet er sich gleich nach der Landung im Gefängnis wieder.

Milliardär I: Weltraum-Tourist **Tito** landet in der Steppe von Kasachstan, Urlaub vorbei. **Milliardär II**: **Berlusconi** gewinnt Parlamentswahl in Italien. **Kanzler Schröder** besucht seine „neuen" Ost-Cousinen Inge und Heidelinde; eine dritte war bei der Stasi – was er verzeiht. **Drogenmädchen Andrea** wird in der Türkei zu sechs Jahren und drei Monaten verurteilt. **Michelle** („Wer Liebe lebt") bringt`s beim Grand Prix nur auf Platz acht, Estland („Everybody") siegt.

In Lichtenberg (Oberfranken) wird die neunjährige Peggy vermisst. Wieder so ein schrecklicher Fall! Hundertschaften der Polizei durchkämmen die Wälder, Taucher steigen in Teiche, Hubschrauber steigen auf und die Bundeswehr macht Infrarot-Luftfotos: Nichts, nichts, nichts. Das Gebiet besteht aus vielen stillgelegten Bergwerksstollen; hier ein ermordetes Kind zu verstecken, wäre nicht schwer. Es gibt aber auch die Theorie, dass Peggy einer Zuhälterbande in die Hände fiel, die auf Kinder spezialisiert ist. Bei Redaktionsschluss dieses Jahrbuches wurde Peggy immer noch vermisst.

Heimkehr Mit Strohhut, Sonnenbrille und Rollstuhl – so flog Posträuber Ronald Biggs zurück nach England. Sein brasilianischer Sohn Michael begleitete ihn

Erotik-Fotograf schockt Ralf

Schumis Cora in Nackt-Kalender

ESSO Hit der Woche

Westerwelle stoppt Möllemann

Fiese Kopfnuss-Schwalbe

Bild

Neues Super-Bingo Jeden Tag 10000 Mark extra

Montag, 7. Mai

Cora bezaubert Deutschland

Schumi Willst du diese schönen Fotos verbieten?

Schwarze Kasse für Frau Biedenkopf?

Bild

Angst um Scholl

Neues Super-Bingo Jeden Tag 10000 Mark extra

Dienstag, 8. Mai

„Peli“ erkundet Mai-Deutschland von oben. Vermutlich kommt der putzige Pelikan vom Schwarzen Meer und schloss sich einem Storchenpärchen an. Gesichtet wird er in vielen Bundesländern, aber nach einigen Tagen entscheidet er sich für Niedersachsen. Ganz Deutschland kennt seitdem den Ortsnamen Hankensbüttel, wo „Peli“ im Mai gemütlich in einem Fischteich herumschwimmt, kunstvolle Landemanöver übt und mit schrägem Blick die vergeblichen Fangversuche von Zoomitarbeitern aus Hannover beobachtet.

„Peli“ der Superstar

„Peli“, der weiße Pelikan, war vermutlich aus der Türkei eingereist, blieb den Sommer über. Hunderte Kinder malten ihren „Peli“ in einem Malwettbewerb von BILD. Sobald es in Deutschland etwas kühler wurde, verschwand der Vogel – vermutlich flog er zurück in seine Heimat

„Peli“ mit seinem Freund, dem Storch, auf einem Dach

Auf diesem Bild hat „Peli“ schon Kinder

Rumtreiber „Peli“ beim Fischfang am See

Eine Mutter flehte um das Leben ihr Tochter

Susanne Knobloch (rechts) weinte, zitterte, als sie vor die Kameras trat. Ihre Tochter Peggy (oben) war seit fünf Tagen verschwunden. Frau Knobloch bat die Bevölkerung um Mithilfe bei der Fahndung. Wochenlang suchte danach die Polizei mit Hunden nach Peggy, auch in Höhlen und alten Stollen (unten)

Früh zu Bett • Nicht so viel Taschengeld

Deutsche sollen Kinder strenger erziehen

Ehepaar Biedenkopf will nicht zurücktreten

150 Millionen! adidas kauft 10 Prozent vom FC Bayern

Neues Super-Bingo

Dänen-Königin will Michelle nicht singen hören

Bild

 Mittwoch, 9. Mai

Die große Debatte in Deutschland

Erziehen wir unsere Kinder zu lasch?

Jetzt zwei Michelles

Ralf kriegt größeres Flugzeug als Schumi

30 % mehr Lohn! Kriegen Piloten den Hals nicht voll?

Bild

Donnerstag, 10. Mai

Deutschland zittert um Peggy

Bitte, bitte nicht schon wieder!

Michelle

TV-Skandal um Fürstin Gloria

Schumi

Bild

Freitag, 11. Mai

Peggys Mama fleht

Michelle

ARCOR

Bundesliga

Formel 1

Bild

Sonnabend, 12. Mai

Schalke weint und Bayern lacht

Bundesliga-Finale! Schalke-Fans müssen diesen Mai hassen, Bayern-Fans hingegen werden ihn für immer lieben. Ein Krimi. Schalke führt 5:3 gegen Haching, alles ist klar, die Blauen jubeln. Abpfiff, jaaa, wir haben den Teller! Denn München liegt seit der 90. (!) Minute in Hamburg 0:1 zurück. Dann kam doch noch alles anders, Tränen auf Schalke, und Bayern macht das Rennen.

BILD-Reporter Matthias Brügelmann erlebte das Drama hautnah. Lesen Sie seinen Bericht auf der rechten Seite.

Aber wenn das ein Krimi war, was war dann erst das Endspiel in der Champions League? Wie **Oliver Kahn** gegen Valencia drei Elfer hielt und den Pokal nach München boxte (BILD: „Die Faust Gottes"), das hat es nun wirklich noch nie gegeben. Dabei war Kahn bis dahin gar nicht als Elfer-Spezialist aufgefallen (zwischen '91 und Mai 2001 hechtete er in der Bundesliga bei 38 Elfern achtmal in die richtige Ecke). Der zweite

Bayern die Nr.1 in Europa

Schluss im Mailänder Stadion San Siro: Die Bayern-Spieler Zickler, Santa Cruz, Andersson, Hargreaves, Jancker, Kahn und Scholl feierten ihren Sieg in der Champions League im Elfmeterschießen gegen Valencia

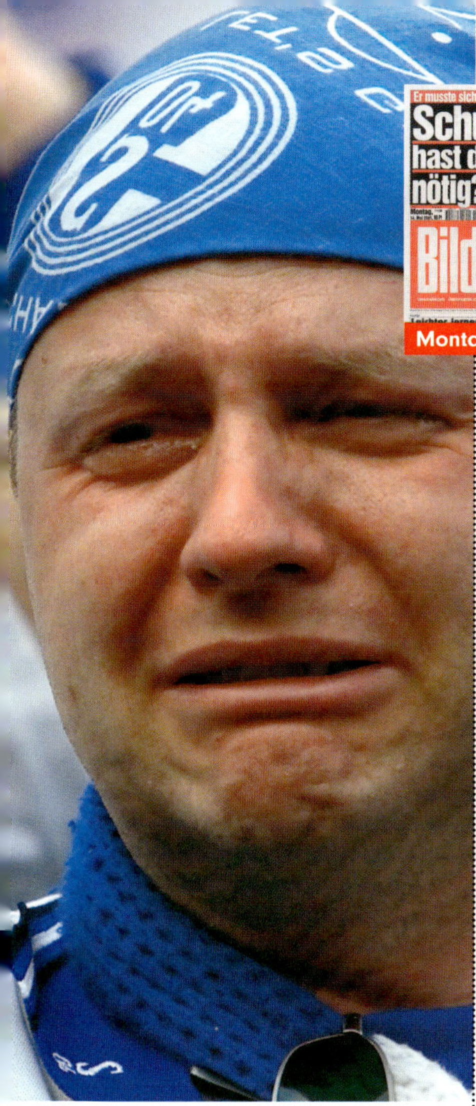

Ein Schalke-Fan weint um den verpassten Titel. Trost: In diesem Sommer bekam sein Verein mit der Schalke-Arena das schönste Fußballstadion Deutschlands

Stefan Effenberg mit der Meisterschale. Er trug schon ein T-Shirt: Deutscher Meister 2001

Er musste sich den 2. Platz schenken lassen
Schumi, hast du das nötig?
ESSO Hit der Woche
Michelles Tränen
In BILD schreibt sie über ihre Grand-Prix-Niederlage – und wer sie jetzt tröstet
Bild
Bundesliga
Bayern und Schalke 7-Sekunden-Wahnsinn
Höhlenforscher sollen Peggy suchen

Montag, 14. Mai

Was bringt Berlusconi Europa?
Milliardär regiert Italien
Peggy tot?
Polizei sucht nach ihrer Leiche
Was ist denn das, Boris?
Bild
Schalke doch noch Meister?
Michelle Trost von Udo Jürgens
SUPER-BINGO
Sind Jauchs Fragen zu schwer?

Dienstag, 15. Mai

Exklusiv! Der große Harald Juhnke spricht in BILD
„Die Liebe meiner Frau hat mich gerettet"
SUPER BINGO
Surfiger!
ARCOR
Bild
Gloria tut es Leid
Dream Cream 1. Lustsalbe für die Frau
Geschenkte Punkte
Fans sauer auf Schumi
Krebs! Bundespräsident Rau trauert um Bruder

Mittwoch, 16. Mai

4 Minuten, 38 Sekunden zwischen Himmel und Hölle

17:15 Der HSV führt 1:0. Ottmar Hitzfeld und Uli Hoeneß glauben, der Titel sei verspielt. Auf Schalke schreien Rudi Assauer und Jürgen Möllemann vor Freude

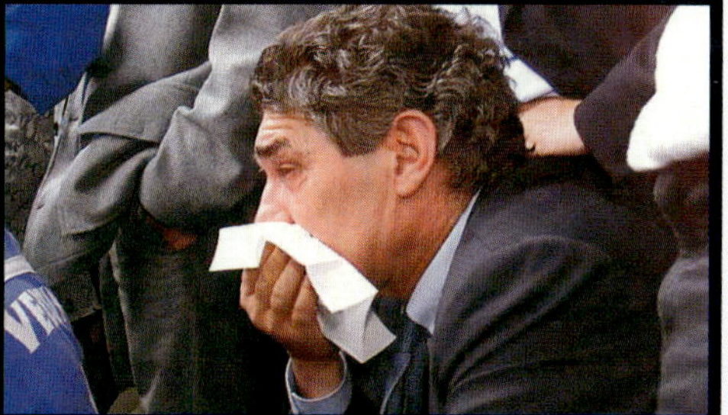

17:20 Wahnsinn! Die Bayern haben noch ausgeglichen, sind Meister. Hitzfeld und Hoeneß brüllen. Schalke-Manager Assauer weint ins Taschentuch

Andersson haute drauf – 1:1 in Hamburg, und die Schale ging nach Bayern

BILD-Reporter Matthias Brügelmann über den Meisterschafts-Krimi

Auf Schalke fließen Freudentränen, sie liegen sich in den Armen, die Bayern ballen in Hamburg die Fäuste. Das war's für Effe &

BILD-Reporter Matthias Brügelmann

Co, wenn nicht ein Wunder geschieht!

In Hamburg sind noch drei Minuten zu spielen, nur weiß das kaum jemand auf Schalke. Technische Probleme verzögern die Übertragung aus Hamburg auf die Schalker Leinwand. Jetzt startet auch noch ein Feuerwerk (allerdings zum Abschied vom Parkstadion), wer soll denn da noch zweifeln am Sieg?

Aber in Hamburg spielen sie immer noch! 93. Minute. Merk gibt Freistoß, weil HSV-Keeper Schober ohne Not Ujfalusis „absichtlich" (sagt Merk) zurück gespielten Ball in die Hand genommen hatte (Verstoß gegen Regel 12).

Effe tickt an, Andersson haut drauf: 1:1, jaaaaaaa, die Schale geht nach Bayern! Und Schalke weint.

Ist Fußball-Gott also doch ein Bayer? Ich denke nein (s. Manchester-Drama in Barcelona). Hasst Fußball-Gott Schalke? Noch einmal nein. Wir von BILD ernannten die Blauen an diesem wahnsinnigen Fußballkrimi-Wochenende zum „Meister der Herzen", außerdem holten sie ja (ebenfalls noch im Mai) den DFB-Pokal...

Bild Sport
Meister der Herzen
Kopf hoch, Schalke!
Ihr seid der Meister der Herzen. HIER ist eure Schale...

Peggy
Gibt die Polizei zu früh auf?
Schumi bittet um Verständnis
Dortmund holt Tor-Monster
Diese Ähnlichkeit!
Boris, so süß ist deine Tochter
3 ELK Liter-Haus
Feiger RAF-Mord aufgeklärt
Bild
Zigaretten bald 15 Mark?

Donnerstag, 17. Mai

Quiz-Stress bei Jauch
Kandidat mit Kollaps in Klinik
...weil er 125 000-Mark-Frage nicht wusste?
Eichel fehlen 4,2 Milliarden
Bild
Schumis Cora
Heiko Herrlich
Ich werde Vater
Autos bald jedes Jahr zum TÜV?

Freitag, 18. Mai

Boris in Sorge um seine Kinder
Das neue wilde Party-Leben von Babs
ARCOR
Bild
Wer Gottschalk guckt, soll billiger einkaufen
Freigang! Sex-Gangster vergewaltigte 2 Frauen
Das große Meister-Finale
Erleben wir heute das blaue Wunder?

Sonnabend, 19. Mai

Die Schale für die Super-Bayern, aber...
Schalke Meister der Herzen
ESSO
Hit der Woche
Effe exklusiv
So haben wir's gedreht
Bild
Berti gefeuert
Marlene (arbeitslos) holt sich Jauch-Million

Montag, 21. Mai

Der Tanzsaal Die dünne Zwischendecke war fast vollständig heruntergebrochen. Nur am Rand (hinten) blieben einige Tische und Stühle stehen

Die Todeshochzeit von Jerusalem

Katastrophen-Halle Im dritten Stock brach der Boden weg. Danach stürzten auch die unteren Stockwerke ein

Zuspruch
Ein blutverschmierter Gast streichelte seine schwer verletzte Freundin

Der Hochzeitstag von Assaf und Keren Sror endete als die größte zivile Katastrophe in der Geschichte Israels: Beim Eröffnungstanz des Brautpaares für die 600 Gäste bebte im dritten Stock der viergeschossigen Versailles-Halle von Jerusalem der Fußboden, brach unter der Last der vielen Menschen zusammen. Die Hochzeitsgäste stürzten in die Tiefe. Braut und Bräutigam überlebten das Unglück verletzt. Der Großvater des Bräutigams starb.

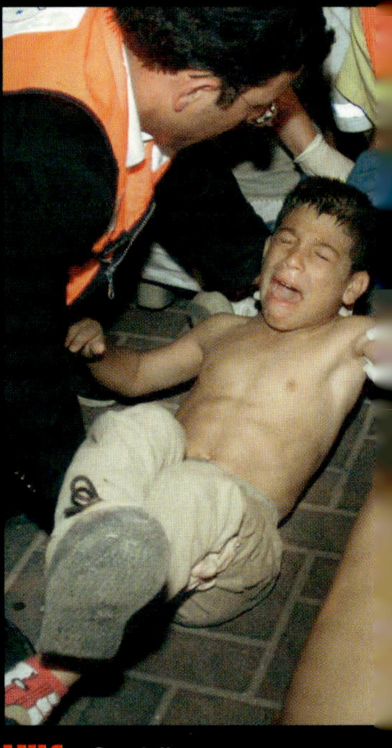

Hilfe Sanitäter versorgten einen verletzten Jungen auf dem Steinfußboden neben der Halle. Das Kind schrie vor Schmerzen

Sie hat ihm alles gebeichtet – der Kanzler hat ihr verziehen
Schröders Cousine war bei der Stasi
Bild
Nach Schalke-Drama
Schiri bedroht und beschimpft
Die Kohls in BILD
Wir freuen uns auf unsere neue Schwiegertochter
Jauchs Millionärin im Geldrausch
Lipperts Sex-Geständnis
„Ich hatte mehr als 200 Frauen"

Dienstag, 22. Mai

Bayern gegen Valencia, 20.45 Uhr, RTL und Premiere World
Fußball-Gott, zieh die Lederhose an!
Effe: Und den Rest erledigen wir
WIR BLEIBEN DRAN, BIS SIE DRIN SIND.
Bild
Ein Jahr nach der Fehlgeburt
Stefanie Hertel im 4. Monat
Schumi
Für immer Ferrari
Wirtschaft wächst noch langsamer

Mittwoch, 23. Mai

Elfer (Carboni) in dieser infarkt-beschleunigenden Partie war der schönste. Wie die Kahn-Faust den Ball an die Latte lenkte, vergisst Fußball-Deutschland ihm nie!

Bayern hat jetzt: ► Die Meisterschaft in einer der stärksten Ligen der Welt ► Den wertvollsten Vereinspokal der Welt ► Den (oder zumindest einen der) besten Trainer der Welt ► Und nun auch noch den besten Torwart der Welt. O-Ton Effe: „Dieser FC Bayern ist die beste Mannschaft der Welt, basta."

● **In Jerusalem krachte bei einer Hochzeit mit 600 Gästen der Boden im dritten Stock einer Festhalle ein.** Viele hundert Menschen stürzten in die Tiefe. Es gab 24 Tote und mehr als 300 Verletzte.

Helmut Kohls Sohn heiratet in Istanbul

● **In Istanbul heiratete Helmut Kohls Sohn Peter seine türkische Braut Elif;** 120 Kellner servierten Lachs-Terrine, Crêpes, Sorbet, Seebarsch und Eis mit Schokolade und Kirschsauce. Sie wurden katholisch und islamisch getraut. Der Vater des Bräutigams rief immer wieder zu Hause an, denn seine Frau **Hannelore** hatte wegen ihrer Lichtallergie nicht zur Hochzeit mitfahren können.

● **In Monte Carlo langweilte sich Schumi an der Spitze** (über Bordfunk: „Wo sind denn die anderen?" Antwort: „Sei still und konzentrier dich!"). Hinter ihm Teamkollege Barrichello; es wurde Ferraris zweiter Saison-Doppelsieg.

Familienglück Peter Kohl und Braut Elif beim Verlassen der Kirche in Istanbul. Die Braut trug ein selbst entworfenes Satinkleid. Im Hintergrund ihr Schwiegervater Helmut Kohl

Schumis Jubel nach dem einsamen Sieg

Im Ziel reckte Monte-Carlo-Sieger Michael Schumacher die Fäuste in den Himmel, umarmte Teamchef Jean Todt (kl. Foto). Er war als Erster durchs Ziel gerast, gefolgt vom Teamkollegen Rubens Barrichello (unten). Schumi: „Ich wäre da vorne fast eingeschlafen." Konkurrent David Coulthard (McLaren-Mercedes) wurde Fünfter – und BILD machte aus den berühmten Silber-Pfeilen die „Stotter-Pfeile"

Freitag, 25. Mai

Sonnabend, 26. Mai

Montag, 28. Mai

Dienstag, 29. Mai

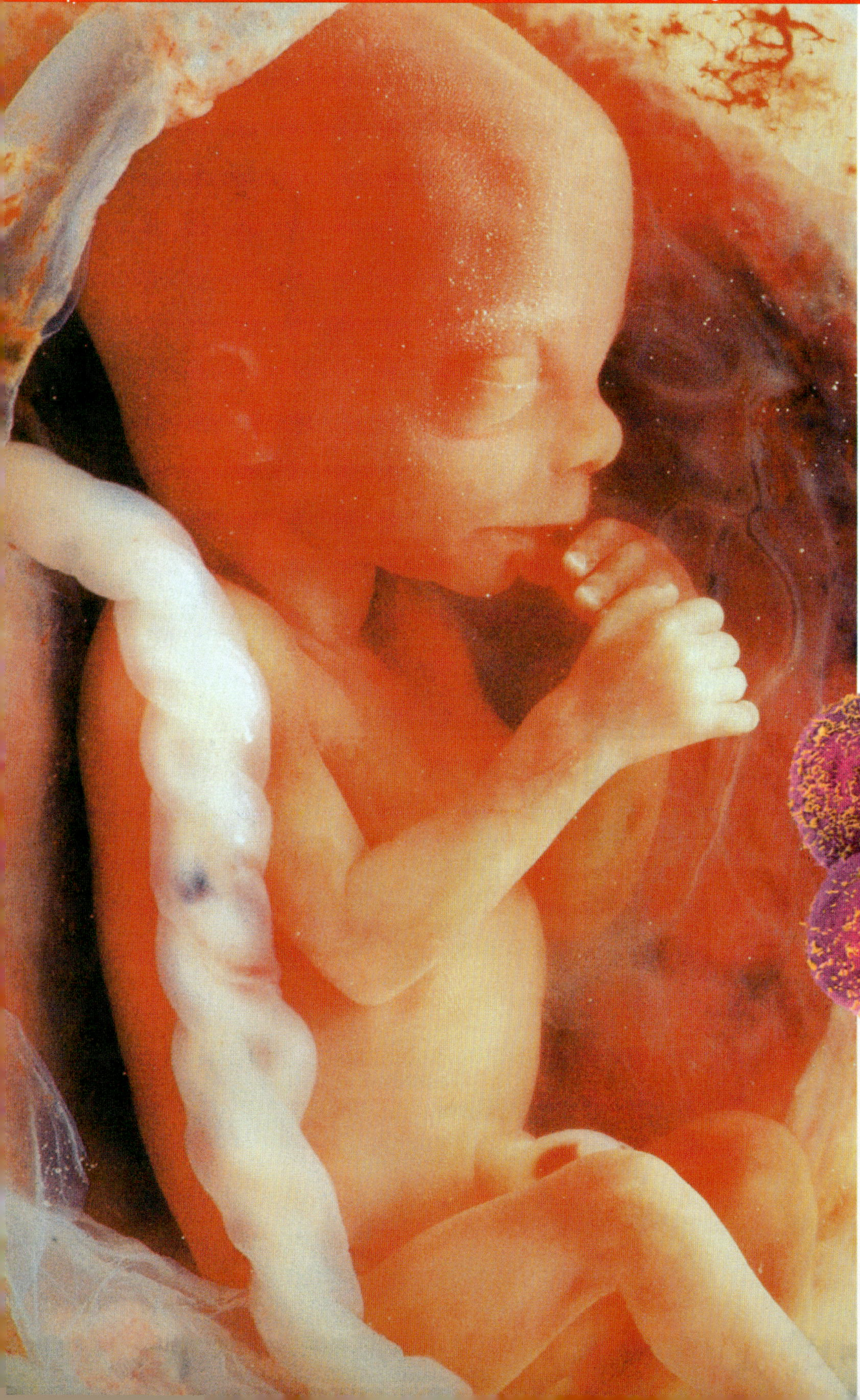

Darf man Gentests am Embryo machen?

Gegen Ende des Monats lernt Deutschland eine neue Buchstabenkombination kennen: **PID** (Präimplantationsdiagnostik). Die Gendebatte kocht wieder hoch. Darf man Gentests am drei Tage alten Embryo machen, um Erbkrankheiten auszuschließen, die möglicherweise zu einer medizinischen Indikation führen könnten?
Ist es moralisch vertretbar, Embryonen im Reagenzglas zu schaffen? Wie stehen wir zu der Tatsache, dass Millionen Schwerkranken eines Tages mit aus Stammzellen künstlich geschaffenen Organen geholfen werden könnte? Und darf es ein Argument in dieser ethischen Debatte

Ein Embryo – schon ein fertiger Mensch
Die Medizin überschritt ihre letzten Grenzen: Dürfen wir Menschen Gott spielen und in das Leben eingreifen? Eine schwierige Diskussion, denn ein Embryo reift zwischen dem achten Tag nach der Befruchtung (oben) bis zum vierten Monat (links) zu einem fertigen Menschen heran

Nach Gottschalks Millionen-Soli
Wie viel Geld braucht der Osten noch?
Naddel
Erster Mann nach Bohlen
Gehalts-Erhöhung für King Kahn
Pro Spiel 133 000 Mark
Bild
Panzerfaust-Überfall auf Geldtransporter
War es die RAF?
Kokain-Anklage! Muss Daum ins Gefängnis?

Mittwoch, 30. Mai

Als Fußball-Star Böhme für Deutschland spielte
Drama um totes Baby
Seine Frau sagte es ihm erst nach dem Spiel
Aus für Kopfschmerzen. Neuralgin mit Coffein. Das wirkt.
Bild
Embryo-Forschung
Gelähmter Filmstar verklagt US-Präsident
Effe nach England
Deutschlands wildeste Prinzessin Scheidung!
Kommt Rauchverbot am Arbeitsplatz?

Donnerstag, 31. Mai

Schröder zeigte seinen Cousinen Berlin

Sie wussten gar nichts von einander – Bundeskanzler Gerhard Schröder und seine Verwandtschaft aus Thüringen. Doch jetzt telefonierten sie wieder miteinander, später besuchten die Cousinen Heidelinge Munkewitz (li.) und Inge Siegel den Kanzler in Berlin. „Hast du einen tollen Blick hier", staunten sie im Kanzleramt.

Margarethes Fernseh-Flop

Zwölf Kandidaten (zusammen 1, 35 Tonnen schwer) wurden auf der Big-Diet-Farm von Margarethe Schreinemakers eingesperrt. Sie sollten unter der Aufsicht der TV-Zuschauer abnehmen. Doch kaum jemand wollte in Deutschland diese Quäl-Show sehen. Margarethe musste samt Müsli und Waage wegtreten.

sein, dass durch die Genforschungs-Beschränkungen in Deutschland Milliarden-Umsätze und zigtausende Arbeitsplätze abwandern?

Alt-Bundespräsident **Herzog** mischt sich ein und kritisiert seinen Nachfolger Johannes Rau, der sich für äußerst enge Grenzen des Erlaubten ausgesprochen hatte („wer gegen einen Fortschritt um jeden Preis plädiert, der ist kein Gegner des Fortschritts").

Herzog betont die Rechte Schwerkranker: „Ich bin nicht bereit, einem Mukoviszidose-kranken Kind, das, den Tod vor Augen, nach Luft ringt, die ethischen Gründe zu erklären, die die Wissenschaft daran hindern, seine Rettung möglich zu machen."

Boris und Sabrina Setlur geben bekannt, dass sie kein Paar mehr sind.

Auch **Lothar Matthäus** und **Maren Müller-Wohlfahrt** trennen sich. Sie will in New York ihr Schauspielstudium fortsetzen; er überlegt im Mai, ob er Berater bei Inter Mailand wird.

Wolfgang Lipperts peinliche Sex-Beichte

Der Mai 2001 war auch ein Monat, in dem man einige „goldene Zitronen" hätte vergeben können. An Wolfgang **Lippert** fürs peinlichste Geständnis („ja, ich bin sexsüchtig! Sehe ich eine Blondine, wird meine Hose zum Zirkuszelt"). An **Margarethe Schreinemakers** für den schlechtesten TV-Start („Big Diet", verheerende 4,1 % Marktanteil). Und an **Fürstin Gloria** für die geschmackloseste Bemerkung. Sie lautete: „Der Schwarze schnackselt gern."

Getrennt Lothar Matthäus und die schöne Maren Müller-Wohlfahrt. Beide wollten wieder eigene Ziele verfolgen – sie in New York, er in Europa

Wie der Mai unser Leben veränderte

Die Siegermentalität des FC Bayern

Paul Breitner
Paul Breitner (50) gehörte zur deutschen Weltmeister-Elf, die 1972 das Endspiel gegen Holland mit 2:1 gewann

Fast auf den Tag genau nach 25 Jahren sitzt der FC Bayern wieder auf Europas Fußball-Thron. Und wie beim letzten Triumph 1976, so zeichnete auch diesmal eine starke Achse von Führungsspielern verantwortlich für den Erfolg. Oliver Kahn, Stefan Effenberg und Giovane Elber zeigten sich nicht nur in Mailand als würdige Nachfolger berühmter Vorgänger.

Rein sportlich gesehen waren es immer solche Achsen, die den Mythos des FC Bayern begründeten und festigten. Angefangen bei den legendären Stützen Maier – Beckenbauer – Müller über Pfaff – Breitner – Rummenigge oder später Aumann – Augenthaler – Matthäus. Besonders wichtig dabei für den nun schon über 30 Jahre währenden Erfolg des FC Bayern: Es gab nie ein Torwartproblem. Genau das nämlich steht oft dem dauerhaften Erfolg anderer Top-Klubs (siehe zum Beispiel Manchester United mit Barthez) im Wege...

Den Grundstein für all die Erfolge legten ab Mitte der sechziger Jahre Präsident Wilhelm Neudecker und Manager Robert Schwan mit ihrer Weitsicht und ihren Visionen. Sie erkannten schon 1967, welch großartige Möglichkeiten das 1972 eröffnete Olympiastadion bieten würde. Mit diesem Pfund wucherten sie, lösten sich aus der finanziellen und räumlichen Enge des Grünwalder Stadions und bauten die erste große Bayern-Mannschaft, die u.a. von 1972 bis 1974 drei Meisterschaften und von 1974 bis 1976 dreimal den Europacup der Landesmeister gewann.

Schwan fand in Uli Hoeneß einen kongenialen Nachfolger. Obwohl der Verein durch viele Fehler in der Transferpolitik ins sportliche und finanzielle Mittelmaß abgedriftet war, entwickelte Uli bei seinem Amtsantritt 1979 ebenfalls eine klare Vision. Zusammen mit Kalle Rummenigge und mir wollte er ein neues Real Madrid schaffen. Damit wurde eine zweite Phase des Erfolgs eingeläutet. Zug für Zug schaffte es Hoeneß, auf Neudeckers und Schwans Fundament Stockwerk für Stockwerk draufzubauen. Heute ist der FC Bayern ein Palast – und das ist einzig und alleine Ulis Werk.

Die interessante Parallele zwischen Schwan und Hoeneß: Beide sind nicht unbedingt die absoluten Fußballfachleute. Aber in ihrer Art, zeitgemäß und vorausschauend zu arbeiten, waren und sind sie einzigartig. Und sie hatten und haben Partner, um den Erfolg nach außen hin auch richtig darzustellen.

Allen voran Franz Beckenbauer. Der Mythos FC Bayern ist nichts anderes als der Mythos Beckenbauer. Wobei Franz nicht der wichtigste Spieler war, der jemals bei Bayern gespielt hat. Das war ohne Zweifel Gerd Müller. Die Erfolge, die er für den FC Bayern „zusammengeschossen" hat, hätten eigentlich ihn unsterblich machen müssen. Doch weil er sich stets – ganz im Gegensatz zu Beckenbauer – gegen ein Leben in der Öffentlichkeit gewehrt hat, war er auch nie so beliebt und geliebt wie der heutige Präsident des Rekordmeisters.

Was den FC Bayern noch so besonders macht? Es ist die gnadenlose Siegermentalität, die jedem Spieler schon bei der Vertragsunterschrift eingeimpft wird: Beim FC Bayern spielt man nicht Larifari, beim FC Bayern müssen jedes Spiel und jeder Titel gewonnen werden. An diesem hohen Anspruch sind schon viele vermeintlich große Spieler gescheitert, aber er garantiert weitere Bayern-Erfolge auf Jahre hinaus.

Nach der Deutschen Meisterschaft haben sie nun auch die Champions League gewonnen. Trainer Ottmar Hitzfeld hält den Pokal hoch. Seine Spieler tragen ihn auf Händen durch das Mailänder Stadion

Zwei Mütter weinen um ihre Kinder

Juni – Frühsommer in Deutschland. Wir genießen Sonnenschein und erste laue Sommernächte. Wir trauern aber auch mit zwei berühmten Müttern, deren Schicksal zeigt, wie nah Freud und Leid beieinander sind. TV-Moderatorin Petra Schürmann und ihre schöne Tochter Alexandra. Sie waren mehr als nur Mutter und Tochter. „Sie ist auch meine beste Freundin", sagte Petra Schürmann stolz über Alexandra. Dann riss ein schwerer Unfall auf der Autobahn Mutter und Tochter für immer auseinander. Und unten sehen wir Schauspielerin Ursula Karven, deren geliebter Sohn Daniel in einem Pool bei Los Angeles ertrank. „Er war mein kleiner Sonnenschein", sagte die Mutter später. Zwei Mütter, die der Welt im Juni ihre tiefe Trauer zeigten und die an ihrem schweren Schicksal zu zerbrechen drohten.

Das Drama um Nationalspieler Böhme und seine Frau
Heute holen Ärzte ihr totes Baby
2,5 PF/MIN. RUND UM DIE UHR.
Frau brutal getreten
800 000 Mark Strafe für Carolines Mann
Hitzfeld im Schlaf ausgeraubt
Kanzler für Gentechnik
Beschlossen! Mehr Rechte für Nichtraucher

Freitag, 1. Juni

10 Frauen zu Hause überfallen, immer nachts
Deutschlands gemeinster Vergewaltiger
EuropAha
Sein bizarres Geständnis vor Gericht
Mach's noch einmal, Asamoah!
Peggys Mutter spricht in BILD
Wer nicht Deutsch lernt, kriegt weniger Stütze

Sonnabend, 2. Juni

Herr Arafat, dieses Blut klebt an Ihren Händen
ESSO Hit der Woche
Das ist der Disco-Attentäter
Bundesliga gegen Gottschalk
Politiker fordern Nachschlag für Rentner

Dienstag, 5. Juni

Eine überraschende Liebes-Geschichte
Roman Herzog heiratet diese Baronin
WIR BLEIBEN DRAN, BIS SIE DRIN SIND.
Stars laufen weg
Veronica Ferres Baby ist da!
Zerbricht die Bayern-Elf?
Kanzler-Kandidatin Angela Merkel greift ein

Mittwoch, 6. Juni

Traurige & starke Frauen

Schürmann, Karven, Herzogs neues Glück und die Frau von Jörg Böhme werden uns immer an diesen Juni erinnern

Es war der weiblichste Juni seit Jahren. Immer wieder ging es um Frauen; um ihr Schicksal, ihre Rolle in der Gesellschaft, ihre Tränen, ihre Freuden.

Als der Monat begann, waren **drei starke Frauen** in aller Munde. Da war zunächst einmal Michaela. 28 Jahre alt, schwanger im fünften Monat, verheiratet mit Schalke-Star Jörg Böhme. Kurz vor dem Länderspiel gegen die Slowakei – 6,92 Millionen TV-Zuschauer sahen einen hervorragenden Böhme – hatte Michaela bei einer Routineuntersuchung erfahren, dass ihr Baby im Mutterleib gestorben war. Ein Moment, in dem jede Frau Hilfe braucht. Aber:

Ein Kuss vom Pokal-Sieger

Große Liebe: Beim Bankett der Schalker Pokalsieger küsste Jörg Böhme seine hübsche Frau Michaela. Vorher hatte er Söhnchen Eric (3) bei der Ehrenrunde auf dem Rücken durchs Stadion getragen

Eine Frau wie Schumi
Die schöne Blondine Katja Poensgen (mit Zöpfen) holte auf ihrer 250er Aprilia Rennmaschine (links) in Mugello (Italien) ihre ersten zwei WM-Punkte

Sie sagte es ihrem Mann erst, als sein erstes Länderspiel vorbei war. Sie wollte einfach, dass er unbelastet spielen kann. Deutschland schlug die Slowakei 2:0.

Die zweite Frau, über die man sprach, war **Katja Poensgen** (24, die mit dem hübschen Zopf). Als erste Deutsche der Motorrad-Geschichte holte sie WM-Punkte!

Die dritte Frau war **Naddel**. Sie schaffte es Anfang Juni endgültig, sich von Dieter Bohlen zu lösen, verließ die 600-qm-Villa in der Nordheide und zog in eine vergleichsweise winzige 65-qm-Wohnung.

Naddel zieht aus
13 Jahre lang lebte sie bei Dieter Bohlen in Tötensen. Dann verließ Naddel die riesige weiße Villa, packte ihre Sachen. Eine wertvolle Steinlampe wanderte in einen grauen Umzugskarton (Foto). Auch einen Fernseher und einen asiatischen Schrank nahm Naddel mit

Der Juni blieb weiblich. Denn drei Urteile, die Frauen gut fanden, fielen ebenfalls in diese vier sonnigen Wochen.

Ab sofort ist Hausfrau sein ein richtiger Beruf

● **Urteil I:** Der Bundesgerichtshof erklärte Hausfrau sein zum Beruf! Ab sofort berechnet sich Unterhalt auch nach der Summe, die eine Frau während der Ehe verdient hätte, wenn sie nicht als Hausfrau gearbeitet hätte (Az.: XII ZR 343/99).

● **Urteil II:** Klaus Löwitsch wurde im Zusammenhang mit sexistischem Verhalten (und konkret wegen fahrlässigen Vollrausches) zu 27 000 Mark Geldstrafe verurteilt. Das Gericht sah es in erster Instanz als erwiesen an, dass er Schauspielerin Claudia W. (43) volltrunken angegriffen und betatscht hatte. Viele Frauen empörte seine Reaktion, denn er kündigte an, über dieses vermeintliche Fehlurteil einen Spielfilm drehen zu wollen.

Im Gericht weinte das gemeine Monster

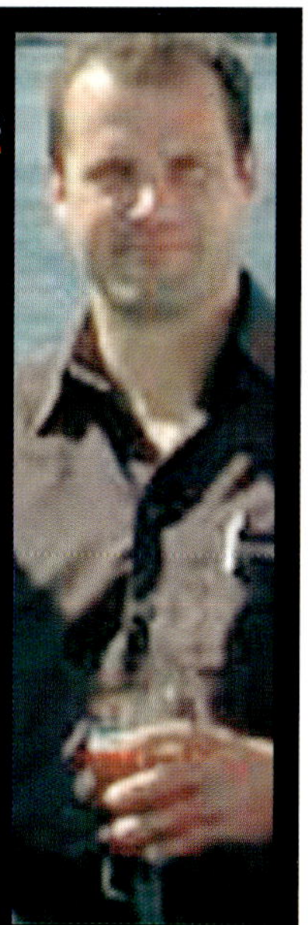

Hans Joachim B. (das „Balkonmonster") heulte, als der Richter in Hannover sein Urteil verlas. Falls die angeordnete Therapie nicht erfolgreich abgeschlossen wird, muss der Vergewaltiger (links das Phantombild, mit dem er gejagt wurde) lebenslänglich in der psychiatrischen Klinik bleiben. Angesichts der hohen Strafe öffnete Daniela (20), eines seiner zehn Opfer, im Gerichtssaal eine Flasche Sekt

● **Urteil III:** In Hannover wurde ein Vergewaltiger hart bestraft. Hans Joachim B. (das **„Balkon-Monster"**) hatte zehn Frauen in ihren Betten überfallen. Er bekam 13 Jahre Haft und wurde auf unbestimmte Zeit in die Psychiatrie eingewiesen.

starb Ursula Karvens Sohn? Was geschah am Pool? DAS

„Der Junge atmet nicht, wa sollen wir bloß tun...?"

Der Babysitter ging

Wer war schuld am Tod des kleinen Daniel? Als der Junge in die Los-Robles-Klinik in Los Angeles eingeliefert wurde, konnten die Ärzte nur noch seinen Tod feststel len. Recherchen ergabe Daniel trug zunächst Schwimmflügel, doch de Au-pair-Junge Christian hatte sie ihm abgenom-

Noch am Rettungswagen versuchten die Sanitäter, den kleinen niel wiederzubeleben. Die Kindergärtnerin (links), die bei dem

Ursula Karven und ihr kleines, blondes Glück: Nachmittags spielte sie oft mit ihrem jüngsten Sohn Daniel im Garten ihres Hauses in Los Angeles

Vor einem Jahr starb die Frau von Roman Herzog
Darf man so schnell wieder heiraten?
Bild
Boris' Samenräuberin
Kriegt sie den Hals nicht voll?
Schumi Angst vor seinem Vollgas-Bruder
Politiker verzögern Super-Rabatte

Donnerstag, 7. Juni

Ihr letzter großer Wunsch
Mein Roman soll wieder heiraten
Christiane Herzog
Bild
Boris' Firma vor der Pleite
Kanzler, in Berlin darf die PDS nicht an die Macht!

Freitag, 8. Juni

Daniels Vater, der TV-Produzent James Veres, und Ursula Karven beim Aussuchen des Grabes

Eine Frau mit Ausstrahlung und Charakter tat uns im Juni so unendlich Leid. Schauspielerin **Ursula Karven** verlor ihren Sohn. In Los Angeles hatte Tommy Lee, der über und über tätowierte Ex von „Bay-Watch"-Star Pamela Anderson, zum fünften Geburtstag des kleinen Brandon Lee eine Pool-Party veranstaltet. 15 Kinder waren eingeladen, darunter auch Frau Karvens **Daniel** (4). Plötzlich trieb er mit dem Gesicht nach unten im Pool. Die Ärzte konnten nichts mehr tun; er starb im Krankenhaus.

Die ergreifende Trauerrede, die Ursula Karven hielt, trieb wohl jedem Tränen in die Augen. „(...) Du bist so glücklich aufgewachsen. Du warst so ein liebevoller Junge. Wenn andere Kinder mit deinem Spielzeug spielen wollten, hast du immer gesagt: Das kannst du haben (...)

Wir sind auf der anderen Seite deines Lebens. Aber wir sind trotzdem immer bei dir. Bye-bye, Daniel. Ich liebe dich so."

früh

n: „Weil er nicht mehr
wimmen wollte". Dann
Christian gegangen –
Daniel wieder ohne
wimmflügel ins Wasser
tiegen.

nicht am Pool war,
t fassungslos zu

Die Eltern Ursula Karven (links) und James Veres mit einer Freundin am frischen Grab

Petra Schürmann weint um ihre Tochter

Wie vom Gesetz der Serie bestimmt, gehörte beinahe gleichzeitig einer weiteren starken Frau mit Herz und Charakter unser Mitgefühl. **Petra Schürmann** verlor ihre **Tochter Alexandra** (34) durch einen Geisterfahrer-Unfall. Die junge TV-Journalistin war mit einer Kollegin auf dem Weg zu einer Reportage, als ihr der 23-jährige Autoschlosser Tobias B. im Mercedes entgegen raste.

Geisterfahrer Tobias B. raste in den VW-Passat (oben) der Schürmann-Tochter Alexandra

Ralf Schumacher
Erst Sieg, dann Blitz-Hochzeit
Opfer-Schutz statt Täter-Vorteil.
Bild
Klaus Löwitsch nie wieder TV
Was sagt ihr Liebes-Horoskop?
Muss Schäuble gegen Gysi ran?

 Sonnabend, 9. Juni

Hier fährt er zur Hinrichtung
ESSO Hit der Woche
Bild
100 000 Mark ausgegraben!
Berlins nächster Bürgermeister
Ich bin schwul
...und das ist auch gut so"

Montag, 11. Juni

Wird Ralf der bessere Schumi?
ZANTIC
Bild
Schreinemakers schmeißt hin
CDU-Präsidium will Schäuble für Berlin
Amerikas schlimmster Terrorist
Hingerichtet!

Dienstag, 12. Juni

Weiße Rosen schmückten den Sarg von Alexandra Freund

Zwei Herzen aus roten Rosen von Alexandras Verlobtem Ralph Schm

Ein Kranz aus rosa Rosen zum Abschied von den Eltern

Alexandra befand sich mitten in den Vorbereitungen zu ihrer Hochzeit, die nur fünf Wochen später hätte stattfinden sollen. Sie und ihre Mutter: Auf allen Fotos sehen die beiden so glücklich aus.

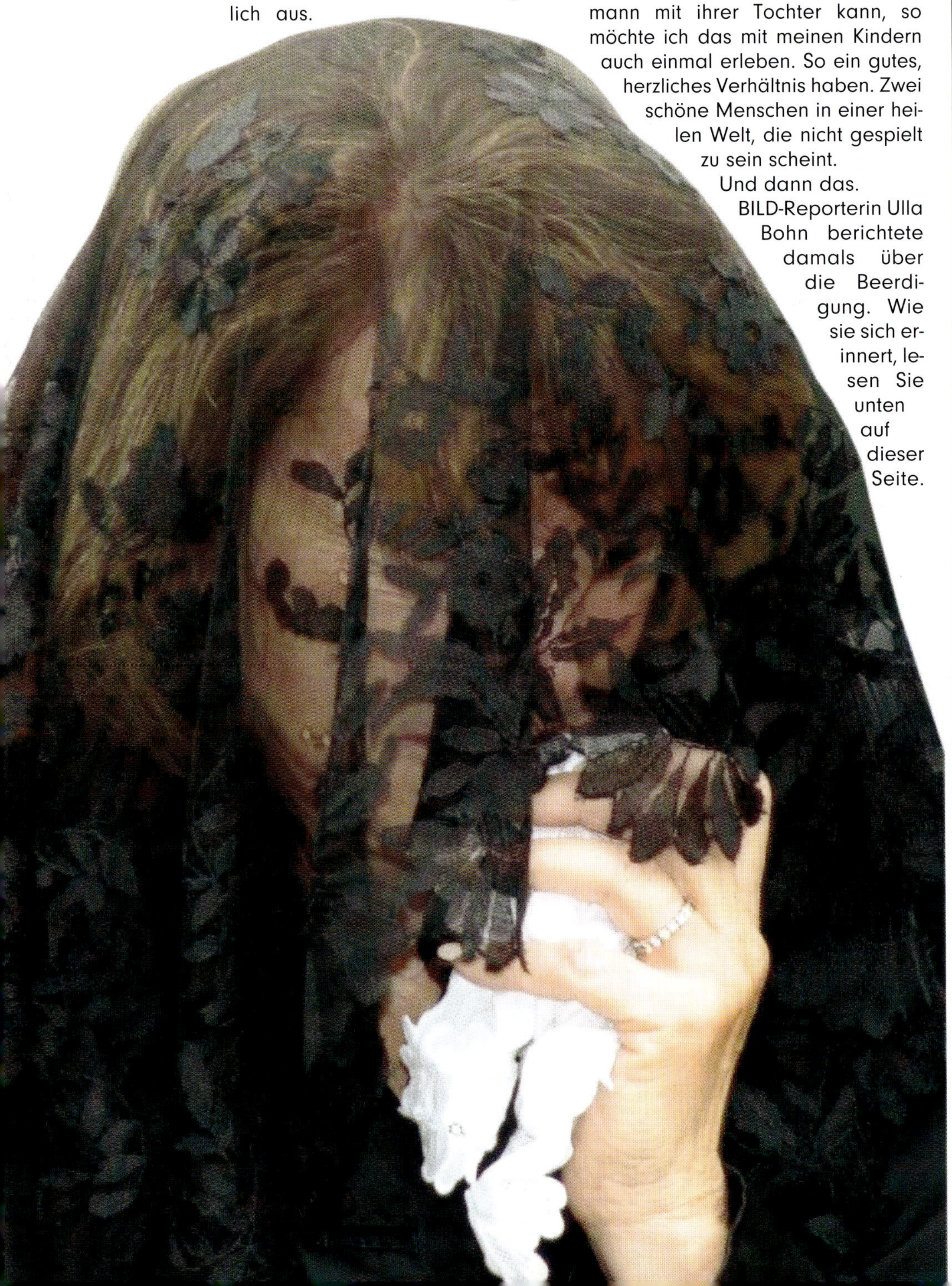

Beste Freundinnen waren sie. Besorgt umeinander. Hand in Hand, Arm in Arm. Fast wie Schwestern. Wohl alle Mütter hatten immer gedacht: Ja, so wie die Petra Schürmann mit ihrer Tochter kann, so möchte ich das mit meinen Kindern auch einmal erleben. So ein gutes, herzliches Verhältnis haben. Zwei schöne Menschen in einer heilen Welt, die nicht gespielt zu sein scheint.

Und dann das.

BILD-Reporterin Ulla Bohn berichtete damals über die Beerdigung. Wie sie sich erinnert, lesen Sie unten auf dieser Seite.

„Als ihr Sarg zum

BILD-Reporterin Ulla Bohn war bei d Beerdigung von Petra Schürmanns Tochter Alexandra. Sie erinnert sich

Am Abend waren sie noch beim Pfar Alexandra Freund (34) und ihr Verlob Ralph Schmid (34). Planten die Hochzeitsmesse, suchten den Trauspruch a „Die Liebe hört niemals auf."

Am nächsten Morgen raste ein Geist fahrer im Drogenrausch in Alexandra Wagen – sie war sofort tot. Vor dem

lexandra und ihr Verlobter
alph Schmid

tra Schürmann mit Alexandra
f einer Geburtstagsfeier

Seite 8 • BILD • 27. Juni 2001

Wie sehr hat der Tod die Seele von Petra Schürmann zerrissen?

Alexandra als Baby, bei der Einschulung: Petra Schürmann fotografierte alle Lebensstationen ihrer Tochter (Ausriss aus BILD vom 27. Juni)

etra Schürmann atte keine Tränen mehr

umm, mit aschfahlem Gesicht – so nahm Petra Schürmann Abhied von ihrer geliebten Tochter. Nach der Trauerfeier betete sie Minuten lang allein auf dem Friedhof.

e hatte ein Grab ganz nah am eigenen Haus ausgesucht, mit sie immer zu Alexandra hinüberschauen und ihr tägh frische Blumen bringen, zu ihr sprechen kann.

dem Weg zum Grab musste Petra Schürmann von r Freundin Eva Herman gestützt werden

Die verschleierte Mutter legte zwei rote Rosen auf den Sarg

Petra Schürmann und Ralph Schmid besuchen oft zusammen Alexandras Grab

rab getragen wurde, standen auch mir Tränen in den Augen“

BILD-Reporterin
Ulla Bohn

wo sie im Brautkleid stehen sollte, stand n ihr Sarg.

a Schürmanns Tochter, diese liche, schöne junge Frau – dem strahlendsten Glück de sie herausgerissen in den . „Warum? Auf diese Frage niemand eine Antwort“, te der Pfarrer in seiner Trauerpredigt. Leid der Mutter können Worte kaum beeiben. Am Tag der Beerdigung war Petra Schürmann (65) dem Zusammenbruch nahe. Sie zitterte am ganzen Körper, schluchzte immer wieder laut auf. Als sie am offenen Grab den schwarzen Schleier zurückschlug, war sie nicht mehr die Frau, die wir aus dem Fernsehen kannten. Die Trauer hatte sich in ihr Gesicht gegraben. Aschfahl, um Jahre gealtert war es. Petra Schürmann, eine gebrochene Frau, von allem Lebensmut verlassen. Denn Alexandra war mehr als eine Tochter für sie gewesen. Sie war ihr Lebensmittelpunkt, ihr Ein und Alles.

Ich kannte Alexandra Freund nicht persönlich. Doch als ihr Sarg zum Grab getragen wurde, standen auch mir die Tränen in den Augen. Unter den 500 Trauergästen war keiner, den Alexandras Tod, das Leid ihrer Eltern und ihres Verlobten, nicht berührte. Der Tod fragt nicht, ob wir bereit sind. Er greift einfach zu. Daran hat Alexandras Schicksal uns alle schmerzlich erinnert.

Charles' & Camillas Lippen-Bekenntnis

Schumi gegen Schumi – auch ihre Frauen zittern mit
Riskiert nicht euer Leben!
Bild
Roman Herzog
Dramatischer Unfall auf Mallorca
Pfitzmann mit Jet in Klinik
Milka

Mittwoch, 13. Juni

Der erste öffentliche Kuss von Prinz Charles & Camilla Parker Bowles. „Ich fass es nicht! Da wird der Hund (ach, was sag ich!) der Corgie in der Pfanne verrückt", freute sich Katja Kessler in ihrer BILD-Society-Kolumne.
Anlass des historischen Geschehens war eine Cocktailparty, die die nationale Knochenschwundgesellschaft auf dem Vorhof des Museums Somerset House in London steigen ließ. Vor dem Kuss hauchte Charles: „Hallo du!"

Der Bussi-Tango von Charles & Camilla: Er mit elegantem Ausfallschritt. Beide lachen, spitzen die Lippen und küssen sich

Fröhlich machten uns Fotos aus England. **Charles und Camilla**, endlich durften sie ihre Liebe auch öffentlich zeigen! Selbst diejenigen, die sich immer gefragt hatten: Was findet er nur an der?, gönnten ihm doch sein neues Glück. Links sehen Sie die Bilder, wie sich die beiden umarmen und küssen...

Fünf Rentnerinnen in neun Tagen umgebracht

Aber schon wird es wieder traurig. Eine Mordserie erschüttert die Nation. Auffallend ist die ungewöhnliche Brutalität und die vergleichsweise geringe Beute: In nur neun Juni-Tagen bringt der **„dicke Serien-Killer" Olaf D.** fünf Rentnerinnen um, weil er auf ihr Erspartes scharf ist und viel Geld bei Prostituierten gelassen hat! Erst Opfer Nr. 6 bringt die Polizei auf seine Spur, weil die alte Dame mit Müh und Not überlebt. Der Serienkiller plante eine 24000-Mark-Kreuzfahrt mit einem der Sexmädchen; er hatte schon gebucht.

● **Was noch geschah. Terroranschlag in Tel Aviv!** In der Disco „Pascha" nimmt ein jugendlicher Hamas-Attentäter 20 Jugendliche mit in den Tod. Außenminister Fischer überreicht Palästinenserführer Arafat ein Warnschreiben von Israels Ministerpräsident Scharon.

● **Massaker am Himalaja!** In Nepal erschießt der betrunkene Prinz Diprenda seine Familie; vermutliches Motiv: Sein Vater hatte Bedenken gegen die Prinzen-Geliebte, in deren Adern indisches Blut fließt.

● **Messerstecherei in Osaka!** In einer Grundschule ersticht ein drogensüchtiger Hausmeister acht Kinder zwischen sechs und acht Jahren; 13 weitere Schüler und zwei Lehrer überleben schwer verletzt.

Donnerstag, 14. Juni

Freitag, 15. Juni

Sonnabend, 16. Juni

Montag, 18. Juni

af D., ein 130-Kilo-Koloss,
r den Prostituierten regel-
ht verfallen

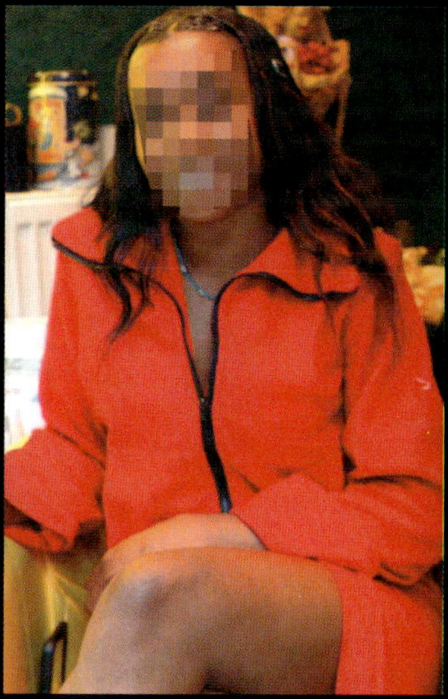
Die Prostituierte Linda (alias Sascha). Bei ihr war Serienkiller Olaf Stammkunde

entnerin überführte en dicken Serienkiller

rtha N. (82) sollte das sechste Opfer des brutalen Serien-
ers Olaf D. aus Bremerhaven werden. Er würgte sie, hielt
für tot und flüchtete mit ihrem Sparbuch. Doch das Opfer
rlebte und rief die Kripo. Altenpfleger Olaf D. wurde
h ihrer Aussage überführt. Ein Gericht verurteilte ihn
ter zu einer lebenslänglichen Gefängnisstrafe.

Rentnerin Martha N. – sie überlebte nur, weil sie die Hand vor den Mund hielt und deshalb atmen konnte

Olaf D. als freundlicher Altenpfleger mit einer Rentnerin. Die Damen schwärmten für ihn, weil er so sympathisch war

Täter nach der standes-
ichen Trauung mit seiner
Nadine. Die Ehe hielt nur
ahr, dann ließ sie sich

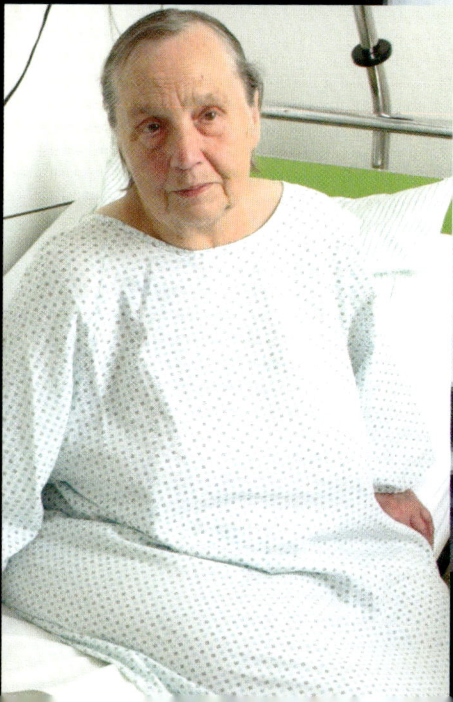

Der dicke Serien-Killer und seine teure Sex-Gier
Ihr war er verfallen
2,5 PF/MIN. RUND UM DIE UHR.
TV-Star Ursula Karven
Ihr Sohn (4) ertrank im Pool
Bild
Konjunktur vor Abschwung?

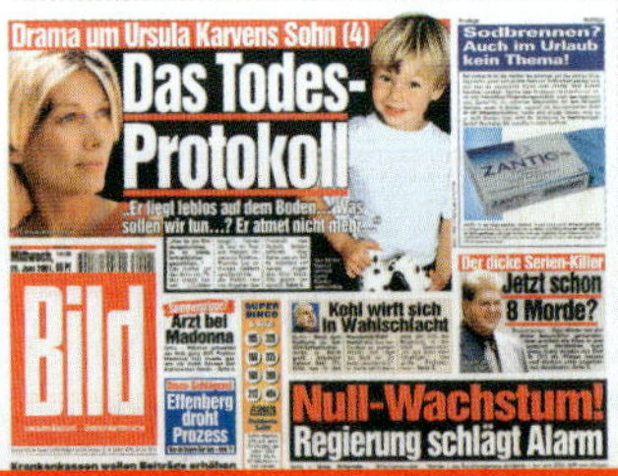
Drama um Ursula Karvens Sohn (4)
Das Todes-Protokoll
Sodbrennen? Auch im Urlaub kein Thema!
Der dicke Serien-Killer
Jetzt schon 8 Morde?
Bild
Null-Wachstum!
Regierung schlägt Alarm

Ursula Karven spricht zum ersten Mal über den Tod ihres Sohnes Daniel (4)
Die Mutter klagt an
WIR BLEIBEN DRAN, BIS SIE DRIN SIND.
Bild
Ralf Schumacher
Ich zahle nie wieder Steuern in Deutschland
Rezession! 1. Experte spricht es aus

Muttertränen
Petra Schürmanns Tochter tot
Bild
...und Ursula Karven nimmt Abschied von ihrem Sohn
36-Mio-Jackpot

Sie sah McVeigh sterben

Zum Abschied nickte er den 30 Zeugen hinter der Glasscheibe zu, dann erwartete er mit geöffneten Augen den Tod. Am Montag, dem 11. Juni, um 14.14 Uhr (MEZ) war Timothy McVeigh tot. Hinterher sagte Michelle Sawyer, die Tochter eines Opfers: „Seine Augen waren so kalt und leer. Er ist viel zu leicht gestorben." McVeighs Leiche wurde verbrannt, die Urne mit der Asche anonym bestattet.

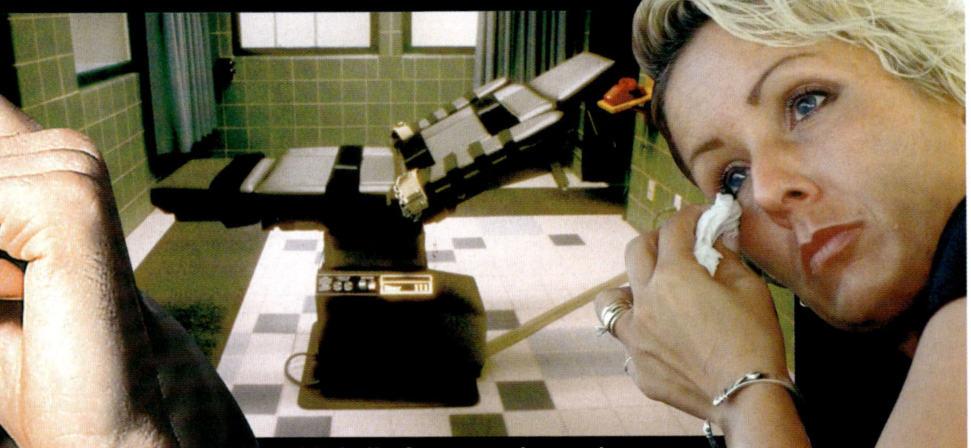
Michelle Sawyer sah zu, wie McVeigh starb. Ihre Mutter Doleres gehörte zu den Opfern

● **Hinrichtung in Terre Haute (Indiana, USA)!** Oklahoma-Attentäter Timothy McVeigh (33, 168 Opfer) stirbt durch eine dreifache Giftinjektion ins rechte Bein. Der Terrorist verabschiedet sich mit einem Gedicht des britischen Poeten William Ernest Henley (1875): „Unter des Schicksals schwerem Schlag mein Kopf ist blutig, aber ungebeugt... Ich bin der Herr meines Schicksals. Ich bin der Häuptling meiner Seele."

Wann trocknen die Tränen der Witwer?

Ein weiteres großes Juni-Thema interessierte wiederum vorwiegend Frauen. Wann trocknen die Tränen der Witwer? Wann darf man Trauer ablegen, wann sich wieder neu binden?

Anlass ist die unerwartete Nachricht, dass **Alt-Bundespräsident Roman Herzog** knapp ein Jahr nach dem Tod seiner Frau Christiane erneut ans Heiraten denkt. Die Auserwählte ist Alexandra Freifrau von Berlichingen (**„Herzogs Baronin"**). Erstmals zeigen sich die beiden Mitte des Monats bei der Eröffnung der Burgfestspiele von Jagsthausen gemeinsam in der Öffentlichkeit. Die Baronin erscheint in einem roséfarbenen Zweiteiler mit Glockensaum; der Alt-Bundespräsident in einem dunklen Anzug mit rot-weißer Krawatte. Herzog zeigt wieder einmal seine Schlagfertigkeit, als ihn ein TV-Reporter fragt: „Was schätzen Sie an Ihrer zukünftigen Frau?" Antwort: „Das werde ich ihr bestimmt nicht übers Fernsehen mitteilen!"

In Berlin platzt die Große Koalition, und der designierte neue SPD-Bürgermeister **Klaus Wowereit** spricht den Satz des Monats: „Ich bin schwul, und das ist auch gut so."

Die Bundes-CDU gerät nach dem Platzen der Berliner Koalition in

Bekennender Schwuler
Berlins Regierender Bürgermeister Klaus Wowereit lebt seit vielen Jahren mit einem Mann zusammen und bekennt sich auch dazu. Sein Freund Jörn Kubicki ist Arzt und Neurologe am Westend-Krankenhaus in Charlottenburg

Christiane Herzog (63): „Für meinen Mann soll das Leben weitergehen!“

Roman und Christiane Herzog, viele Jahre ein Herz und eine Seele. Vor ihrem Tod hatte sie sich gewünscht, er solle nicht allein bleiben

Roman Herzog & seine Baronin

Jahre waren Roman und Christiane Herzog glücklich iteinander verheiratet. Dann starb sie an Krebs. Doch oman Herzog blieb nicht lange allein: Gut ein Jahr äter bekannte er sich zu Freifrau Alexandra von Berlingen, heiratete sie sogar einige Monate später

r erste meinsa- e Auftritt: oman erzog mit eifrau exandra n Berli- ingen f den rgfest- ielen im llischen gsthau- n

liebt ah- d,

ck len jen zwei nager

Roman Herzog mit seiner neuen Liebe bei der Eröffnung der Wagner-Festspielen in Bayreuth

Sonnabend, 23. Juni

Montag, 25. Juni

Dienstag, 26. Juni

Mittwoch, 27. Juni

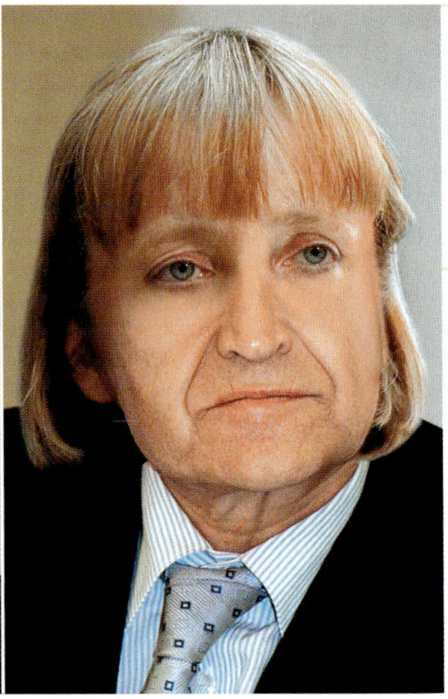

Kanzlerkandidat Angela Stoiber

Wer macht das Rennen – Angela Merkel oder Edmund Stoiber? Weil nichts entschieden wurde, bastelte BILD den CDU/CSU-Kanzler-Kandidaten „Angela Stoiber"

eine gefährliche Krisenlage. Vordergründig geht es um die Frage, wer gegen Wowereit antritt (Schäuble sollte, Steffel tut's). Hinter den Kulissen geht es aber bereits um die Frage, wer CDU-Kanzlerkandidat wird. Damit geht es wieder – typisch Juni 2001 – um eine Frau.

Angela Merkel kämpft ihren bisher schwersten Kampf. Sie wird ihn bis Jahresende nicht gewinnen können, und immer wieder kocht das alte Thema hoch: Hat man es besonders schwer als Frau in einer Männerwelt?

Im November kämpfte Frau Merkel immer noch

Blättern wir ganz kurz in die Zukunft, bis zum November 2001. Vier Monate und zwei Wochen nach der BILD-S.2-Schlagzeile vom 23. Juni („CDU – jeder gegen jeden") ist das Thema immer noch aktuell. Am 6. November fragt BILD auf Seite 1: „Machen die Männer Angela Merkel kaputt?" Das war wirklich kein leichtes Jahr für sie!

● **In Hamburg** richten sich die Scheinwerfer der Öffentlichkeit im Juni auf einen Schandfleck unserer Gesellschaft. Zwei blutjunge Huren sind ermordet worden; ermittelt wird rund um ein unheimliches, leerstehendes Bürogebäude unmittelbar im Zentrum. Hier vegetierten Drogensüchtige unter unvorstellbaren Bedingungen in einem Sumpf aus Blut, Kot und Urin vor sich hin. Warum griffen die Behörden nicht längst schon ein?

● **In Duisburg** wird der **Pokémon-Mord** gesühnt (auf die grausame Tat schauten wir im Januar-Kapitel zurück). **Oliver S.** (24) bekommt 14 Jahre Gefängnis, zunächst aber zeitlich nicht beschränkte Unterbringung in der geschlossenen Psy-

Madonna besuchte das KZ-Sachsenhausen

Pop-Queen Madonna in Deutschland. Nach ihrem Konzert in Berlin (links) besuchte sie zusammen mit Gwyneth Paltrow (rechts) das Konzentrationslager Sachsenhausen. Sie sah dort die „Baracke 38", in der 400 Menschen starben. Madonna sprach nicht, aber sie betete.

Pokémon-Prozess

Sie köpften ihn mit dem Messer in der Dusche

Oliver S. saß auf der Anklagebank – kalt, emotionslos, mit stierem Blick, dazu seine grinsende Freundin Jessica. Der Prozess um den Mord an Sedat (9), der mit einer Pokémon-Karte in den Tod gelockt wurde, erregte die Gemüter. Minutiös schilderte der Staatsanwalt, wie Oliver S. und Jessica ihr Opfer in der Dusche köpften und kurz darauf Sex hatten. Sedats Mutter schrie im Gericht: „Eine Kugel ist zu wenig. Die beiden gehören getötet, so wie sie mein Kind getötet haben."

Prügel für den Strafverteidiger

Nach der Urteilsverkündigung entlud sich der Zorn der Prozesszuschauer. Sedats Großmutter ging auf Siegmund Benecken, den Strafverteidiger des Mörders los. Sie schlug ihm ins Gesicht, schrie ihn an, entriss ihm die schwarze Robe und bespuckte sie

chiatrie. Wegen Beihilfe bekommt **Jessica B.** (18) 6 1/2 Jahre Jugendhaft. Im Landgericht kommt es zu erschütternden Szenen; Angehörige schlagen auf die Anwälte ein, spucken auf die Roben. „Ich kriege euch", schreit die Mutter des ermordeten Sedat, „ich werde Rache nehmen."

NATO warnt vor einer neuen Terror-Dimension

Aufrüstung gegen Terror! Präsident Bush stellt den NATO-Verbündeten ein neues, laser-gesteuertes Raketenabwehrsystem vor. Gegen wen genau sich die Waffen richten, bleibt zunächst im Dunkeln. Etwas nebulös spricht NATO-Generalsekretär Lord Robertson von „neuen Gefahren, ob es Terrorismus ist oder eine Bedrohung aus dem Weltall". Rückblickend bekommen diese Worte einen neuen Klang.

Angst vor Plage! Afghanistan, Südrussland und Teile Chinas werden

Ralf Schumacher (26) zeigt, wie der Start gelaufen ist. Er wollte innen an Bruder Michael vorbei, aber der drängte ihn fast in die Mauer (s. Grafik)

Der Bruder-Krieg

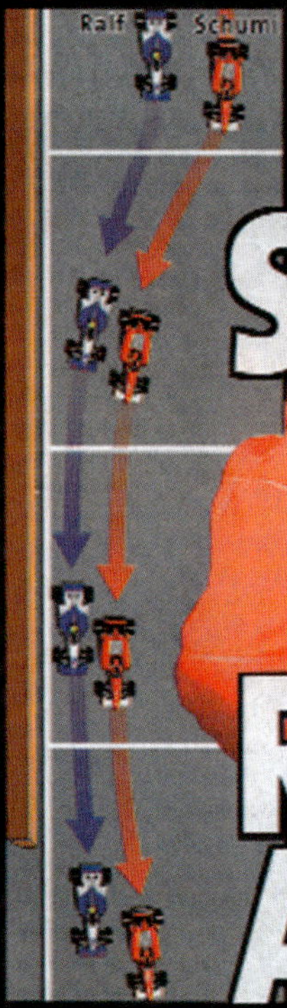

Geiler Start... oder Rüpel-Attacke?

Michael Schumacher (32) jubelt: In der ersten Kurve liegt er vor Bruder Ralf (kl. Foto) und gibt dann die Führung nicht mehr her

Schumi I gegen Schumi II – der Bruderkrieg begann

Bisher bekam Michael Schumacher alle Gegner relativ schnell in den Griff. Doch nun drohte Ungemach aus der eigenen Familie: Ralf, der kleine Bruder, griff auf ganzer Linie an. Mit seinem BMW-Williams wurde er von Rennen zu Rennen besser, bis es auf dem Nürburgring erstmals zwischen Schumi I und Schumi II richtig zur Sache ging. Alle Fans hofften, das Corinna und Cora, die Schumi-Frauen, ihre Männer besänftigen könnten. Die Experten sind sich inzwischen sicher: Der Bruderkampf auf der Rennpiste geht mit der Saison 2002 erst richtig los

Corinna und Cora, die Schumi-Frauen, im Fahrerlager in Melbourne (Australien)

Im Fahrerlage ging der Schu Zoff weiter: „S mal, bist du n zu retten", sch Ralf seinen Bruder Michae anzuschreien. Und: „Da fehlt nur so ein klei Stückchen, und ich wäre in de Mauer gelandet..."

Corinna & Cora
Jetzt müssen sie den Crash verhindern
expert
149,90
Bild
„Kroko“-Suche geht weiter
Heute wird ihre Tochter begraben
Petra Schürmanns schwerster Tag
Max Merkel testet die Bundesliga
Gute Medizin nur noch für Reiche?

Donnerstag, 28. Juni

Petra Schürmann nahm Abschied von ihrer Tochter Alexandra
Sie hat keine Tränen mehr...
5,15 DM
Bild
„Der Kampf wird noch härter“
Kippt Schröder die Gesundheits-Ministerin?

Freitag, 29. Juni

Petra Schürmanns Tränen
Kann die Liebe ihre Trauer heilen?
vivimed
Bild
Ralf kündigt die Revanche an
„Ich packe Michael in der ersten Kurve“
Milosevic in Handschellen zum Verhör

Sonnabend, 30. Juni

im Juni 2001 von einer gigantischen Heuschreckenplage heimgesucht. Angeblich sind es 28 Milliarden. Sie bewegen sich pro Tag 160 km voran und vernichten dabei 50 000 Tonnen Nahrungsmittel.

Katie Price will endlich solide werden

Staunen übers Spind- und Boxenluder! So wie bereits im Frühling Jenny Elvers schwört im Juni auch Katie Price dem Lotterleben ab: „Alle meine Beziehungen sind gescheitert. Ich weiß nicht, was ich tun soll... Ich bin so von Männern enttäuscht worden, dass mich nichts mehr überrascht...“

Der Knaller zum Monatsende interessiert Frauen und Männer dann gleichermaßen. Der Bruder-Krieg! BILD: „Nach Michaels Brutalo-Start – Ralf tobt“. Sonntag, 24. Juni, 14.02 Uhr. Auf dem Nürburgring verlöschen die fünf roten Startampeln. Die **Schumi-Brüder** auf Platz eins und zwei geben gleichzeitig Gas. Der Kleine verringert den Abstand. Der Große zieht nach rechts. Schumi I schneidet Schumi II den Weg ab! Nur weil der vom Gas geht, landet er nicht an der Begrenzungsmauer. Aber es geht ja noch weiter! Schumi, dessen Auto das langsamere ist, zieht gegen Schumi II in diesem Rennen wirklich alle Register. Vor den Kurven bremst er mal früher, mal später. Das Wechseln der Ideallinie macht ihn für jeden Überholer unberechenbar. Und wenn er das Grün streift, wirbelt dem Hintermann der Dreck vors Auto! Fies und unsportlich oder einfach nur professionell? Auf jeden Fall legal. So wird es Michaels dritter Sieg am Ring, sein fünfter Saison-Erfolg und sein 30. Ferrari-Triumph.

„Verona ist eine Ohrfeige für uns Frauen“, stänkerte Alice Schwarzer

Das TV-Duell Schwarzer gegen Feldbusch

Und am letzten Wochenende des Monats wird „die“ Juni wieder ganz zur Frau. Verona Feldbusch tritt zum Verbal-Match gegen Alice Schwarzer an und wird vom BILD-Leser-Ted mit 65% zur Siegerin erklärt...

Verona ließ sich nicht aus der Ruhe bringen – und verblüffte die Zuschauer mit ihrer Schlagfertigkeit

Trauriger Höhepunkt im Nahostkonflikt

Raphael Seligmann
Publizist, TV-Talkmaster und BILD-Autor.

Freitagabend beginnt der Sabbat. Überall in Israel suchen die Menschen Ruhe. Außer in Tel Aviv. In der pulsierenden Küstenstadt ist man stolz darauf, „niemals schlafen zu gehen". Auch am lauten Sommerabend des 1. Juni.
23 Uhr. Deutschlands Außenminister ist soeben von einer Jogging-Runde in sein Zimmer zurückgekehrt. Joschka Fischer befindet sich auf einer Friedensmission in Israel.
Unweit seines Hotels warten mehr als hundert junge Israelis an der Diskothek „Pascha" auf Einlass: Friday night fever. Said Chutry mischt sich unter die Wartenden. Der dunkelhaarige 22-Jährige lächelt die Diskoladys an, dann betätigt er den Zünder.
15 Kilogramm Sprengstoff explodieren. Im Nu rasen Ambulanzen, Ärzte, Sanitäter herbei. Sie bergen 21 Tote und mehr als hundert Verletzte. In Israel herrschen Trauer und Wut. Außenminister Fischer vermittelt dennoch einen kurzfristigen Waffenstillstand.
Was macht Männer wie Said Chutry zu Massenmördern? Die Antwort ist nicht nur für Israel entscheidend. Sie wird zur Überlebensfrage der westlichen Zivilisation. Denn während Chutry in Tel Aviv zwei Dutzend junge Menschen umbrachte, bereiten in Deutschland und den USA dessen Gesinnungsgenossen den Massenmord im New Yorker Welthandelszentrum vor.

Said Chutry kommt aus dem Westjordanland. Dort kämpfen die Palästinenser schon hundert Jahre gegen die Juden. Sie wollen die israelischen Besetzer ihres Landes loswerden. Palästinenser-Präsident Yassir Arafat spricht vom Frieden, lässt jedoch die Terroristen gewähren. Die Israelis schlagen zurück. Die Schraube der Gewalt dreht sich immer schneller.

Verzweifelte oder abenteuerlustige arabische Jugendliche sehen keine Perspektive. Sie sind ein gefundenes Fressen für islamistische Terrororganisationen wie die Hamas und Islamischer Dschihad. Ihr Programm ist Hass. Damit werden junge Menschen vergiftet und zu Selbstmordattentaten aufgestachelt.

Eine Patentlösung im Kampf gegen den Terror gibt es nicht. Weder in Israel noch woanders. Doch der Gewalt muss der Nährboden entzogen werden. Die Palästinenser sollen ihren Staat ebenso erhalten wie die Israelis. Das bedeutet Rückzug Israels aus arabischen Gebieten. Die Israelis sind dazu bereit, fordern aber im Gegenzug Sicherheit und Frieden. Doch Arafat pokert lieber um alles oder nichts.

Israel kommt nicht zur Ruhe. Bei einem Bombenattentat auf die Diskothek „Pascha" in Tel Aviv tötete ein Palästinenser 20 Jugendliche. 100 wurden schwer verletzt. Wer überlebte, versuchte, den Opfern zu helfen

Abschied von Hannelore Kohl

Juli – dieser Monat stand ganz im Zeichen einer großen Frau. Deutschland musste Abschied nehmen von Hannelore Kohl. Tausende trugen sich in ausgelegte Kondolenzbücher (oben) ein. Die Frau unseres Alt-Kanzlers hatte ihren unerträglichen Schmerzen selbst ein Ende gesetzt. Eine Frau, die immer da war für ihr Land, ihre Kinder, ihren Mann. „Ich habe Dich immer geliebt", schrieb sie Helmut Kohl zum Abschied, der tieftraurig ihrem mit roten Rosen geschmückten Sarg folgte.

Eine glücklich lächelnde Hannelore Kohl am 19. März 1998. So wird Deutschland sie in Erinnerung behalten

Zärtlich legt Helmut den Arm um Hannelore: Das Paar lernte sich 1948 in Ludwigshafen bei einem Tanzkurs kennen

1996 Russlands Präsident Boris Jelzin begrüßt Hannelore Kohl mit Handkuss im Moskauer Kreml

1992 Hannelore Kohl mit US-First-Lady Barbara Bush in Münche

1960 Das glückliche Brautpaar. Hannelore Kohl ist 27 Jahre alt

1976 Hannelore Kohl mit der Familie im Garten des Bungalows in Oggersheim. Das waren die Stunden, die sie am meisten genoss

1986 Hannelore tanzt mit Sohn Peter in Bonn

Bootstour im Urlaub am Wolfgangsee: Hannelore und Helmut Kohl mit den Söhnen Walter und Peter

Hannelore Kohl (193

Ihr Leben für De

Triumph im Bruder-Duell
Schumi, du bist doch der Größte!
ESSO Hit der Woche
Ihre Tochter ist jetzt ein Engel
Schon wieder trauert eine Prominente um ihr Kind
Sohn (12) von CSU-Politikerin stürzt in den Tod
Bild

Montag, 2. Juli

Schumi oder Boris
Wer ist unser Größter?
Deutschland liebt Becker mehr", behauptet sein Ex-Manager
Stoiber tröstet Dagmar Wöhrl
Angestellte fühlen sich erpresst
Bild

Dienstag, 3. Juli

Polizei bricht Suche nach Julia ab
Warum gebt ihr so schnell auf?
SENSATION!
Diktator Milosevic endlich vor Gericht!
Große BILD-Serie
Großer BILD-TED
Schumi? Boris? Wer ist denn nun der Größte?
Will Schröder mit der FDP?
Bild

Mittwoch, 4. Juli

Trauer & tiefe Bestürzung

Zuletzt machte uns Lady Di's Tod so betroffen

Deutschland weinte, Deutschland trauerte, Deutschland schwieg. In der Nacht zum 5. Juli schied **Hannelore Kohl** in Ludwigshafen-Oggersheim freiwillig aus dem Leben. Sie hatte sich zu diesem Schritt entschlossen, weil die Ärzte gegen ihre Lichtallergie machtlos waren und ihre Schmerzen immer schlimmer wurden. Frau Kohl konnte seit 15 Monaten das Haus bei Tageslicht nicht mehr verlassen. Das war ja auch der Grund, warum sie im Mai nicht an der Hochzeit ihres Sohnes teilgenommen hatte. Der **Alt-Bundeskanzler** war in Berlin, als seine Frau aus dem Leben schied. Er hatte gerade einen wichtigen juristischen Sieg gegen die geplante Veröffentlichung seiner Stasi-Akten errungen. Zeitgleich wurde in Berlin der Wahlkampf eröffnet, und Helmut Kohl war entschlossen, sich wieder auf der politischen Bühne zu zeigen.
Die Nachricht von Hannelore Kohls Freitod traf alle Deutschen gleich stark mitten ins Herz. Ganz egal, ob man zu Kohls Freunden, Bewunderern oder Gegnern gehörte. „Mit ihrer Natürlichkeit und Herzlichkeit gewann sie in Deutschland wie im Ausland die Herzen der Menschen", schrieb **Edmund Stoiber** in seinem Kondolenzbrief und traf damit die Gemütslage des ganzen Volkes. Zuletzt hatte uns die Nachricht von **La-**

Beistand **Hand in Hand mit Schwiegertochter Elif und Sohn Peter verließ Helmut Kohl den Kaiserdom zu Speyer**

Hier wird eine Mädchenleiche geborgen
Julia verbrannt im Wald?
Bild
Boris und Babs Gemeinsam in den Sommer-Urlaub
Nicht mal der Busen ist echt
Stasi-Akten Kohl siegt vor Gericht

Selbstmord!
Deutschland trauert um Hannelore Kohl
Bild

Hannelore Kohl †
So starb sie wirklich
Bild
Deutscher Spähtrupp beschossen
Kohl wachte die ganze Nacht bei seiner toten Frau
SUPER-BINGO

Sie fehlt ihm so sehr
Kohl allein im Schmerz
ESSO Hit der Woche
Bild
Kanzler Schröder schließt Koalition mit FDP aus

Beileid: Ein Polizist (rechts) reichte dem erschütterten Helmut Kohl an der Haustür seines Hauses in Oggersheim die Hand

Ein grauer Leichenwagen überführte Hannelore Kohl von Speyer nach Ludwigshafen zum Friedhof

Familiengrab: Hannelore Kohl wurde im Familiengrab der Kohls beigesetzt. Nur die engsten Verwandten waren dabei

dy Di's Tod so betroffen gemacht. Da war einmal Frau Kohls Lebenswerk, der unermüdliche Kampf für Menschen, die bei einem Unfall Hirnschäden erlitten haben. Ihr „**Kuratorium ZNS**" sammelte 36,9 Millionen Mark.

Dann war es diese unglaubliche Stärke, mit der sie selbst in schwierigsten Zeiten zu ihrem Mann stand. Seit 1948 waren **Helmut und Hannelore Kohl** ein Paar (Hochzeit 1960). Sie hatte alles erlebt: Die Einsamkeit der Politikerfrauen, den steinigen Weg an der Seite des Mannes bis auf den Gipfel der Macht, das Leben im Scheinwerferlicht, die deutsche Einheit als Krönung, Angriffe, Anfeindungen, Intrigen.

Hannelore Kohl war ein Fels mit Herz, und sie ging so, wie sie gelebt hatte: Tapfer.

Zwei Kinderschicksale erschütterten uns

Der traurige Juli. Wieder verschwanden Kinder. **Adelina (10)** auf einer nur 150 m langen Strecke zwischen Bremer Hochhäusern; das Kind hatte beim Urgroßvater nur mal schnell etwas zu essen für die kranke Mutter geholt.

Julia (8) verschwand im hessischen Biebertal von einem Spielplatz; nur zehn Meter entfernt war ihr Vater mit Renovierungsarbeiten beschäftigt. 400 Polizisten durchsuchten Weltkriegs-Bunker und Bergwerks-Stollen. Nach einer Woche entdeckte dann ein Radfahrer in einem ca. 60 km entfernten Waldgebiet einen brennenden Holzhaufen. Darunter lag Julias Leiche.

Wohl auch unter dem Eindruck dieses Verbrechens forderte **Kanzler Schröder** im Juli, Kinderschänder lebenslang wegzusperren. Gleichzeitig

Dienstag, 10. Juli

regte er an, dass Sicherungsverwahrung auch nachträglich angeordnet werden kann. Dann nämlich, wenn die eigentliche Strafe abgesessen wurde, die Gefahr einer Tatwiederholung aber noch besteht.

Wieder verlor eine prominente Frau ihr Kind. Der 12-jährige Sohn der CSU-Schatzmeisterin **Dagmar Wöhrl** kletterte nach einem harmlosen Streit mit seinem Vater über ein Baugerüst aufs Dach seines Elternhauses und stürzte in den Tod; zur gleichen Zeit bekam **Petra Schürmann** weit über 1000 Kondolenzbriefe. Und **Ursula Karven**, deren Sohn ja im Juni gestorben war, beschloss ihre Heimkehr nach München.

In Siegerpose
Eric Zabel streckt jubelnd die Hände gen Himmel: Bei der Tour de France feiert er seinen Etappensieg

Mittwoch, 11. Juli

Flugzeug bohrte sich in einen Turm

Post und Telekom machen im Juli unterschiedliche Schlagzeilen. Erst bohrt sich bei dichtem Nebel ein einmotoriges Flugzeug in den 141 m hohen **Telekom-Sendemast** auf dem Vogelsberg (zwei Tote), dann gewinnt **Erik Zabel** mit dem großen weißen T auf dem magenta-farbenen Trikot die dritte Tour-de-France-Etappe zwischen Antwerpen und Lüttich, schließlich die traurige Ankündigung: 3000 Briefträger werden eingespart! Weitere Nachrichten im Zeitraffer. ● BILD meldet exklusiv **Steffis Schwangerschaft** ● Ebenfalls BILD-exklusiv: **Wussow liebt Scholz-Witwe** ● **Wackel-Elvis** ausverkauft ● **Trittins Dosenpfand** vom Tisch ● Erster **Lesben-Kuss** im „Tatort" (Ulrike Folkerts, Sandra

„Wegschließen - und zwar für immer"

Zwei kleine Mädchen verschwunden, eins schon verbrannt gefunden – Kanzler Schröder haute auf den Tisch. In der Diskussion um viel zu milde Urteile forderte er harte Strafen für Kinderschänder: „Wegschließen – und zwar für immer." Sogar Straftäter, die bereits verurteilt seien, sollten auch nachträglich noch zu Sicherungsverwahrung verurteilt werden können, wenn befürchtet wird, dass sie nach der Haft wieder straffällig werden. Schröder: „Der Schutz der Kinder muss absoluten Vorrang haben."

Bundeskanzler Gerhard Schröder

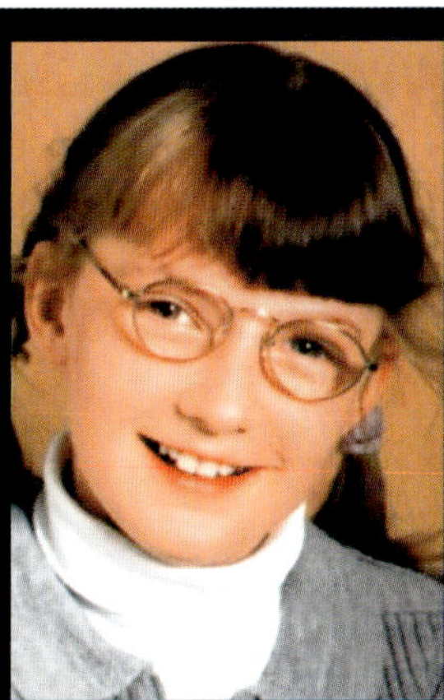

Adelina (†10) Nach dem schlanken Mädchen suchte die Polizei sogar in Sibirien. Dort, an der chinesischen Grenze, lebt ihr leiblicher Vater

Julia (†8) Das blonde, lebenslustige Mädchen wurde entführt, erschlagen, mit Benzin überschüttet und auf einem Scheiterhaufen verbrannt

Das Hochzeitsfoto des Satanspärchens

Manuela R. drückte sich eine lange Machete an den Hals – wahrscheinlich die Mordwaffe

Satanspärchen fuhr mit Todesliste durch Deutschland

Alarm bei der Polizei in Witten (NRW): Manuela R. und ihr Mann Daniel, das Satanspärchen, waren aus ihrer Wohnung (links oben) in Witten geflüchtet.
Bei sich hatten die Killer einen Zettel mit 15 Namen von Freunden und Bekannten – eine Art Todesliste. Die Polizei musste alle potenziellen Opfer schützen. Zum Glück wurden beide gefasst, bevor es weitere Tote gab.

Das Opfer
Frank H. (34) wurde mit der Machete verstümmelt

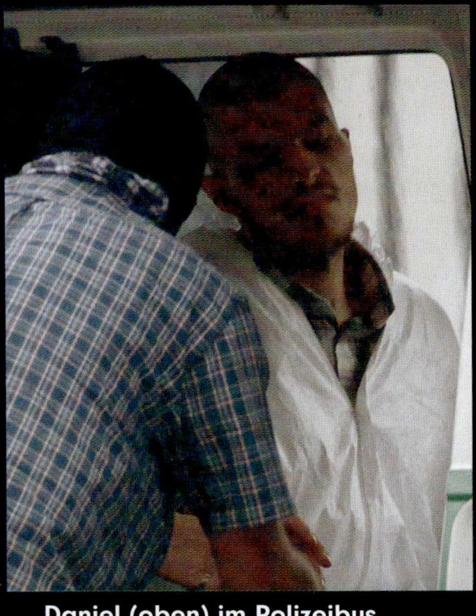

Daniel (oben) im Polizeibus. Manuela wurde im weißen Overall abgeführt (rechts)

Donnerstag, 12. Juli

Borgmann) ● Erste **Schwulen-Verlobung** im Bundestag (Volker Beck, Grüne, Freund ist Franzose) ● Deutsche **Entwicklungshelfer** in Kolumbien entführt ● Feuer auf der **Ostsee-Fähre** „Saßnitz", über 200 Menschen in Lebensgefahr!

Ein ungewöhnlicher Mordfall erschreckt die Nation. Satanskult, Teufelsbeschwörung: Gehört hat jeder schon davon. Plötzlich aber springt uns das Böse direkt ins Gesicht, es ist real und unter uns. Wir sehen die Fassade eines Mietshauses in Witten. Kleinbürgerliche Stores hängen in dem einen Fenster, und in einem zweiten sehen wir zwei Porzellan-Katzen wie Symbole einer nur äußerlich heilen Welt. Am Fenster darüber verläuft eine rote, aufgesprayte Schrift: „When Satan lives". Hinter diesem Fenster steht ein Sarg, da liegt ein Toter, den 66 Macheten- und Hammerhiebe furchtbar zerstückelt haben. Die 6 gilt als Satans-Symbol. Da liegt auch eine Todesliste mit Namen („ihr seid die Nächsten").
Da hängt ein Foto an der Wand. Es zeigt die Mieterin **Manuela R.** (22), ganz in Schwarz, mit einer Machete, die sie gegen ihren Hals hält. Das Gesicht ist zur Fratze verzerrt. Die Satansbraut ist mit ihrem Mann (Hochzeit am 6.6.) auf der Flucht, der Tote ist ein harmloser, christlich erzogener Arbeitskollege von ihm, und wenig später wird das furchterregende Pärchen von einem Sondereinsatzkommando in Jena verhaftet. Sie tritt, kratzt und beißt. Beide sagen im Verhör, dass Satan ihnen den Mord befahl.

Ex-Minister wollte seine Frau töten lassen

Ein ungewöhnlicher Mordplan erstaunt die Nation. Brandenburgs Ex-Bauminister **Jochen Wolf** hat einen Killer angeheuert, um seine ge-

Steffi & Agassi total glücklich
Heimliche Hochzeit in Florida?
Steffis Mutter ist schon in Boca Raton • Wer kommt zum großen Festessen im Poloclub?
Bild
SUPER-BINGO
Tour Ullrich abgehängt
Mörder durften ins Spaßbad
Satansbraut verhaftet!
Krupp-Arbeiter verzichten auf 15% Lohn

Freitag, 13. Juli

Steffi im Mutterglück
„Ja, es wird ein Junge"
Olympia 2008 in Peking
Bild
BILD.de startet am 1. August
Reifen neu, Motor neu
Schumi unschlagbar?
Bundesrat kippt seine Dosenpfand-Pläne
Herr Trittin, das ging voll in die Dose!

Sonnabend, 14. Juli

Steffi & Agassi lieben sich so, aber...
Poker um 500-Millionen-Mark-Ehevertrag
Die Anwälte sind sich noch nicht einig
Hochzeit erst, wenn das Baby da ist
ESSO Hit der Woche
Bild
Kanzler urlaubt beim Künstler-Freund
Coulthard raus
Schumi, war das schon der Titel?
Die ersten Lesben-Küsse im „Tatort"
Bosse wollen, dass wir wieder länger schuften
Kommt 40-Stunden-Woche?

Montag, 16. Juli

Amerikas härtester Anwalt rät
Steffi, dein Sohn muss Deutscher werden
Sonst geht es dir wie Boris
Bild
Ja, wir sind nicht allein
Alarm bei Mercedes Jaguar jagt Häkkinen
Satans-Paar Noch mehr Morde?
BP schluckt Aral
1500 Jobs weg • Wird Benzin wieder teurer?

Dienstag, 17. Juli

Ariel Scharon und die Angst vor den Mördern
Israels Ministerpräsident – einer der am meisten gefährdeten Politiker der Welt. Palästinensische Selbstmordattentäter wollen ihn töten. Deshalb wird Scharon ständig von mehreren Elitesoldaten als Leibwächtern begleitet, wie hier bei der Landung mit dem Hubschrauber bei Shilo. Scharon kam im Juli auch nach Berlin, um mit Außenminister Joschka Fischer über dessen Rolle als Vermittler im Nahost-Konflikt zu beraten.

In der Todes-Kurve von Monza
Schumi Horror-Crash bei 310 km/h
Post spart 3000 Briefträger weg
Bild

Mittwoch, 18. Juli

Warum wurde ihr Tod verschwiegen?
Beate Uhse heimlich begraben
Schöne Ferien, Kanzler!
Bild

Donnerstag, 19. Juli

Der Erbe des Sex-Konzerns spricht
So starb meine Mutter Beate Uhse
400 000 Mark Strafe für Effe
Saudis wollen uns den Öl-Hahn zudrehen
Bild

Freitag, 20. Juli

Demonstrant erschossen. Viele Verletzte. Banken zerstört. Deutsche verhaftet
Blutige Schlacht in Genua
Bild

Sonnabend, 21. Juli

schiedene Frau loszuwerden! Er hatte sein Herz an die schöne junge **Russin Oksana** verloren, die auch schon mal versuchte, Frau Wolf zu töten. Als das misslang, erschoss sich Oksana in der Badewanne. Der ehemalige Minister wollte sich jetzt mit dem zweiten Mordplan von lästigem Unterhalt befreien. Eine so skurrile Story als Vorlage für ein Krimi-Drehbuch hätte sicherlich keine Chance gehabt: Viel zu unglaubwürdig! Und doch ist es genau so passiert.

Plutonium-Diebstahl in Karlsruhe

Ein ungewöhnlicher Diebstahl ängstigt die Nation. Schauplatz: Ein Dorf in der Pfalz, das schon wenige Kilometer hinterm Ortsschild bisher kein Mensch mehr kannte. Plötzlich ist es in aller Munde: **Eschbach**. 700 Einwohner, vier Kneipen, eine Kirche. In der Karlsruher Wiederaufbereitungsanlage hat ein Eschbacher Arbeiter **Plutonium** gestohlen und vier Monate in seiner Wohnung aufbewahrt. Und sie hatten uns doch immer gesagt, so etwas sei nicht möglich!

Die Russ
Oksana

Ein Minister, seine Ex-Frau und die schöne Russin

Ex-Minister Jochen Wolf zwischen zwei Frauen: Er war verliebt in die schöne Russin Oksana (rechts). Ihr war der Politiker (er verlor seinen Job wegen einer Immobilien-Affäre) regelrecht verfallen. Um sie heiraten zu können, versuchte er mit allen Mitteln, seine Ehefrau Ursula (links) loszuwerden. Doch sie überlebte alle Mordversuche.

Geliebte von Ex-Minister erschoß sich
Schröder/Trittin Riesen-Krach!
Bild

Dieses kleine Röhrchen mit Plutonium versteckte Johannes M. in seiner Wohnung

Verstrahlt: Freundin Liselotte E.

Plutonium-Alarm! Das Dorf der Angst

Johannes M. (links) klaute das Plutonium-Fläschchen aus der Wiederaufbereitungsanlage in Karlsruhe – und stürzte damit sein Heimatdorf Eschbach in Angst und Schrecken. Seine Freundin Liselotte und deren Tochter mussten täglich zur Behandlung ins Krankenhaus. „Sie haben höllische Kopf- und Gliederschmerzen, sind psychisch und körperlich am Ende", berichtete ein Freund.

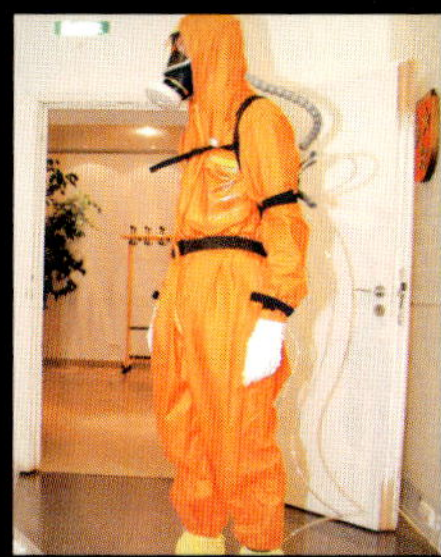

Ein Feuerwehrmann im Strahlenschutzanzug

Plötzlich kann alles und jeder verstrahlt sein. Wer hat ihn berührt? Ihm die Hand gegeben? Was ist mit dem Postboten, dem Wirt seiner Kneipe, und warum ist seine Freundin so schwer krank?

Und ein ungewöhnlicher Glücksfall raubt der Nation den Atem! Hockenheim, drei Sekunden nach dem Start. Mit Tempo 170 knallt **Burti** in **Schumis** Ferrari und hebt ab. Schumi im Trümmerhagel, über ihm in der Luft ein Rad der Prost-Rakete! Es knallt auf sein Auto und – verfehlt ihn um Haaresbreite. Mannomann, war das knapp...

Volksmusik schlug Wontorras „ran"

● **Abstimmung I.** „ran" um 20.15 Uhr startete im Juli als Flop. Die Kastelruther Spatzen hatten 4,09 Mio., „ran" zur selben Zeit nur 2,2 Mio. Volksmusik schlug Wontorra! Die Fans senkten den Daumen per Einschaltquote, und die Fernbedienungen der TV-Geräte dienten bei dieser beeindruckenden Massenkundgebung als Sprechchor: „Wir sind das Fußball-Volk!"

● **Abstimmung II.** Schumi oder Boris, wer ist unser Größter? Diese BILD-Umfrage nach einer provozierenden Ion-Tiriac-Bemerkung („sorry, Schumi, Boris ist größer") entschied Schumi mit 53,5 % der weit über 20 000 abgegebenen Stimmen im Juli ganz klar für sich. BILD-Analyse: Boris macht jetzt private Schlagzeilen, Schumi aber steht auf dem Höhepunkt seiner Karriere.

„Kroko" und „Koko": Zwei der hübschesten Tiergeschichten des Jahres fielen ebenfalls in den Juli. „Kroko" - das angebliche oder echte **Krokodil im Rhein!** Es gab jede Menge ernst zu nehmende Menschen, die beschworen: Wir haben es gesehen, es glitt vor unseren Augen ins Wasser. Sogar ein Binnenschiffer sah, wie es nachts seinen Kahn umkreiste. Die Polizei schickte Kroko-Streifen aufs Wasser, es gab Badeverbot, und ganz tapfere Männer besorgten sich Gummiboote, um wie Crocodile Dundee auf Jagd zu

Rheinkrokodil aus Holz

Die Wasserschutzpolizei Wiesbaden glaubte sich ihrem Ziel bei der Suche nach dem im Rhein beobachteten Krokodil ganz nahe. Spaziergänger hatten ein seltsames Schwimmobjekt entdeckt. Doch dann die Enttäuschung: Das von Tauchern (oben) geborgene Monster war zwar 70 Kilo schwer und drei Meter lang – aber aus Holz!

Hannelore Kohls Vermächtnis veröffentlicht

„Du hast noch viel zu tun"

...schrieb sie in ihrem Abschiedsbrief an Helmut Kohl

Bild

Sein Vater spricht den Todesschützen frei

Montag, 23. Juli

„Bunte" zeigt verblüffende Fotos vom Samenraub-Baby

Hallo, Papa Boris!

Bild

Was ab morgen billiger wird

Dienstag, 24. Juli

Ehegerüchte un… und Steffi übt scho…

Das war ein moralischer Tiefschlag für Millionen Fans der schönen Russin Anna Kurnikowa: Angeblich hatte sie ganz heimlich den russischen Eishockey-Star Sergej Fjodorow geheiratet! Sicher war: Anna trug einen Ring von ihm – und er hatte sich ihren Namen auf den linken Oberarm tätowieren lassen. Wenig später Entwarnung: Keine Hochzeit!

Ernster dagegen, was auf Hawaii fotografiert wurde: Steffi Graf und Andre Agassi liehen sich am Strand von einem japanischen Ehepaar ein Baby – und übten schon mal das Abtrocknen mit dem Handtuch fürs eigene Babyglück.

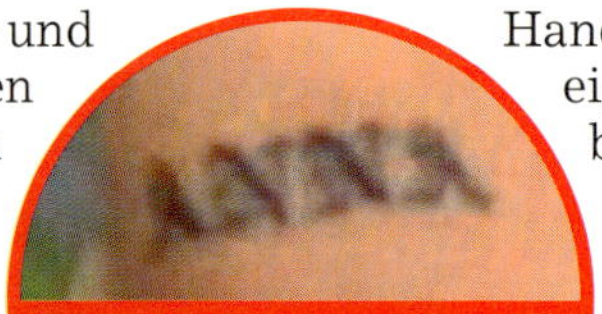

Der Liebesbeweis auf der Schulter: Sergej mit frischer „Anna"-Tätowierung

Anna und Sergej am Strand. Sie kennen sich seit fünf Jahren

Das Paar verliebt im Restaurant, aber doch – oder noch – nicht verheiratet

Wenn Anna aufschlägt, wirbelt ihr schöner Zopf

Die bittere Abrechnung des Russen-Models
„Meine Tochter soll nie erfahren, wie Boris sie zeugte"
Bild
Schumi
Die CDU nimmt ihren Generalsekretär in Schutz

Mittwoch, 25. Juli

Russen-Model wirft mit Schmutz
Will sie Boris vernichten?
Bild

Donnerstag,

chöne Anna ürs Baby

Steffi, Andre & das „Leihbaby" am Strand von Hawaii

So könnte ihr Sohn aussehen
BILD bastelte aus den Elternfotos schon mal, wie der Sohn von Steffi und Andre (als Tennisspieler) mal aussehen könnte

gehen. Gegen Monatsende tauchte dann ein riesiges Holz-Krokodil auf, aber ob das wirklich Kroko war? **„Koko"**, der weltklügste Gorilla (IQ 95), wurde im Juli in Los Angeles 30 Jahre alt und bestellte sich per Zeichensprache als Geburtstagsmenü Tofu-Burger, Maiskolben und Chips. Affendame Koko wünschte sich (und bekam) einen Lippenstift und blätterte andächtig in ihrer eigenen Biografie, die ihre Trainerin Dr. Francine Patterson geschrieben hatte. Kokos sehnlichster Wunsch war ein Baby; sie zeigte das, indem sie ein imaginäres Kind auf den Armen schaukelte und dazu fragende Laute ausstieß. Aber dieser Wunsch ging nicht in Erfüllung.

Schwere Krawalle beim Gipfel in Genua

Schwarze Wolken über Genua. Die Stadt bereitet sich auf den Gipfel mit den Staatschefs der größten Industrienationen vor. **Osama Bin Laden** plant angeblich einen Angriff mit chemischen Waffen. Es werden 100 000 Demonstranten erwartet, und viele von ihnen gelten als gewaltbereit. Es kommt tatsächlich zu schweren Krawallen. Ein Demonstrant wird erschossen. Es gibt 500 Verletzte, darunter auch viele Polizisten. In den Tagen danach ist jedoch nicht nur die militante Gewalt der Chaoten, sondern auch die extrem harte Gangart der italienischen Sicherheitsbehörden ein europaweites Gesprächsthema.

BILD-Kolumnist Mainhardt Graf Nayhauß war in Genua dabei. Wie er sich erinnert, lesen Sie auf der folgenden Seite.

Muss das Russen-Model ins Gefängnis?

Boris will sie verklagen

Bild

Obszöne Sex-Briefe von Wussow aufgetaucht

Mazedonien-Einsatz 21 SPD-Abgeordnete gegen den Kanzler

Fans im Meister-Test: Bayern vor Dortmund

Diese Frau will das Kind zur Welt bringen

Unheimliche UFO-Sekte klont 1. Baby

Schumi, hol dir den Weltrekord

Bild

Heute sehen wir 36 neue Stars

Boris, Babs & das Urlaubsglück

Wird es wieder Liebe?

TV-Streit Bundesliga doch in Tagesschau

Dresdner Bank feuert 1500 Mitarbeiter

Mein BILD-Bericht sorgte bei den Italienern für „Verstimmung“

BILD-Kolumnist Mainhardt Graf Nayhauß erinnert sich an den „Gipfel des Größenwahnsinns“ so: *Reinzukommen war so schwer, wie später wieder rauszukommen. Genua im Belagerungszustand! Über 100 000 Demonstranten gegen den 27. Weltwirtschaftsgipfel! Erst weigerte sich der Taxifahrer, dann fuhr er mich doch bis zur ersten Polizeisperre. Koffer, Kleidersack, Laptop-Tasche, Fotoapparate zur Kontrolle auf dem Straßenpflaster ausgebreitet. Das Hotelzimmer umgerechnet pro Nacht 850 Mark. Vorkasse wie bei notorischen Zechprellern...*

BILD-Kolumnist **Mainhardt Graf Nayhauß**

In der „Roten Zone“, dem Konferenzzentrum zwischen Hafen und herzöglichem Palast, unwirkliche Ruhe. Fast mehr Polizisten als Tauben. Ein Gipfel des Größenwahnsinns: 4 000 akkreditierte Medienvertreter; ein amerikanischer Präsident, der mit 900 Delegationsmitgliedern kommt, Japans Ministerpräsident Koizumi mit 600 (Schröder mit 60). 13 Stunden für die Gespräche der acht Staats- und Regierungschefs, sechs Stunden essen sie dabei. Als ein Demonstrant erschossen wird, vergeht den Herren der Appetit... Ein Kollege von SAT.1 gerät mit seinem Team zwischen Polizei und Chaoten, darunter Deutsche. „Kommt mit!“, schreit ein schwarz Vermummter, „wir machen für euch was kaputt!“ Eine Polizistin brät einer Fotografin eins mit dem Knüppel über. Von Frau zu Frau. Alice Schwarzer hätte ihre Freude. Italiens Ministerpräsident Berlusconi sonnt sich eitel in der Rolle des Gastgebers, redet und redet und redet, derweil Bush und Kanadas Premier tuscheln und lachen. Schröders Pressestab bekommt im Pressezentrum einen Verschlag zugeteilt, ohne Büromaterial. Mein Bericht trägt die Überschrift „Warum der Kanzler sauer auf die Italiener ist“. Schröder am Abend schmunzelnd: „Ihr Bericht hat für Verstimmung gesorgt.“ „Was denn“, fragt eine Kollegin, „nur wegen eines BILD-Artikels?“ „Klar“, sagt der Kanzler, „bei der hohen Auflage...“

Aufmarsch zur Straßenschlacht
Eine junge Frau steht einer Gruppe Polizisten gegenüber. Sie ist ganz in Weiß gekleidet, gehört den „Tutti Bianchi“ („Komplett weiß“) an, der härtesten Chaoten-Gruppe Italiens. Als in den Straßen die Autos, Reifenstapel, verwüstete Tankstellen brannten und die Polizisten immer mehr zurückgedrängt wurden, fielen die ersten Schüsse

Die Mächtigen und die Chaoten

Während sich die wichtigsten Staatsmänner der Welt (oben) trafen, lieferten sich tausende Polit-Chaoten, die aus allen Teilen Europas nach Italien angereist waren, in den Straßen von Genua eine blutige Schlacht mit der Polizei, weil ihrer Meinung nach der Reichtum der G-8-Länder ungerecht verteilt sei. Als die italienische Polizei durch die Straßen marschierte und erste Schüsse fielen, eskalierte die Situation. Die Demonstranten errichten Straßensperren, warfen mit Steinen und zündeten Autos an.

Steinewerfer Ein vermummter Chaot holt aus, um einen Gegenstand in Richtung der Polizisten zu werfen

Der Straßentod des jungen Demonstranten

Die Schüsse Demonstrant Carlo Giuliani steht mit einem Feuerlöscher hinter dem Polizeiwagen. Es ist die Sekunde, in der geschossen wird

Rückwärtsgang Der Demonstrant ist am Kopf getroffen. Er liegt sterbend am Boden. Der Polizeiwagen überrollt ihn rückwärts

Das Ende Giuliani liegt tot auf dem Asphalt. Blut sickert aus seinem immer noch vermummten Kopf auf die Straße

Hockenheimring, gestern um 14.03 Uhr. Deutschland stockte der Atem
Schumi Todesangst im Trümmer-Hagel
ESSO Hit der Woche
Bild
Bundesliga Amoroso Fußball zum Verlieben!
Deutscher Ex-Minister verhaftet

Montag, 30. Juli

Sechs Stunden nach dem Horror-Crash
Hier tanzt Schumi
Hat er gar keine Nerven?
5,15 DM
1000 Gold-Münzen von BILD!
Bild
Ex-Minister legt Geständnis ab
Wirtschaftsweiser fordert Lohn-Diät!

Dienstag, 31. Juli

Fall Sebnitz endlich abgeschlossen

Die Akten im „**Fall Sebnitz**" werden im Juli geschlossen. Es steht jetzt endgültig fest, dass der sechsjährige **Joseph** Opfer eines Badeunfalls wurde. Die Familie hatte den Tod des Jungen im Sebnitzer Schwimmbad als Tat von Rechtsradikalen dargestellt. Nachdem die Justizbehörde Haftbefehle gegen drei Verdächtige ausgestellt hatte, berichtete BILD im November 2000 darüber und auch über den Verdacht, dass die Bürger der Stadt den Fall totgeschwiegen hätten. Die Juli-Schlagzeile: „BILD sagt Entschuldigung".

Die Akte „Boris und das Wäschekammer-Baby" wird hingegen noch nicht geschlossen, obwohl **Boris** der Kindesmutter einen ziemlich großzügigen Unterhalt (insgesamt ca. sieben Millionen Mark) zahlen wird und eigentlich abgemacht war, dass alle Beteiligten nun zum Wohle des Kindes schweigen. Gleich viermal hintereinander gehört dem delikaten Fall die BILD-Schlagzeile auf Seite 1! **Frau Ermakowa** hatte in „BUNTE" noch einmal alles geschildert („mein

Boris Beck
drohte i
Gegenzu
mit Klag

Boris & Angela: Abrechnung

Boris' uneheliche Tochter Anna und ihre Mutter Angela Ermakowa hatten sich fein rausgeputzt. Doch was die Mutter aus London in Richtung Boris losließ, war weniger fein: „Meine Tochter soll nie erfahren, wie Boris sie zeugte." Und: „Boris ist ein Mega-Egoist, vernebelt durch Macht und Geld."

Beate Uhses Sterben wurde drei Tage verheimlicht

Die Königin der Schamlosen und ihr verschwiegener Tod

Am liebsten wäre sie mit dem Flugzeug in den Tod gestürzt

Beate Uhse (hier im Kreis ihrer Models) kümmerte sich bis zu ihrem Tod um die Firma

Leidenschaft Beate Uhse mit ihrer Maschine. Im Zweiten Weltkrieg flog sie Jagdmaschinen – im Range eines Hauptmannes

Kleid war nass"), **Boris** attackiert („Mega-Egoist") und ihn dringend aufgefordert, sich doch bitte um seine Tochter zu kümmern. Sie will sogar die Freundin von Babs werden...

Noch eine starke Frau starb im Juli

Zu Beginn dieses Monatskapitels war vom Tod einer starken, bemerkenswerten Frau die Rede. Noch eine zweite starke und ebenfalls sehr bemerkenswerte Frau wurde im Juli begraben. Sie machte mit 18 den Flugschein und wurde Testpilotin. Sie erzog ihr Kind ohne Mann. Sie stampfte ein Riesenunternehmen aus dem Nichts (1100 Angestellte). Sie eckte immer wieder an (2000 Ermittlungsverfahren). Im Internet wählte man sie zur wichtigsten deutschen Frau. Sie war schon Urgroßmutter, als sie ihr Unternehmen an die Börse brachte. 98 % aller Deutschen kennen ihren Namen. Er lautet: **Beate Uhse**.

Mutter Beate und ihr Sohn Ulrich Rotermund zeigten sich auch mal so am Strand. Ihm vererbte sie schließlich auch die Firma

Tränen um Hannelore Kohl

Franz Josef Wagner

Franz Josef Wagner (58), Drehbuchautor, Journalist, Chefkolumnist des Axel Springer Verlages

Eigentlich war sie für die Öffentlichkeit nicht krank gewesen, jedenfalls nicht krank genug, um mit ihrem Tod zu rechnen. Die Nachricht ihres Todes, von der Deutschen Presse-Agentur einer „EIL-EIL"-Meldung am Donnerstag, dem 5. Juli, um 12.37 Uhr durch die Republik gejagt, kam deshalb wie ein Schock über Deutschland. Der Hörfunk unterbrach sein Programm, auch das Fernsehen, und im Kanzleramt brach ihre Nachfolgerin, Doris Schröder-Köpf, in Tränen aus. „Wie eine Mutter", habe sich Hannelore Kohl beim Regierungswechsel um sie gekümmert. Die Menschen blieben auf der Straße stehen, ungläubig, ratlos. Viele weinten wie Doris Schröder-Köpf.

Todesursache Krebs – das versteht man. Todesursache Flugzeugabsturz auch. Todesursache Selbstmord – NEIN! Nicht diese emanzipierte, verlässliche, sich für Behinderte (ZNS) aufopfernde, mustergültige Gattin des Kanzlers der Einheit, ausgezeichnet mit dem International Service Award, dem Oscar der Hilfsbereitschaft. Selbstmord heißt Einsamkeit, Verzweiflung. Selbstmord heißt vor allem freiwillig. Der Atem stockte Deutschland.

Wenn ein Prominenter Selbstmord begeht, dann ermitteln die Behörden minutiös. Hannelore Kohl, 68, hatte am Mittwochnachmittag, dem 4. Juli, vier Abschiedsbriefe geschrieben – an ihren Mann, ihre beiden Söhne und Monsignore Ramstetter, den geistlichen Beistand der Familie. Danach, es ist Abend, rührte sie den Inhalt eines Joghurtbechers mit opiathaltigen Tabletten zu einem Brei. Sie löffelte den Brei gegen 20 Uhr. Zwischen 22 und 23 Uhr ist sie gestorben. Am nächsten Vormittag wird sie um 11.25 Uhr von ihrer Haushälterin gefunden. Vier Minuten später, um 11.29 wird die Polizeileitstelle Ludwigshafen informiert. „Leblose Person in der Marbacher Straße, Oggersheim." Um 11.30 Uhr hebt Helmut Kohl in Berlin den Telefonhörer ab. „Ihre Frau ist tot", hört er.

Am nächsten Morgen erschien die BILD- Zeitung mit einer schwarzen Seite 1: „Deutschland trauert um Hannelore Kohl" Und die Menschen in München, Berlin, Ludwigshafen erfahren Einzelheiten. Seit Monaten konnte Hannelore Kohl ihr Haus erst bei Dunkelheit verlassen. Seit Monaten lebte sie mit heruntergelassenen Jalousien. Ihre Lichtallergie, in der Öffentlichkeit nur als Sonnenbrille wahrgenommen – im letzten Jahr ihres Lebens gab es nur diese Sonnenbrillen-Fotos – verbrannte sie. Zur Sonnenallergie kam eine Überempfindlichkeit gegenüber Wärme hinzu.

Die Klimaanlage ihres Hauses wurde auf Frost gestellt. Sie lebte im Wintermantel und in Dunkelheit. Zur Hochzeit ihres Sohnes konnte sie nicht – das Licht der Türkei. An die Seite ihres Mannes konnte sie nicht – das Blitzlicht. So floh sie in die Dunkelheit des Todes.

Eine große Frau, deren Hand ich glücklicherweise dreimal küsste.

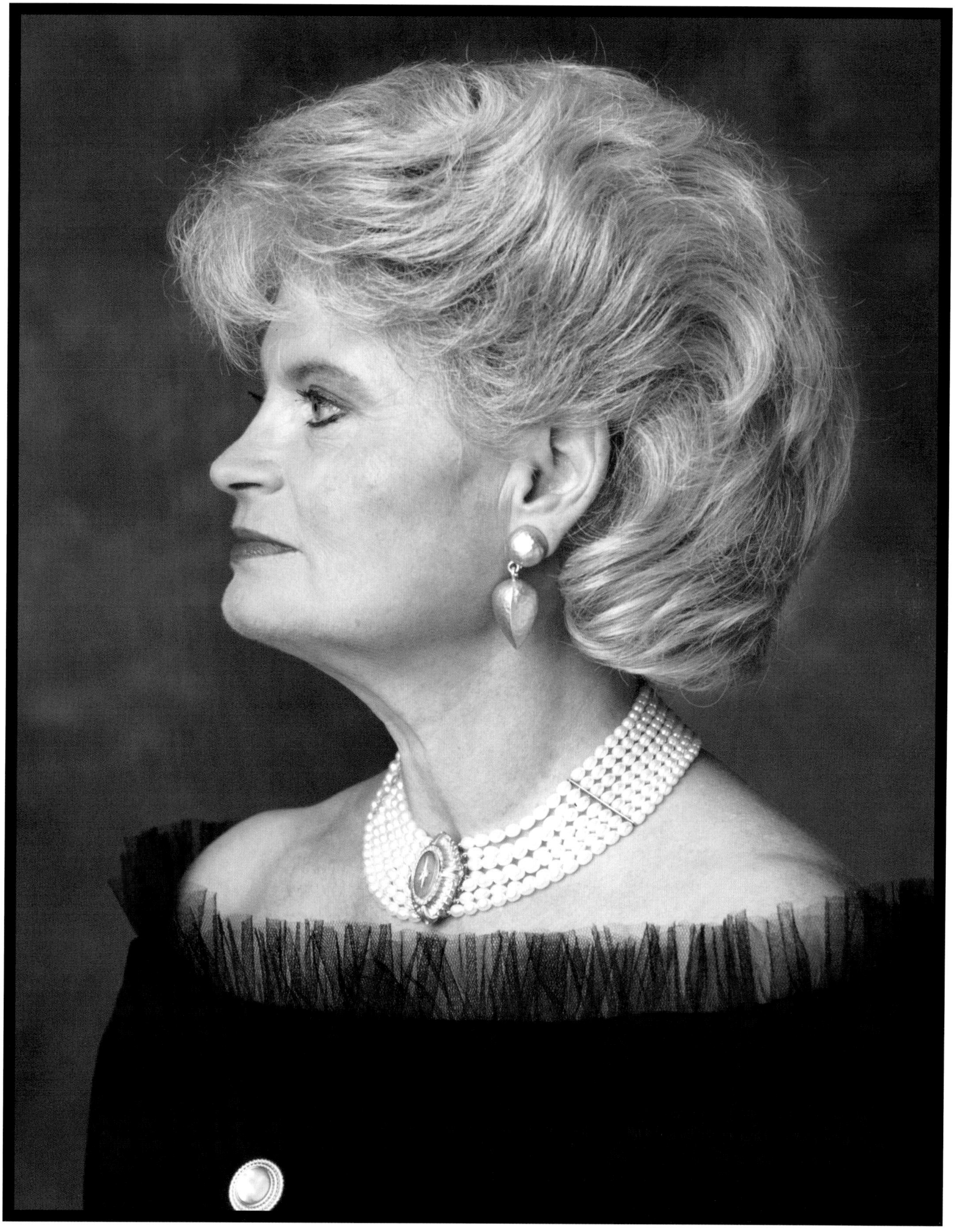

Von Hannelore Kohl mussten wir in diesem Monat Abschied nehmen. Sie war 41 Jahre mit Helmut Kohl verheiratet. Als sie in Oggersheim in den Tod ging, war er in Berlin

Das Märchen von Oslo

August – dieser Monat ließ noch einmal Sonne in unsere Herzen. Wir blickten mit Freude gen Norden, nach Oslo. Dort bewies eine blonde junge Frau, dass Märchen auch im dritten Jahrtausend noch Wirklichkeit werden können. Mette-Marit, das Mädchen aus dem Volk, die neue Prinzessin der Herzen, heiratete den norwegischen Kronprinzen Haakon. Als Trauzeugin bestimmte sie ihre Freundin Linda Taanevik (links). Haakon wählte den dänischen Kronprinzen Frederik (rechts). Und niemand störte sich daran, dass Mette-Marit ihren unehelichen Sohn Marius (links neben den Brautjungfern) mit in diese Ehe brachte. Haakon in seiner Hochzeitsrede: „Du gehörst zu uns wie unser eigenes Kind." Nur König werden kann der blonde Marius nicht.

Nach Mord-Komplott gegen Ehefrau
Killer-Minister schlitzt sich in Gefängnis-Zelle Pulsader auf
PAYBACK macht heute die BILD mehr Wert.
1000 wertvolle Münzen von BILD
Gewinnen Sie morgen Ihre Goldmark!
Trainer-Wette
Lorant fliegt als Erster
Bild.de
Mehr Service, mehr Spaß, mehr Info
Bild
Job-Alarm
Kommt die 4-Tage-Woche?

Boris-Brief an das Russen-Model
Unser Kind kann bei mir leben
SWEET NOVEMBER
Ab heute im Kino!
Griechen wollen Rehhagel
Frentzen
Jetzt rede ich
Bild
1000 Gold-Mark zu gewinnen!
Job-Alarm
Jede 4. Firma will Stellen streichen!

Sex-Partys auf David Coulthards Yacht
Schumis Rivale sexsüchtig?
ARCOR
Wieder 100 Gold-Mark zu gewinnen!
46 Jahre für den Serben-Schlächter
Bild
WM-Zoff
Calmund geht auf Beckenbauer los
Kann Gottschalk uns retten?
Sommer-Schock!
Weniger Weihnachtsgeld?

Große Empörung über unheimliches Projekt
UFO-Sekte will jetzt Hitler klonen!
Hamburg stellt die Fischbrötchen kalt ...
Bundesliga
1. Hammer-Wochenende
100 Gold-Mark warten auf Sie!
Bild
Kann Boris seine Kinder alle gleich lieb haben?
ran gibt Gas
Job-Alarm!
Bei Siemens noch 5000 Stellen weg?

 Mittwoch, 1. August | Donnerstag, 2. August | Freitag, 3. August | Sonnabend, 4. August

Wirtschaft stottert & Schwule trauen sich

Aber den August prägte auch eine diffuse, unbestimmte Angst

Ein Traum für 90 000 Euro

Mercedes ließ die Legende aufleben, die 1954 mit dem berühmten „Flügeltürer" begann: Der neue SL kam größer, schneller und stärker als je zuvor auf den Markt. Aber leider auch teurer – 184 000 Mark (ca. 90 000 Euro) kostet dieser Hightech-Traum mindestens. Auf Knopfdruck schließt sich das Alu-Faltdach in 16 Sekunden automatisch.

Petra Schürmann am Grab der Tochter

Heute wäre deine Hochzeit gewesen

ESSO Hit der Woche

Rummms! Klitschko erobert Amerika

Geheimtreffen in Deutschland

Bild

Job-Alarm! Noch mehr Arbeitslose

Montag, 6. August

Bevor Schwule und Lesben heiraten durften, lehnte der Erste Senat des Bundesverfassungsgerichts einen Eilantrag der Bundesländer Bayern und Sachsen ab, durch den diese Ehen noch verhindert werden sollten.

Für Autonarren beginnt der August mit einem Traum, denn Mercedes stellt die fünfte SL-Generation vor. Dach runter in nur 16 Sekunden, weltweit erstes Auto mit elektrohydraulischer Bremse, 5-l-Achtzylinder mit 306 PS, 250 km/h Spitze, ca. 180 000 Mark teuer!

Für Homosexuelle beginnt der August ebenfalls mit einem Traum, denn ab sofort dürfen sie heiraten. 80 schwule und lesbische Paare tun's gleich am ersten Tag.

Gedränge in den deutschen Standesämtern

Es gab Jubelschreie, Freudentränen und zärtliche Küsse (rechts Reinhard und Felix aus Hamburg), als Deutschlands Schwule und Lesben in die Standesämter drängten, um sich trauen zu lassen. Die Homo-Paare dürfen in der „gleichgeschlechtlichen Ehe" einen gemeinsamen Nachnamen führen, müssen als Lebenspartner vor Gericht nicht gegeneinander aussagen und können nur von einem Familiengericht geschieden werden.

Geheimnisvoller Mordfall in Frankfurt

Für uns alle beginnt der August jedoch mit einem Albtraum. In Frankfurt wird die Leiche einer 16-Jährigen aus dem Main gezogen. Sie ist zusammengekrümmt, in ein Bettlaken gewickelt und an einen Sonnenschirmständer gebunden. Der Körper ist mit frischen Brand- und Schnittwunden übersät. Beide Arme und die linke Hand sind gebrochen, ein Ohr ist zertrümmert. Bei der Obduktion finden sich weitere ältere, unbehandelte Brüche, außerdem tiefe Kopfverletzungen. Das Mädchen hat erhebliches Untergewicht (38 kg bei 1,57 m Größe). Bis Redaktionsschluss dieses Jahrbuches war die Identität der Toten noch immer nicht geklärt.

Mädchenleiche, einem Schirmständer chwert, am Mainufer

● **Der Klärung ganz nahe ist hingegen der Mordfall Julia.** Endlich, die Tat liegt ja schon über einen Monat zurück! Im Keller eines Mietshauses in Biebertal hantiert ein 33-jähriger Familienvater mit Benzin. Es kommt zur Explosion; der Mann wird lebensgefährlich verletzt ins Krankenhaus eingeliefert. Offenbar wollte er mit einem Feuer Spuren verwischen. Sein dunkler Kombi wird beschlagnahmt; so ein Wagen war auch im Wald gesehen worden – dort, wo man Julias verbrannte Leiche fand. Das Auffälligste aber ist: Julia muss am Tag ihres Verschwindens genau an dem Haus vorbeigekommen sein, in dem es jetzt brannte...

Starb Julia in diesem Keller?

Die entscheidende Spur: Der ausgebrannte Keller von Thorsten V., Julias mutmaßlichem Mörder. Die Polizei ist sicher: Hier hat er das Mädchen gequält

Dienstag, 7. August

Mittwoch, 8. August

Donnerstag, 9. August

Freitag, 10. August

Ob David Coulthard wohl ahnt, was hinter seinem Rücken vorgeht? Freund und Freundin sind schon eifrig beim Vorspiel

Simona küsst David Coulthard...

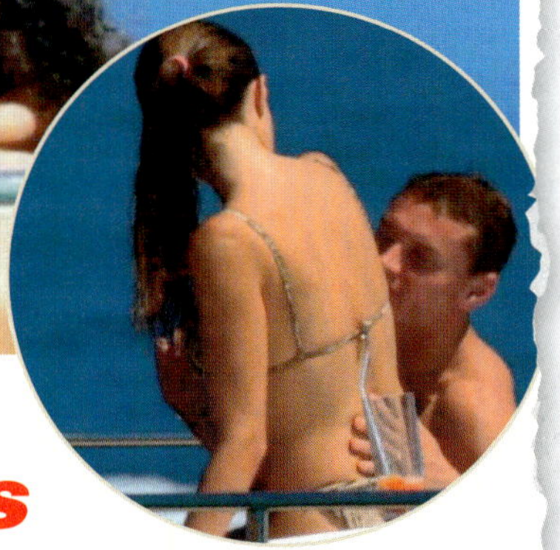

...er streichelt ihren Rücken...

Formel Sex auf David Coulthards Liebesyacht

Sardinien, Costa Smeralda, 37 Grad. Eine leichte Brise ging übers türkisblaue Meer. Genau zu erkennen: Yachtbesitzer und Formel-1-Star David Coulthard. Mit auf der Yacht: Seine brasilianische Flamme Simona Abdelnour (mit nassem Pferdeschwanz). Dazu ein kahlköpfiger Freund Coulthards und dessen lockige Freundin. An diesem heißen Mittag ging es, wie vom Fotografen belegt, besonders hoch her auf der Liebesyacht „Highlander".

Die beiden jungen Damen fotografieren sich zwischen den Sexspielchen mal kurz selbst

Die Coulthard-Yacht „Highlander" (3 Millionen Mark teuer) vor der Küste von Sardinien

...und dann auch noch ihren Po...

Später zupfte Simone ihren äußerst knappen Bikini zurecht und ging

Zwei Taliban-Krieger, von ihren eigenen Leuten gehängt. Angeblich waren sie bestechlich. Deshalb bekamen sie Bündel mit Geldscheinen um den Hals

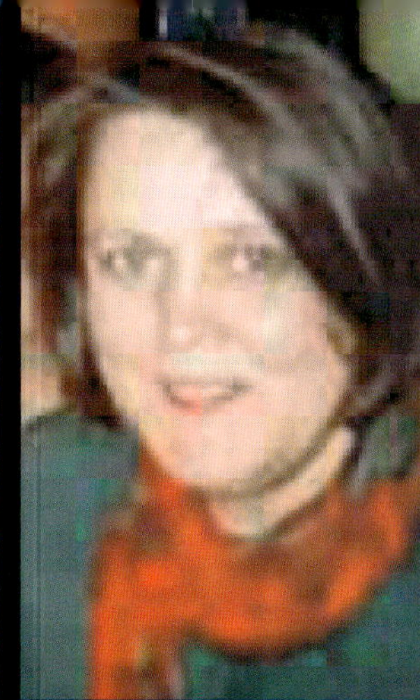

Verhaftet: Margit S. aus Braunschweig

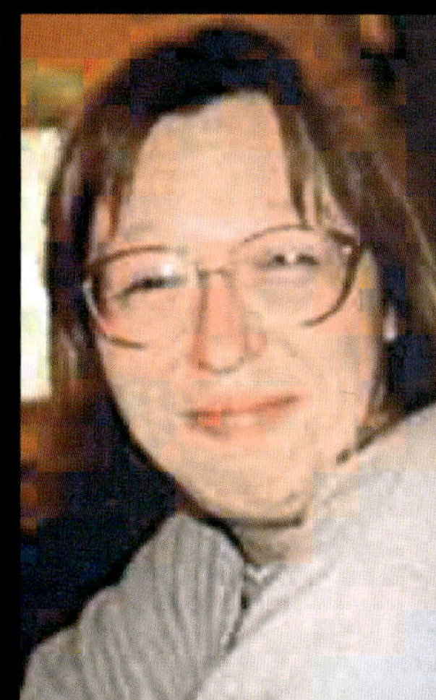

Verhaftet: Silke D. aus Braunschweig

Die Gräueltaten der Taliban

Afghanistan – ein Land in Angst und Schrecken. Politische Gegner werden geschlagen, gequält, gefoltert und öffentlich im Stadion der Hauptstadt Kabul gehängt. Nicht mal vor den deutschen Entwicklungshelfern schrecken die Gotteskrieger zurück. Sie werden ins Gefängnis geworfen, müssen monatelang in fensterlosen Löchern zwischen Skorpionen hausen.

● **Neid-Fotos gehen um die Welt. David Coulthard** urlaubt auf seiner schneeweißen 24m-Yacht „Highlander“ vor Sardiniens Küste im azurblauen Meer; ein Paparazzi hat ihn, **Freundin Simone** und ein zweites Pärchen beim „Sexeln“ erwischt. BILD-Kolumnist David Blieswood kommentiert diese Idylle so: „Eine Yacht ist ein Schloss auf dem Meer... Schweben, Fahren, Ankern, Baden, Trinken, Lachen. Ein tägliches Fest ohne Pflicht – und Ziel. Leben und leben lassen pur. Die Zeit kennt keine Uhr...“

Jede vierte Firma will Arbeitsplätze streichen

Düstere Wirtschafts-Schlagzeilen holen uns aus solchen Träumen aber rasch in die Wirklichkeit zurück. In der ersten Augustwoche kündigen deutsche Arbeitgeber an, dass es in vielen Betrieben weniger oder gar kein Weihnachtsgeld geben wird! Die „fünf Wirtschaftsweisen“ korrigieren ihre Konjunkturprognose nach unten auf nur 1,4 % Wachstum, und jede vierte Firma will Arbeitsplätze streichen. In den August fällt andererseits aber auch das „5000x5000“-Modell von VW, das sich stark an den regionalen Gegebenheiten orientiert und Arbeitslose von der Straße holen kann.

Ich habe Angst um meinen Job

● **Schreckensfotos gehen um die Welt.** Sie zeigen Menschen, die öffentlich ausgepeitscht, gesteinigt und gehängt werden. Sie zeigen Zerstörung und Hungersnot.

Die Bilder kommen aus einem fernen, unheimlichen Land, das einst als „Perle der Wüste“ galt und das von fanatischen Religionskriegern in die Hölle verwandelt worden ist. Warum schaut Deutschland gerade im August dorthin? Vier deutschen Entwicklungshelfern wird christliche Propaganda vorgeworfen. Sie wurden verhaftet. Das Auswärtige Amt kann offenbar nur wenig für sie tun. Man schaute auf diese Bilder im August und man erstarrte innerlich, wenn man über die Grausamkeit des dortigen Regimes las, über mörderisch-radikale Frauenfeindlichkeit und unvorstellbare Armut.

Das Land: **Afghanistan**. Das Regime: Die Taliban. Es waren noch fünf Wochen bis zum 11. September.

Chaos vor der Pizzeria: Der Attentäter hatte die Bombe mit Nageln gefüllt, um möglichst viele Menschen zu töten

Die einen weinen um die Toten, die anderen feiern ihre Morde

Wer soll diesen sinnlosen Hass der Palästinenser noch verstehen? 15 Menschen starben beim Anschlag des Selbstmordattentäters Sen Omar Abu Nazem auf die Pizzeria in Jerusalem. Was die Welt schockierte: Während Israel um seine Toten weinte, bejubelten die Araber den feigen Anschlag, als ob sie gerade ein wichtiges Fußballspiel gewonnen hätten.

Israels Premierminister Ariel Scharon (links) bekam Todesdrohungen von den Terroristen: „Unser Blut ist nicht umsonst!"

In Rom spach Palästinenser-Präsident Jassir Arafat mit dem Papst über den Konflikt (rechts)

Jubelfeiern nach dem Attentat auf den Straßen im Westjordanland: Die Palästinenser feuern vor Freude in die Luft

Mordfall Julia vor Aufklärung
Was weiß seine Ehefrau?
TV-Streit erledigt
Tagesschau zeigt Bundesliga
Bayern bangt um Scholl
Bild
Stoiber Steuern schnell runter!
Der Tag nach dem Attentat
Araber feiern – Israel weint
Bizarrer Sex bei UFO-Sekte

Sonnabend, 11. August

1. Interview mit Helmut Kohl nach dem Freitod seiner Frau
Ich danke allen, die an mich denken
ESSO Hit der Woche
Bild
Schalke 0:0 Stürmer-Krise
Geheimnis Glück
Bundesliga-Krise Wie ist ran noch zu retten?

Montag, 13. August

Dreht Coulthards Boss jetzt durch?
Schumi übel beschimpft!
Ich genieße es, wenn er verliert
Seine Starts sind fragwürdig
Er ist kein Mister Unbesiegbar
Bild
Mordfall Julia Leichenspuren in seinem Haus!
Scheich Berti
Helmut Kohl
Ich erfülle das Vermächtnis meiner Frau
Cholesterin-Pille Schon 52 Tote

Dienstag, 14. August

Der Monat August hat auch sonst etwas Unheimliches. Immer wieder scheint das Böse seine Krakenarme nach uns auszustrecken, und es bekommt eine neue, schreckliche Dimension.

Natürlich war es Zufall, dass sich ausgerechnet im August so viele Prominente in Interviews und Artikeln über die Angst äußerten. Zufall – rückblickend aber auffällig. Zum Beispiel Bayern-Star **Mehmet Scholl**. „Die Lehre des Buddhismus zeigt Lehren auf, auch gegen die Angst", lesen wir in einer August-SportBILD. „Warum hat man Angst... Wenn du versuchst, die Angst zu packen, geht es dir besser..."

Scholls Buddha

Einen prachtvollen Buddha ließ sich Bayern Münchens Fußball-Star Mehmet Scholl auf den rechten Oberarm tätowieren

● **Angst macht auch ein neuer, schlimmer Terroranschlag.** Jerusalem, die überfüllte **Pizzeria „Sbarro"** in der King George und Jaffa-Straße. Viele Eltern sind mit ihren Kindern da, als der fanatische **Selbstmord-Attentäter Sen Omar Abu Nazem** (23) seine 25 kg schwere und mit hunderten von Nägeln gefüllte Splitterbombe zündet. Es gibt 15 Tote, darunter fünf Kinder, und weit über 100 Schwerverletzte. Ein Sprecher der Dschihad kommentierte den Anschlag mit den Worten: „Dies ist das erste Tor der Hölle, das sich heute geöffnet hat."

Es waren noch vier Wochen bis zum 11. September.

● **Angst machen uns die „Raelinaer".** Die kanadische Sekte (auch UFO-Sekte genannt) ist dem Klonen von Menschen offenbar ganz nahe; **Sektenführer „Rael"** will menschliche Sexsklaven züchten und sowohl Jesus als auch Hitler im Reagenzglas klonen.

Irrer Guru?

Sektenführer „Rael" heuerte qualifizierte Wissenschaftler an, um Hitler zu klonen. Der „kleine Adolf" soll von der Kunststudentin Marina Boisellier ausgetragen werden

…enminister Joschka Fischer …n mit seinem israelischen Amts… …egen Peres) reiste durch den …en Osten, um zu vermitteln

15-Jährige schlägt Vergewaltiger nieder
Das mutigste Mädchen des Tages
Länderspiel in Ungarn
Völler bringt heute Doppel-Basti
Frentzen als Lügner beschimpft
Krise bei ran
BILD fordert Runder Tisch im Namen der Fußball-Fans!
Bild

Mittwoch, 15.August

Die UFO-Sekte verhöhnt alle Christen
Bibel-Wunder das Werk von Außerirdischen
Kopf klar?
Na klar!
Schumi hat den Turbo-Blick
Rudi, das hat Spaß gemacht
Neuer Schock für alle Autofahrer
Maut auch für Pkw?
Bild

Donnerstag, 16. August

Sind unsere Ärzte bestechlich?
Skandal-Pille
Nationalelf Die Basti-Fantasti-Gala
Boris gab verletzt auf
Effenberg zu 147 000 Mark verdonnert
Neue Erde entdeckt
Bild

Freitag, 17. August

Was zunächst wie ein wirres Hirngespinst klingt, könnte einen ernst zu nehmenden Hintergrund haben: Im Internet findet sich bereits die „weltweit erste Klonfirma", eine 22-jährige französische Studentin steht zum Austragen des Embryos bereit, und in Deutschland hat die Sekte bereits einen alarmierenden Zulauf. DNA-Spuren von Jesus könnten sich im 1983 geraubten und seitdem verschwundenen „Heiligen Rock von Argenteuil" befinden; aus Hitlers in Moskau unter Verschluss liegendem Schädel würde eventuell ein Knochensplitter reichen.

Auch ein Gruppen-Selbstmord im finsteren Zeichen einer Teufelssekte fiel in diesen August. Bei Reichenbach in Sachsen ketteten sich drei Jugendliche (14–18) aneinander und sprangen von der 73 m hohen **Göltzschtal-Brücke** in den Tod.

Todes-Gefahr durch Medikament Lipobay? Patienten sprechen in BILD
Wir haben Angst um unser Leben!
„Hatte große Schmerzen"
„Bin zutiefst erschrocken"
Die Cholesterin-Pille

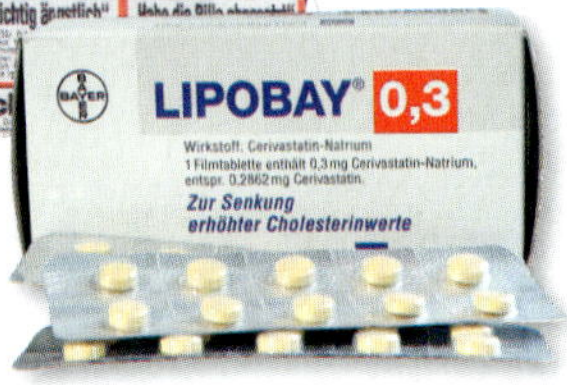

Lipobay und die Angst der Patienten. Die Bayer-Aktien rauschten in den Keller

Gefahr durch Medikamente

Besorgnis erregte im August ein Medizinskandal. Weltweit mindestens 52 Tote durch den **Cholesterin-Senker Lipobay**! Zeitgleich kam heraus, dass viele deutsche Mediziner offenbar seit Jahren geschmiert werden, damit sie bestimmte Medikamente verschreiben. Die Rede ist von teuren Werbegeschenken, von als „Fortbildungsseminaren" getarnten Lustreisen und von Tantiemen, die Apotheker, Krankengymnasten und -transporteure an sie zahlen. Können wir unseren Ärzten noch vertrauen?

Satanskult! Drei Freunde sprangen mit Handschellen in den Tod

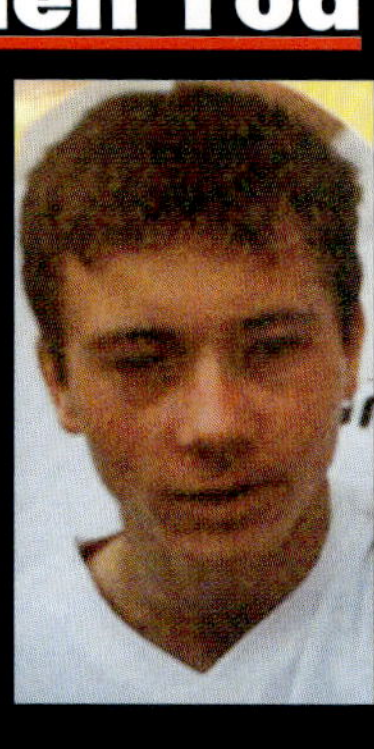

Sie schlichen sich um Mitternacht auf die 574 Meter lange Göltzschtal-Brücke (oben) in Sachsen, ketteten sich mit Handschellen aneinander und sprangen aus 73 Metern in die Tiefe. Die drei Freunde René (links), Mike und Michael (rechts) waren sofort tot. Angeblich waren mindestens zwei von ihnen dem Satanskult verfallen

Vom Fingerhut bis zum Sturmgewehr – die deutschen Fallschirmjäger flogen mit 52 Ausrüstungsteilen nach Mazedonien

Sie müssen deutsche Soldaten in den Krieg schicken

Besorgte Gesichter auf der Regierungsbank: Verteidigungsminister Rudolf Scharping, Bundeskanzler Gerhard Schröder und Außenminister Joschka Fischer in der Bundestagsdebatte über den Einsatz deutscher Soldaten in Mazedonien. Bei der Abstimmung fehlten der Regierung 24 Stimmen aus der eigenen Koalition

Politisch zeichnet sich im August ein Problem ab. Es geht um den geplanten **Mazedonien-Einsatz** deutscher Soldaten. Vieles spricht dafür, dass der Kanzler bei den Grünen nicht genug Rückhalt hat; er könnte auf FDP-Stimmen angewiesen sein. Erst später im Jahr wird das Thema dramatisch, dann ist richtig Krieg, und die Debatte um den Mazedonien-Einsatz erscheint eher harmlos. Noch drei Wochen bis zum 11. September.

● **Bleiben wir beim Militär. Scharping und die Gräfin.** Bade-Fotos, Schmuse-Fotos, Eisschleck-Fotos, Händchen-halt-Fotos. In „BUNTE" zeigt der Verteidigungsminister demonstrativ sein neues Glück. Darf er das, in einer militärisch so kritischen Zeit? Deutschland diskutiert. Zwei BILD-Leserbriefe: „Ihr Verhalten, Herr Minister, empfinden nicht nur viele Soldaten als Geschmacklosigkeit." (K.-W. Welck, Limburgerhof) „Unsere Bundeswehr wird zu einem fragwürdigen Einsatz geschickt, aber unser so genannter Verteidigungsminister turtelt herum." (F. Block, Hamburg) Noch zwei Wochen bis zum 11. September.

Angekreidet wurde Scharping natürlich nicht sein neues Glück, sondern vor allem der Zeitpunkt der Veröffentlichung seiner Privatfotos. Sie lagen genau an dem Tag am Kiosk, als das Kabinett den Mazedonien-Einsatz beschloss! Selbst der Kanzler war „not amused". Viele, die Scharping kennen, glaubten: Er tat's zur Imageverbesserung. Selbst sagte er in BILD: „Jeder Mensch – Politiker sind da keine Ausnahme – darf seine Gefühle offen zeigen."

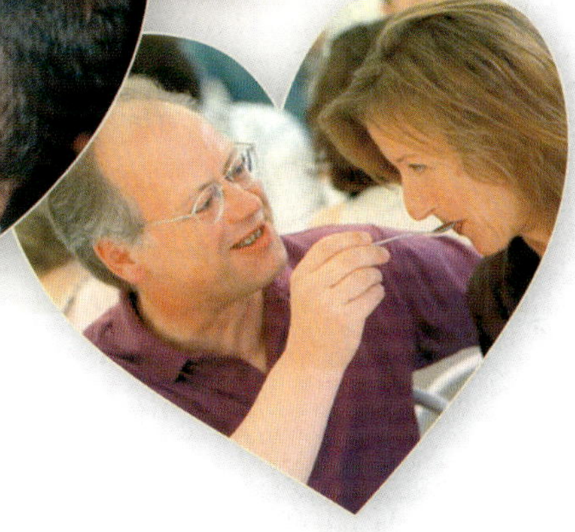

Scharping turtelt mit der Gräfin

Küsschen hier, Küschen da – Rudolf Scharping und Gräfin Pilati genossen in diesem Sommer öffentlich ihr Liebesglück

Champagner, Küsse, Tränen: Schumi wieder Weltmeister

Das Ende des Grand Prix in Budapest (Ungarn): Michael Schumacher weinte bei der Ehrenrunde unter seinem Helm vor Glück und dankte über Bordfunk seinem Team, den Fans und seiner Familie: „Ich erlebe so viel Menschlichkeit, so viel Wärme."

Hoch soll Schumi leben! Teamchef Jean Todt wuchtete seinen Helden auf die Schultern (links). Schumi bedankte sich mit Schampus (oben) und Küsschen bei Corinna

Schumi morgen Weltmeister!
Zu viele Tabletten, die falschen Tabletten, noch mehr Tote
Können wir unseren Ärzten noch vertrauen?
Bild
Agassi hat Steffi „Heirate mich"
DJ Bobo spricht über UFO-Sekte

Sonnabend, 18. August

Schumi weint vor Glück
Ich liebe euch alle!
WELTMEISTER
ESSO
Bild
Petra Schürmann spricht zum ersten Mal nach dem Tod ihrer Tochter Alexandra
Ja, ich dachte an Selbstmord

Montag, 20. August

Die Polizei hat endlich genug Beweise
Er hat Julia ermordet
Bild
Petra Schürmann
Woher nimmt sie so viel Kraft?
ran ab sofort um 19 Uhr
So küsst ein Sieger
Jetzt wird Schumi Milliardär

Dienstag, 21. August

Italiener beleidigen unseren Schumi
Bild
Petra Schürmann
3:0 Bayer
Jeder Tag kostet 6000 Mark
Ärzte kämpfen um das Leben von Julias Mörder

Mittwoch, 22. August

● **Und sportlich?** Da bleibt natürlich zunächst mal Budapest im Gedächtnis. **Schumi holt seinen vierten WM-Titel!** Jetzt ist er wirklich unsterblich, gilt als größter Fahrer aller Zeiten. Legendär die BILD-Schlagzeile: „Ich liebe euch alle!" Sonst noch bemerkenswert: Bayern Münchens Bundesliga-Auftakt stottert (0:1 in Gladbach), auf Schalke wird das neue Stadion eingeweiht (BILD: „Europas schönstes, ein Traum in Blau und Weiß"). Und der restlos ausverkaufte Schiebedach-Kessel (60 204 waren da) sieht ein nervenzerfetzendes Einweihungs-3:3 gegen Leverkusen (plus zwei Lattenkracher). Es war das Spiel, bei dem Assauer mit Zigarre aufs Spielfeld rannte und der Schiri wegen des unglaublichen Lärms seine eigene Pfeife kaum noch hören konnte!

Die Hölle auf Schalke
Glaskuppel, über 60 000 Sitzplätze und Riesenstimmung: Die neue Schalke-Arena gilt als schönstes Fußballstadion der Welt

Was für ein Monat. Deutschland schlägt Ungarn 5:2! Viertligist Wolfsburg (Amateure) fegt im DFB-Pokal die Dortmunder „Millionaros" mit 1:0 vom Platz! Fünftligist Ulm putzt Nürnberg 2:1! Bei der **WM in Edmonton** verliert Suziann Reid (USA) den Stab über 4x400 m und verhilft unseren Mädels dadurch zu Silber! Und „ran" wird vorverlegt auf 19 Uhr, was den Familienfrieden rettet!

Daum on tour: Mietet sich eine Wohnung in der Türkei. Berti on tour: Vogts unterschreibt in Kuwait als Nationaltrainer. Kanzler on tour: Die Sommer-Ostreise, sechs Bundesländer, 34 Orte, zwölf Betriebsbesichtigungen, Abstecher nach Polen und Tschechien.

WM in Edmonton

Hoch gesteckte Ziele der deutschen Leichtathleten vor der Weltmeisterschaft in Edmonton (Kanada). Am Ende sind sie fünfte in der Medaillenwertung. Hauptsache dabei gewesen: So dachte wohl der dicke 100-Meter-Läufer Trevor Misapeka aus Samoa (links). Er lief die 100 Meter in 14,28 Sek. (vier Sekunden langsamer als die Konkurrenz).

Gold für Buss
Siegerschrei: Martin Buss holte im Hochsprung Gold für Deutschland

Gold für Riedel
69,72 Meter weit schleuderte Lars Riedel den Diskus

Serien-Vergewaltiger auf der Flucht

Sogar seine Mutter hat Angst vor ihm

Bild

1000 Weltmeister-Mützen für die BILD-Leser

3:1 Dortmund zauberhaft

Hoffnung für deutsche Wirtschaft

Wirtschaft steht still

Kanzler, tu was!

Bild

Champions League

Glücks-Lose für alle

Erstes Opfer spricht

Heute Königs-Hochzeit des Jahres

Braut in Angst vor Erpressung!

Bild

Deutsche Ärzte heilen Herzinfarkt

Die neue Königin der Herzen

ESSO

Bild

Klinik-Arzt vergewaltigte seine Patientin

Das ehrliche Interview

Kurz vor der Hochzeit gaben Mette-Marit und Haakon im königlichen Palast ein TV-Interview, in dem die Braut offen und ehrlich über ihre Jugendsünden sprach. Dabei zeigten beide, wie sehr sie sich mögen. Erst streichelte der Prinz die Braut, dann legte sie liebevoll ihre Hand auf seinen Arm. Schließlich lachten beide herzlich!

Aber das Schönste im August war doch die Märchenhochzeit zwischen Norwegens Kronprinz Haakon und der süßen blonden Mette-Marit. Sicher, kurz vorher gab es delikate Enthüllungen über das Vorleben der Braut: Der Vater ihres Kindes vorbestraft, ihr eigener ist Sozialhilfeempfänger, und sie hat offenbar Drogenparty-Erfahrung – ein bisschen viel selbst für das sehr tolerante Norweger-Völkchen. Aber die neue „**Königin der Herzen**" überzeugte alle (Zustimmung fürs Königshaus stieg durch sie von 58 auf 63 %). Dieses Lächeln! Dieser Charme! Diese Natürlichkeit! Dieses traumhaft schöne Hochzeitskleid mit der sechs Meter langen Schleppe! Ihr vierjähriger Marius mit den großen, fragenden blauen Augen, der blonden Mähne und dem Kinder-Frack! Und dann diese Rede, die der Kronprinz auf seine Braut hielt. „Du bist gefühlvoll, begeisterungsfähig, brennend engagiert, temperamentvoll... Du hast Rückgrat, Humor und ein großes, warmes Herz... Ich glaube, ich war noch nie mit so viel Adrenalin im Blut auf jemanden so sauer wie auf dich... Ich war nie so schwach und nie so stark. Ich glaube nicht, dass ich jemals so voller Liebe war."
So etwas hatte es in der Geschichte der europäischen Königshäuser noch nie gegeben, und Deutschland wischte sich am Fernseher eine Träne der Rührung aus dem Augenwinkel.

Mette-Marit als neue Prinzessin der Herzen

25. August, 16 Uhr: Der norwegische Kronprinz Haakon führte seine Braut Mette-Marit in der Kathedrale von Oslo zum Traualtar (unten). Die Braut trug ein weißes Seidenkleid mit sechs Meter langer Schleppe, der Bräutigam eine Marineuniform. Sieben Millionen Deutsche verfolgten die Traumhochzeit des Jahres im Fernsehen, viele weinten vor Rührung.

Kronprinz Haakon und Mette-Marit im Schloss von Oslo. Liebevoll achtete er auf die lange Schleppe ihres Kleides, ging Hand in Hand mit ihr in den Festsaal (links). Und immer dabei: Ihr blondes Söhnchen Marius

Für den Hochzeitstanz hatten Mette-Marit und Haakon Unterricht genommen. Die Hochzeitstorte war neun Stockwerke hoch

Ja, sie ist eine echte Prinzessin! Noch mehr als die aus dem Märchen

***BILD*-Skandinavien-Korrespondentin Ingrid Raagaard beobachtete die Hochzeit gerührt:**

Kondition braucht man für ein königliches Festprogramm. Mette-Marit bewies schon vor der Hochzeit, dass sie zumindest die Ausdauer einer echten Blaublütigen hat. Mittwoch: Pressekonferenz, Fototermin. Donnerstag: Fest im Schloss Skaugum mit Freunden, Kronprinzen, Prinzen und Prinzessinnen aus ganz Europa. Freitag: Ankunft der Staatsoberhäupter und Monarchen, Schiffahrt auf dem Oslo-Fjord, abends Galadiner. Samstag dann endlich die Hochzeit mit Abfahrt in die Flitterwochen nach Mitternacht! Gegähnt hat sie trotzdem nicht. Viel und oft geweint, aber gegähnt kein einziges Mal. In jeder Sekunde sah sie aus, wie man sich eine richtige Prinzessin vorstellt. Selbst in jenem schicksalschweren Moment, als sie bei der Pressekonferenz gestand: „Ja, ich habe ein wildes Leben geführt. Ich bereue es ...", bewahrte sie den Glanz, von dem Prinzessinnen auf eine unerklärliche Art umgeben sind. Kein Journalist wagte es, auch nur noch eine bohrende Frage zu diesem mysteriösen wilden Vorleben zu stellen.

BILD-Korrespondentin
Ingrid Raagaard

Am Hochzeitstag fuhr das Paar erst um 16.50 Uhr im offenen Wagen vom Schloss zum Dom. Aber schon morgens um acht war die Carl-Johan – C los wichtigster Boulevc – voll mit Schaulustige Der größte Enthusiast ein Mann: Torbjörn M (22) stand schon ab h fünf Uhr morgens in d Nähe der Domkirche. bewegte sich den gar Tag über keinen Millin ter von seinem Platz! die Frage, wie er sich denn so mit der Toilet vorgestellt hatte, antw

Forscher entdecken Unsterblichkeits-Gen
Gibt es bald die Pille für ewiges Leben?
Nur 5 Minuten – und weg waren die grauen Haare.
JUST FOR MEN
Bild
Prinzessin Mette-Marit
Heimlicher Liebes-Urlaub mit Thronfolger
20 Mio locken
Mehmet Scholl
Bayern-Star verehrt jetzt Buddha
Kritik an Scharpings Bade-Fotos immer heftiger

Dienstag, 28. August

Riesen-Diskussion über Unsterblichkeits-Gen
Wollen wir wirklich 120 Jahre werden?
KARSTADT
Bild
Bundeswehr heute nach Mazedonien
Prinzessin Mette in Deutschland
Wo versteckt sich der Serien-Killer?
Effenberg in Gips

Mittwoch, 29. August

Schlimmster Serien-Vergewaltiger
Bitte, lasst ihn nie mehr laufen
Polizei packte ihn gestern im Park
102 DALMATINER
Jetzt neu auf Video und DVD!
Bild
Oliver Kahn
So schlagen wir die Engländer
Schumi fährt noch mit 40
Holen Sie sich Ihr Glück! Super Bingo
Kommt 2-Klassen-Lohn für alle?

Donnerstag, 30. August

Das Glück einer jungen Familie wurde von diesem Mann zerstört
Ich habe eure Mutter getötet
Endlich andere Mittel
Nebenwirkungsfreie Naturheilpräparate
Bild
Das Länderspiel des Jahres
Jetzt drehen die Engländer durch
Ihr großes Glück mit BILD Super Bingo
Stasi-Vorwurf! TV-Verbot für ARD-Star Ingo Dubinski

Freitag, 31. August

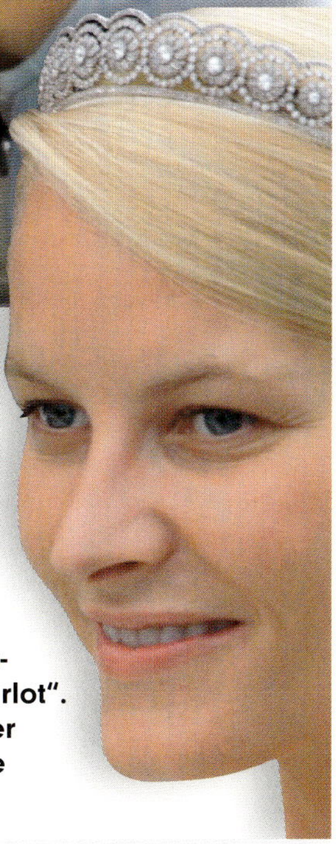

Flitterwochen in New York

In T-Shirts wie normale Touristen: Das Flitterpaar beim Frühstück im New Yorker Restaurant „Le Charlot". Kurze Zeit später rauschten beide im Taxi davon

er empört und ver-
ft: „Heute muss ich
t!"
n kam SIE. Mette-Ma-
ast ungeschminkt, in
m Traumkleid aus
m Stoff und mit klei-
glitzernden Diaman-
im Haar. Nicht ihr Va-
ührte sie zum
altar – sondern ihr
tigam, wie es sich
einer selbstbewußten
en Norwegerin ge-
. Ihr vierjähriges
nchen Marius stiefelte mit großen Augen und im Mini-Frack zu seinem Platz. Mama wurde Prinzessin – ganz begriffen hatte der Knirps es nicht, man sah es ihm an.
Als Bischof Stalsett von Liebe und Leidenschaft sprach, weinte Mette-Marit, und mit ihr weinten fast alle anderen, die dabei waren oder vor den Fernsehschirmen die Trauung verfolgten. Später wurde noch mehr geweint. Es wurde geweint, als Mette-Marit und Kronprinz Haakon sich scheu, aber über alle Maßen glücklich, küssten. Es wurde geweint, als Kronprinz Haakon beim Bankett nach der Hochzeit seine Rede hielt und sich bei seiner Frau für ihre Liebe bedankte.
Ein Prinz, der sich bei seinem Aschenputtel bedankt – das steht noch nicht einmal im Märchenbuch.

Dieser August. Letztlich war es dann doch ein eher ruhiger Monat. Ganz am Schluss regten wir uns noch einmal so richtig auf, weil die Engländer vorm großen **Länderspiel** (Anfang September, 1:5-Schlappe) Hakenkreuz-Fotos druckten, miese Lügen in die Welt setzten (z.B., dass wir ihre Nationalelf mit Starkbier und Blasmusik verunsichern wollten) und kübelweise Schmutz über uns auskippten („steckt euch eure Liegestuhl-Handtücher in den A...!"). Aber was waren das für Sorgen!
Elf Tage nach dem 31. August wussten wir, was Sorgen sind.

Die schlimmste Nacht des Rudi Völler

Deutschland wird von England bei der WM-Fußball-Qualifikation 1:5 „hingerichtet" (so BILD), Torhüter Kahn auf Knien. Und die Engländer verbrennen symbolisch seine Handschuhe (rechts). Teamchef Völler gesteht: „Das war meine schlimmste Nacht"

Wie der August unser Leben veränderte

Wirtschaftspolitik: Warten auf Uncle Sam

Oskar Lafontaine
war von 1998 bis 1999 Bundesfinanzminister, ist Buchautor und BILD-Kolumnist

Am Beginn des Jahres 2001 war die Welt noch in Ordnung. Nicht nur in Deutschland. Auch in Europa glaubte man, der Abschwung in den USA könne der robusten heimischen Wirtschaft nichts anhaben. Übersehen hatten die Optimisten dabei, dass das überdurchschnittliche Wachstum des Jahres 2000 vor allem dem Export, das heißt dem schwachen Euro zu verdanken war. Wieder einmal wurden in Deutschland die Weichen falsch gestellt. Berauscht von den Exporterfolgen vernachlässigten die deutschen Wirtschaftslenker den Binnenmarkt. Die Europäische Notenbank half auch nicht. Sie blieb stur auf der Bremse, als der amerikanische Notenbankchef Alan Greenspan schon längst Gas gegeben hatte. Im Bündnis für Arbeit waren Lohnabschlüsse verabredet worden, die nach Abzug der Preissteigerung die Kaufkraft der Arbeitnehmer und Rentner schwächten.

Und als sei das alles nicht genug, wurden soziale Leistungen beschnitten, die Renten weiter gekürzt und die Ökosteuer auch dann nicht ausgesetzt, als der Ölpreis nach oben schoss. Die BSE-Krise führte zu steigenden Nahrungsmittelpreisen. Spätestens jetzt war der Zeitpunkt gekommen, kräftig gegenzusteuern. Stattdessen wurde die Konjunktur wie nach dem Lehrbuch abgewürgt. Da halfen auch massive Unternehmenssteuersenkungen nicht. Wenn Nachfrage fehlt, wird nicht investiert. Die überzogenen Geschenke an die Großunternehmen plünderten die Kassen von Ländern und Gemeinden. Der Bund blieb auf Sparkurs nach dem Motto: Egal, wie die Konjunktur läuft, die Kasse bleibt zu. Die öffentlichen Bauinvestitionen erreichten einen Tiefstand.

Die neoliberalen Ideologen hatten erfolgreich Überzeugungsarbeit geleistet. Jetzt sagte auch ein sozialdemokratischer Bundesfinanzminister: „Keynes ist tot." Und: „Bei offenen Märkten kann man die Konjunktur nicht steuern." In den USA dachte man anders und man handelte auch anders. Kaum war der Abschwung spürbar, da senkte Greenspan die Zinsen in schnellem Tempo. Kongress und Senat verabschiedeten ein großes Steuersenkungsprogramm. Nach den Terroranschlägen kündigte Bush an, mit weiteren 200 Milliarden Dollar die amerikanische Wirtschaft zu stützen.
Die Lohnentwicklung in Amerika brachte den Arbeitnehmern einen Kaufkraftgewinn. Klar, dass in dem Land von „hire and fire", wo kein Kündigungsschutz gilt, niemand einen flexiblen Arbeitsmarkt forderte. Wäre er so entscheidend für das Wachstum, wie deutsche Ökonomen täglich behaupten, dann dürfte es in den USA keine Rezession geben.

Im Übrigen ist der deutsche Arbeitsmarkt flexibler als angenommen wird. In den 1,7 Millionen Kleinbetrieben mit bis zu fünf Beschäftigten gibt es gar keinen Kündigungsschutz. Zwanzig Prozent der Arbeitnehmer unter dreißig haben nur befristete Arbeitsverträge.
Welche Rolle auch immer der flexible Arbeitsmarkt spielt: Verglichen mit der Aktivität der Bush-Administration wirkte die ruhige Hand des Kanzlers eher wie gelähmt und ratlos.

Am Ende des Jahres 2001 ist Deutschland in einer merkwürdigen Situation: Das Wirtschaftswachstum ist das schwächste in Europa, Arbeitslosigkeit und öffentliche Schulden steigen wieder.
Und was machen wir? Wir warten darauf, dass in den USA das funktioniert, was bei uns angeblich nicht geht: Konjunktursteuerung. Und wenn die Arbeit der anderen Erfolg hat, wird es vielleicht auch bei uns wieder besser.

Besorgte Gesichter auf der Regierungsbank, der Kanzler und sein Finanzminister beraten sich. Es steht nicht gut um das deutsche Wirtschaftswachstum, die Arbeitslosigkeit steigt

Diese Sekunden veränderten unsere Welt

New York, Stadtteil Manhattan-Süd am 11. September 2001 um 9.06 Uhr (Ortszeit). Der nördliche Turm des World Trade Centers brennt, schwarzer Qualm zieht in den blauen Himmel. Von Süden (links) nähert sich ein zweites Flugzeug. Die Boeing 757 rast in den südlichen Turm und explodiert in einem riesigen Feuerball. Bilder des Schreckens, von den Fernsehanstalten live in die ganze Welt übertragen. Spätestens jetzt wussten wir: Dies war kein Unfall, sondern der furchtbarste Terroranschlag, den es je gab. Wir wussten, dass es Krieg geben wird und dass unsere Welt nie wieder so sein wird, wie sie war. Dieser Moment war das Ende unserer Spaßgesellschaft.

Sie rennen um ihr Leben, sie fassen es nicht

Der nördliche Turm des World Trade Centers brennt, knickt leicht nach links und fällt in einer riesigen Staubwolke in sich zusammen. Der Moment, in dem tausende sterben. In Manhattan rennen die Menschen um ihr Leben. Sie retten sich vor den herabstürzenden Trümmerteilen. Wer es schafft, ist mit einer dicken Staubschicht überzogen. In Washington (Foto ganz oben) stehen schockierte Passanten vor der St.-Patrick-Kathedrale. Gerade ist vor ihren Augen ein Teil des Pentagons zusammengestürzt

Zwingen ihn Liebesflüge nach Mallorca zum Rücktritt?
Scharping kämpft um seinen Job
Bild
Engländer terrorisieren unsere Nationalelf

Ihn zogen sie lebend aus diesem Wrack
ESSO Hit der Woche
Rudi Völler
„Meine schlimmste Nacht“
Bild
Neues Super-Bingo!

Deutscher Fußball am Boden
Engländer treten übel nach!
Bild
Kanzler rüffelt verliebten Minister

Neuer Medikamenten-Skandal
Verbotene Sex-Pillen aus Labor geraubt
Bild
Arbeitslosigkeit noch schlimmer

Die Apokalypse

Das Protokoll des 11. September – und wie Deutschland nach den Anschlägen mit den Amerikanern um die Opfer trauerte

Der 11. September 2001 ist ein Dienstag. Leichte Bewölkung über New York. Temperatur 19,4 Grad Celsius. In den 110 Stockwerken des World Trade Centers (WTC) arbeiten 50 000 Menschen; ein Teil von ihnen ist bereits im Büro. Unten warten die ersten Touristen. Täglich werden 150 000 Besucher mit einem der 104 Aufzüge auf das 411 m hohe Dach des Gebäudes geschleust.

► **8.40 Uhr Ortszeit.** Eine Boeing 767 der American Airlines dringt in den Luftraum über New York ein. Direkter Kurs auf das WTC.

► **8.48 Uhr.** Die für einen Langstreckenflug voll getankte Boeing bohrt sich mit 81 Passagieren und elf Besatzungsmitgliedern wie eine Panzerfaust durch die Betonfassade des nördlichen Turms.

► **8.52 Uhr.** Panik im WTC. Tausende Angestellte und Besucher drängen ins Freie.

► **9.06 Uhr.** Alle US-Nachrichtensender übertragen live. Millionen Menschen werden an ihren Bildschirmen Augenzeugen, wie 18 Minuten nach dem ersten Anschlag eine Boeing 757 mit 58 Passagieren und sechs Besatzungsmitgliedern den südlichen Turm rammt.

► **9.17 Uhr.** Alle New Yorker Flughäfen werden geschlossen.

► **9.21 Uhr.** Alle Brücken und Tunnel in New York werden geschlossen.

► **9.30 Uhr.** Präsident Bush erklärt von Florida aus im TV: „Ein Terroranschlag."

► **9.40 Uhr.** Der gesamte Flugverkehr in und mit den USA wird eingestellt.

► **9.43 Uhr.** Washington. Ein dritter Passagierjet, eine Boeing 757, stürzt in das Pentagon.

► **9.47 Uhr.** Das Weiße Haus wird evakuiert.

► **10.01 Uhr.** Der Deutsche Bundestag bricht seine Sitzung ab.

► **10.05 Uhr.** Explosion im südlichen

Rettung Ein Sanitäter trägt eine, blutende junge Frau aus der Gefahrenzone

New York, „Ground Zero“
Das blieb übrig von den 411 Meter hohen Türmen: Ein qualmender, riesiger Trümmerhaufen, den die New Yorker „Ground Zero“ nennen

Von einer weißen Staubschicht überzogen, ragen Stahlträger aus den Trümmern. Feuerwehrmänner suchen vergeblich nach Überlebenden

Spurensicherung: Ein Spezialist beaufsichtigt die Bergung eines Flugzeugreifens

Blick aus einem zerbrochenen Fenster auf „Ground Zero“

Überlebende der Katastrophe sitzen weinend in den Straßen von New York

Helfer tragen ein Opfer fort Weil es keine Tragen mehr gibt, haben sie den Mann in einen Bürostuhl gesetzt

„Ich muss hier raus... Das Schrecklichste, was ich jemals sah...“

BILD-Korrespondent Michael Remke berichtete am 11. September aus New York: *Hunderte von Leuten rennen mich über den Haufen: Angst, Entsetzen, totale Panik. Selbst Polizisten weinen hysterisch. Über dem Financial District fliegen Kampfjets. Es sieht aus, als herrsche Krieg. Ich bin im Moment in der Nähe der Houston Street in Soho. Alle Telefone sind belegt, es geht nichts, die Leute wissen nicht, wie sie nach Hause kommen sollen, wie es ihren Verwandten geht. Die Menschen sind fassungslos, geschockt. Ich habe Angst. Hier machen jetzt die Geschäfte zu, alles rennt nach Norden, alles zu Fuß – hier fahren keine Autos mehr. Die Leute schauen sich fassungslos die Rauchwolken an, mehr ist nicht zu sehen. Es stinkt*

BILD-Korrespondent **Michael Remke**

auch ganz furchtbar chemisch nach verbrannten Kunststoffen. Polizisten sperren alles weiträumig ab, man kommt gar nicht mehr Richtung Süden. Totale Panik, alle Gebäude werden evakuiert, Leute schreien, heulen. O NEIN – gerade stürzt der Südtower des World Trade Centers ein. Unglaublich. Hier stehen tausende von Leuten und schreien. Es ist unfassbar, ich weiß nicht, was ich sagen soll, was hier gerade passiert. Auf der Brooklyn Bridge stehen tausende von Leuten. Die Menschen werden aus dem Financial District evakuiert. Die ganze Gegend, zehn Blocks vom Trade Center entfernt, ist eine einzige Rauchwolke. Menschen tragen Atemschutzmasken. Eine unglaubliche Szenerie: Überall Staub, Papier, Splitter, verletzte Menschen, der Staub und der Rauch dick wie Schnee. ES GIBT KEIN WORLD TRADE CENTER MEHR. Die Leute husten und rennen um ihr Leben, viele sind verletzt. Polizisten sagen: Geht zu den Ambulanzen, verlasst Downtown Manhattan. O mein Gott, ich muss hier raus. Es ist das Schrecklichste, was ich je gesehen habe...

Donnerstag, 6. September

Freitag, 7. September

Sonnabend, 8. September

Montag, 10. September

Turm des WTC. Der Turm stürzt ein.
▶ **10.10 Uhr.** Ein Flügel des Pentagon stürzt ein.
▶ **10.28 Uhr.** Der nördliche Turm des WTC stürzt ein.
▶ **10.48 Uhr.** Die Polizei bestätigt, dass in Pennsylvania eine vierte entführte Maschine abgestürzt ist. Es handelt sich um eine Boeing 757 der United Airlines.

„Bitte kehren Sie an Ihre Arbeitsplätze zurück!"

Zurück zum Schreckensmorgen im World Trade Center. Dianne DeFontes (51, Empfangsdame in einer Anwaltskanzlei) saß im 89. Stock des Nordturms an ihrem Computer. Sie aß ein Joghurt, als die Boeing 767 in den 100. Stock einschlug. Durch die Druckwelle wurde die Bürotür aus den Angeln gerissen und stürzte auf Dianne. Sie schaffte es auf den Flur. Kollegen kamen ihr aus brennenden Büros entgegen. Ein Mann nahm einen Feuerlöscher. Er legte ihn wieder weg: „Dieses Feuer kann ich nicht löschen." DeFontes griff weinend zu ihrem Handy, rief ihre beste Freundin an: „Yolanda, hier ist Feuer und Rauch. Ich liebe dich."
Sie tauschte ihre Pumps gegen Turnschuhe, nahm ihren Rucksack und rannte die Treppen hinunter. Über Lautsprecher kamen Durchsagen: **„Das Gebäude ist sicher. Bitte kehren Sie an Ihre Arbeitsplätze zurück."** Rauchschwaden, die aus Büros und den Fahrstuhlschächten waberten, versperrten Dianne DeFontes die Sicht. Trotzdem lief sie weiter: „Du wirst hier rauskommen." Sie kam raus und lief orientierungslos durch die Straßen Manhattans, bis sie ihr Spiegelbild in einem Schaufenster sah. „Da wusste ich, dass ich lebe."
● **Broker Adam Bayblum, der im 87. Stock arbeitete, zerriss sein T-Shirt, machte die Fetzen nass und verteilte sie als Atemmasken an Kollegen.** Er konnte später auf die Straße flüchten und überlebte. Im 20. Stock ging die Sprinkleranlage an. Feuerwehrleute stürmten in die

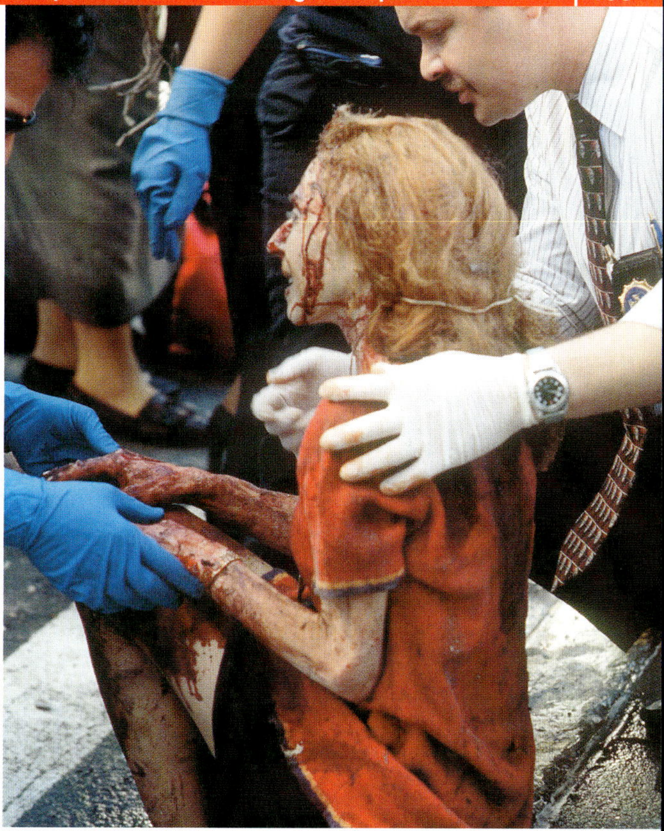

Trost **Eine Frau blutet im Gesicht, an den Armen und Beinen. Ein Helfer hat sie an den Straßenrand gesetzt, tröstet sie**

Washington: Panik am Sitz der US-Regierung

Der Moment, in dem Präsident George W. Bush von der Tragödie in New York und Washington erfuhr: Beim Besuch einer Grundschule flüsterte ihm ein Mitarbeiter die schockierende Nachricht ins Ohr. Bush verließ sofort die Veranstaltung. Der Präsident wurde aus Sicherheitsgründen vorübergehend in einen Atombunker in Barksdale (Louisiana) geflogen. Von dort hielt er eine Ansprache an die amerikanische Nation. Abends brachte ihn die Präsidenten-Maschine „Air Force One" (Boeing 747) zurück nach Washington

Eingestürzt **Das fünfeckige Pentagon in Washington nach dem Einschlag der dritten Maschine**

Justiz-Skandal!
Mörder & Mörderin in Doppel-Zelle
...und die Pille gibt's gratis dazu
Bild
Scharping übertebt 1. Verhör
Nina Ruge
Heimliche Hochzeit in Italien
Angst vor Börsen-Krach
▶ Aktien im freien Fall ▶ Telekom fiel unter Ausgabe-Preis

Dienstag, 11. September

oberen Stockwerke. Sie wurden mit Jubel empfangen.

● **Um 9.00 Uhr rief der Angestellte Robert DeAngelis seine Frau Denis aus dem Südturm an:** „O mein Gott, im anderen Tower springen sie aus den Fenstern." Seine Frau sah die Live-Übertragung vom World Trade Center im TV und schrie: „Robert, ein anderes Flugzeug kommt, flieh!" Als beim Einschlag im Südturm die Verbindung abbrach, flüsterte sie: „Ich liebe dich." Robert DeAngelis kam ums Leben.

● **Im 81. Stock schaute Stanley Praimnath aus dem Fenster und sah das Flugzeug kommen.** Die Aufschrift United Airlines war so nah, dass er sie lesen konnte. In Panik warf er sich unter seinen Schreibtisch und betete. Glas- und Stahlsplitter wurden durch sein Büro geschleudert. Stanley Praimnath überlebte.

Die im Nordturm eingeschlossenen Menschen sahen mit an, wie der Südturm einstürzte. Dann fiel auch ihr Turm zusammen.

Die Notaufnahmen waren blitzschnell überfüllt

Die Stunden nach den Anschlägen. Im Umkreis von zehn Häuserblocks ist alles in einer dichten Rauchwolke verschwunden. Dort flirrt die Luft fiebernd heiß. Groteske Bilder voller Dreck, Trümmer und Blut. Verletzte laufen orientierungslos umher. Sie husten, weinen und schreien um Hilfe. Die Notaufnahmen der umliegenden Kliniken sind blitzschnell überfüllt. Hilflose Polizisten versuchen, die Lage in den Griff zu kriegen: „Geht raus

Schmerz
Ein Feuerwehrmann salutiert zu Ehren seiner toten Kameraden. Es zerreißt ihm fast das Herz, er verliert die Fassung

Tausende Tote in Amerika! Die Welt in Angst! Gibt es Krieg?
7 Sonder-Seiten
Großer Gott, steh uns bei!
Bild
Die entführte Boeing rast in das World Trade Center

Mittwoch, 12. September

11 Sonder-Seiten
Der Tag danach
Bild
www.bild.de +++ Aktuelle Nachrichten aus Amerika rund um die Uhr +++ www.bild.de

Donnerstag, 13. September

FBI identifiziert Attentäter von New York
Terror-Bestie lebte acht Jahre in Deutschland
Bild
Er steuerte das 1. Todes-Flugzeug
Aktuelle Infos rund um die Uhr
Demo gegen den Terror
Fünf Feuerwehrleute lebend geborgen

Freitag, 14. September

Neue Terror-Kommandos unterwegs?
Angst!
Bild
Die Terror-Piloten
Ihre geheime Zentrale in Deutschland
Sie haben alles bei uns geplant – Seite 4

Sonnabend, 15. September

Viele hoffen noch, andere trauern

Ein kleiner Junge (mit dem Sternenbanner) und ein Mädchen mit der US-Flagge (oben) – sie trauern um ihren Vater. Michael Horrocks war Co-Pilot der zweiten Maschine, die ins World Trade Center raste. Andere sind noch voller Hoffnung, suchen in den Straßen nach Angehörigen

Sie suchen ihre Liebsten

Auch deshalb müssen wir an der Seite der Amerikaner stehen
270 Deutsche unter diesen Trümmern?
Bild

Montag, 17. September

Heute vor einer Woche zerstörten Terroristen den Frieden
Ist der Krieg noch zu verhindern?
Bild
Afghanistan und Pakistan ziehen Truppen zusammen Sondergipfel der EU Präsident Bush will Terror-Chef bin Laden tot oder lebendig

Dienstag, 18. September

aus Downtown Manhattan, sucht einen Krankenwagen!" Über Radio und Fernsehen wird zu Blutspenden aufgerufen. Viele Retter brechen mit Weinkrämpfen zusammen.

Auf der Brooklyn Bridge, die Manhattan und Brooklyn verbindet, stehen tausende Menschen. Sie fallen sich weinend in die Arme. Riesige Rauchschwaden schwärzen den gesamten Financial District mit der berühmten New Yorker Börse. Eine Million Menschen werden evakuiert.

Noch am gleichen Tag fällt der Name des Drahtziehers: **Osama Bin Laden.** Er hatte drei Wochen vor den Anschlägen dem Chefredakteur der arabischen Zeitung **„Al-Quds al-Arabi"**, Abdel Bari Atwan, gegenüber erklärt, dass er einen großen Anschlag auf Amerika plane. Auch westliche Geheimdienste haben konkrete Hinweise darauf, dass Bin Laden hinter den Attentaten steckt. Der israelische Geheimdienst Mossad hatte fünf Tage vor der Tragödie eine Nachricht („Red Alert") an CIA-Chef Ge-

Kirche blieb stehen – ein Bibel-Wunder?

Die Trümmer zerschmetterten alles rund um das World Trade Center – nur diese kleine Kirche nicht. Die St. Paul's Chapel hielt der mächtigen Druckwelle beim Einsturz stand, blieb als einziger Bau im weiten Umkreis unbeschädigt. Nicht einmal die grazile Turmspitze wurde angekratzt (unten). Die New Yorker sprachen von einem Bibel-Wunder.

Kriegs-Angst!

Kanzler, wie schlimm wird es für uns?

Bild

Bittere Gewissheit! Hundert Deutsche tot unter den Trümmern

Kopfschmerz-attacken

vivimed

Die starke Entscheidung!

SUPER-BINGO

0:0 0:1

Hört Schumi auf?

Verliert sie ihren Job?

Mittwoch, 19. September

Der Kanzler beruhigt die Deutschen

Bild

„Wir haben keinen Krieg"

„Es gibt keinen Anlass zu Furcht und Panik"

„Die Terroristen werden zur Rechenschaft gezogen"

Kopfschmerz-attacken

vivimed

Die starke Entscheidung!

Schumi Urlaub in USA abgesagt

Champions-League

2:3 Schalke schon vor dem Aus

0:0 Dortmund stoppt Owen

Zigaretten werden teurer!

Donnerstag, 20. September

Das Beweis-Foto des FBI

Hier steigt der Terrorist ins Flugzeug

Bild

Kopfschmerz-attacken

vivimed

Die starke Entscheidung!

Dortmund Für 20 Mio noch ein Brasilianer

Ehe-Affäre Christiansen

Freitag, 21. September

Rachels Verlobter in den Trümmern begraben

Ihr Liebster ist tot!

Bild

Deutscher General warnt vor Blutbad

EuropAha

Der Samba-Hit

Schumi, komm zu uns und fahr!

Sonnabend, 22. September

orge Tenet geschickt: **Mit hoher Wahrscheinlichkeit plane Bin Laden einen spektakulären Schlag gegen die USA.**

„Monumentaler Kampf des Guten gegen das Böse“

Am Tag nach dem 11. September weicht das Entsetzen der Wut. „Wir werden die Welt zusammenrufen im Kampf gegen den Terrorismus“, sagt George W. Bush. „Es ist ein monumentaler Kampf des Guten gegen das Böse. Wir werden keinen Unter-

Helden Es gab in diesen Tagen viele tapfere Menschen in New York. Zum Beispiel die Feuerwehrmänner, die auf den Trümmern die US-Flagge hissten. Oder Rudolph Giuliani, der Bürgermeister. Selbst vom Krebs gezeichnet, sprach er allen Mut zu. Oft dabei: Hillary Clinton. Die Gattin des Ex-Präsidenten ist Senatorin von New York

Bush schmiedet Allianz gegen die Gotteskrieger

Nur wenige Stunden nach den Anschlägen verdichtete sich der Verdacht: Dieses Grauen konnte nur ein Mann inszeniert haben – Osama Bin Laden (links), der erklärte Feind Amerikas. US-Präsident Bush (links außen) telefonierte mit Staatsmännern in allen Kontinenten, um eine Antiterror-Koalition gegen den Feind zu schmieden. In Afghanistan rüstete Bin Laden sich mit den Taliban-Kriegern für den „Heiligen Krieg“ gegen die „Ungläubigen“. Die Taliban feierten schon ihren Sieg, bevor der Krieg begonnen hatte (rechts)

Sogar den Bart abrasiert?
Bin Laden spurlos verschwunden
ESSO Hit der Woche
Spezial-Kommando jagt ihn
Er hat Millionen-Konto in Deutschland Neue Attentats-Welle befürchtet
Die Wahl in Hamburg
Rot-Grün verliert die Mehrheit
Bild

Dr. med. Rath Gesund bis ins hohe Alter!
Richter Gnadenlos Mischt er ganz Deutschland auf?
Nach seinem Sensations-Wahlsieg in Hamburg zittern Parteien und Politiker
Ulla Kock am Brink
Das ist bin Ladens Kriegserklärung
Bild

 Montag 24. September | Dienstag, 25. September

schied machen zwischen den Terroristen und denjenigen, die sie unterstützen."
Das US-Verteidigungsministerium kündigt eine militärische Reaktion an. „Es wird ein Feldzug, keine einzelne Aktion", sagt der stellvertretende Verteidigungsminister Paul Wolfowitz.

Wie die Kulissen eines Katastrophenfilmes ragen die fünf Stockwerke hohen Trümmer des World Trade Centers in den Himmel. 3000 Mann der Nationalgarde sind angerückt, um bei den Aufräumarbeiten zu helfen. Sie arbeiten sich mit Kränen und Baggern, unterstützt von Suchhunden und Schall-Sensoren, durch die Massen Stahl und Beton. Immer wieder müssen Helfer abgezogen und von Seelsorgern betreut werden. Sie können das Leid, das sie sehen, nicht ertragen. Überall auf den Straßen liegen Leichenteile verstreut. „Am schlimmsten ist, dass wir mit unseren Fahrzeugen über die Toten fahren müssen", sagt Nationalgardist Angelo Otchy. „Ich bin bestimmt schon über tausende Körper gefahren." Tag und Nacht fahren Fähren die geborgenen Leichen über den Hudson. Taxifahrer bauen die Bänke in ihren Autos aus, um beim Abtransport zu helfen. Noch zwölf Stunden nach den Anschlägen melden sich Überlebende über Handy aus den Trümmern: **„Holt uns hier raus!" Dann kommen keine Handy-Anrufe mehr.**

Ganz Deutschland gedachte der Terroropfer

Am Donnerstag, dem 13. September, ruht in Deutschland um Punkt zehn Uhr der Verkehr. Wir legen die Arbeit nieder. Unsere Nation gedenkt fünf Schweigeminuten lang der Opfer in Amerika. Was wir alle fühlen, sagt ein Foto am besten: Es zeigt **drei New**

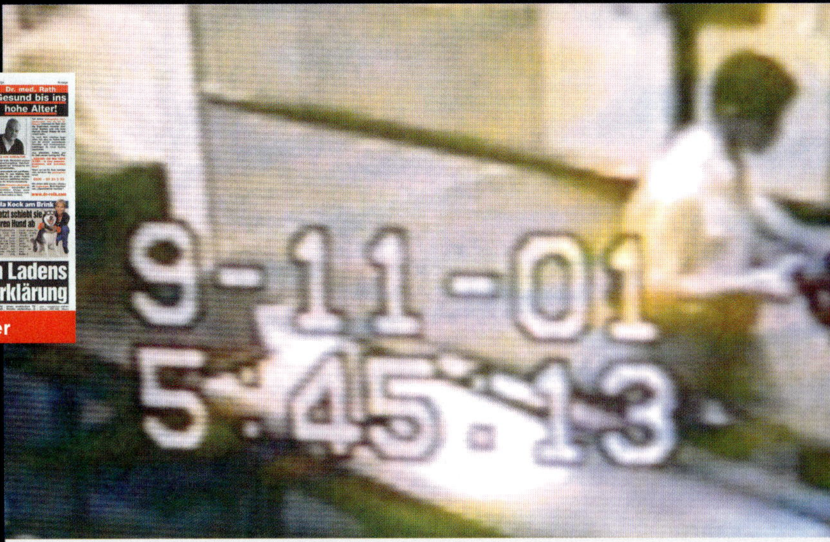

In Deutschland planten die Terroristen ihre Anschläge

Die Terroristen lebten unter uns. Unauffällig, fleißig, wissbegierig. Das war die eine Seite. Die andere: Sie trafen sich heimlich mit Abgesandten des Terrorfürsten Osama Bin Laden. Sie planten eiskalt die vier Anschläge von New York, Pennsylvania und Washington. Bei drei Flügen gilt als gesichert, wer am Steuerknüppel saß:

Er flog American Airlines 11

Mohamed Atta (†33)

Mohamed Atta steuerte den Todesflug American Airlines 11 um 8.48 Uhr in den Nordturm des World Trade Centers. Er war seit 1992 Student an der TU Hamburg-Harburg, hinterließ seinem Professor diese Widmung: „Mein Gebet und meine Opferung und mein Leben und mein Tod gehören Allah..."

Er flog United Airlines 175

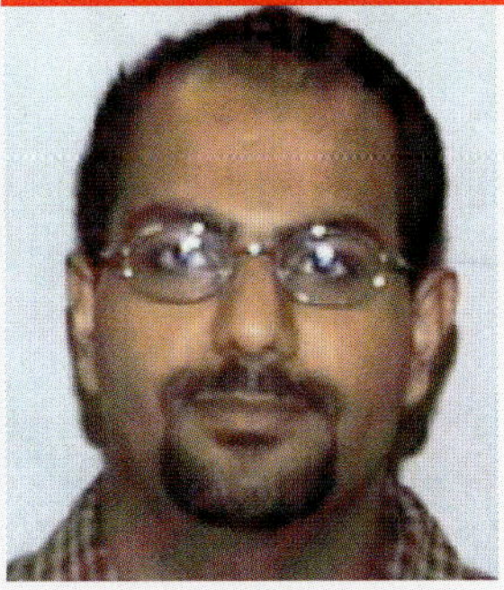
Marwan Al-Shehhi (†23)

Marwan Al-Shehhi (ein Bauernsohn) lenkte die Maschine United Airlines 175 um 9.06 Uhr in den Südturm des World Trade Centers. Er lebte erst in Bonn, studierte aber seit 1999 wie Atta an der Technischen Universität Hamburg-Harburg. Dort quartierte er sich in der Wohnung seines Terrorfreundes Mohamed Atta ein.

Er flog United Airlines 93

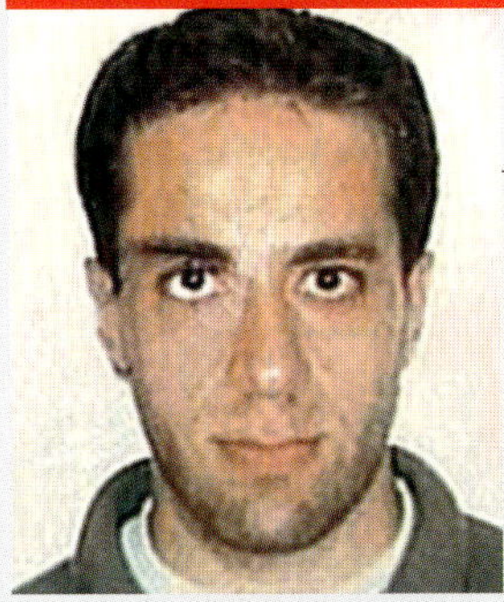
Ziad Samir Jarrah (†26)

Ziad Samir Jarrah entführte United Airlines 93, die in Pennsylvania abstürzte. Der Sohn eines Versicherungsdirektors aus Beirut lernte an der Uni Greifswald Deutsch. Dort verliebte er sich in die Medizinstudentin Aysle (25, Türkin) aus Bochum. Später zog auch Jarrah zu Atta nach Hamburg, lebte aber auch zeitweise in Bochum.

Doppelleben Aufgenommen in einer Diskothek: Terrorpilot Ziad Samir Jarrah tanzt ausgelassen mit Freunden

as letzte Foto
n Mann in dunkler
se und blauem
emd passiert am 11.
ptember um 5.45
r die Sicherheits-
ntrolle: Mohamed
ta auf dem Flugha-
n Portland

Greifswald
Hamburg
Berlin
Bochum
Düsseldorf
Bonn
Frankfurt
Karlsruhe
Baden-Baden
München

Das Nest des Bösen: In Hamburg planten die Terrorpiloten **Mohamed Atta, Marwan Al-Shehhi** und **Ziad Samir Jarrah** (v. links) den Anschlag auf das World Trade Center. Sie studierten an der Technischen Universität (links), tarnten sich als Autohändler. Ihr Komplize

Said Bahaji besorgte falsche Pässe. Er konnte flüchten, ließ seine Frau Nese zurück

An der Universität Greifswald (Foto) lernte Terrorpilot **Ziad Samir Jarrah** Deutsch. Er wollte Biochemie studieren. Hier verliebte er sich auch in **Aysle**

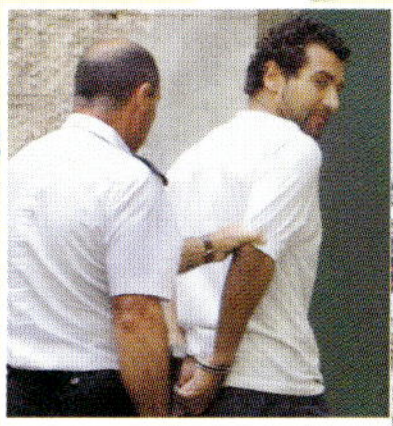

Bin Ladens Terrorfährte in **Berlin**: Im Juni ging sein mutmaßlicher Europachef **Mohammed Bensakhria** (Foto) Fahndern in Alicante (Spanien) ins Netz. Zwei Wohnungen in Berlin dienten dem Freund des Terroristenführer abwechselnd als Unterschlupf. Bensakhria soll schon bald vor Gericht gestellt werden.

Nizar Trabelsi, ehemaliger Bundesliga-Stürmer von **Fortuna Düsseldorf**, wurde festgenommen. In seiner Wohng fanden Polizisten eine Mahinenpistole

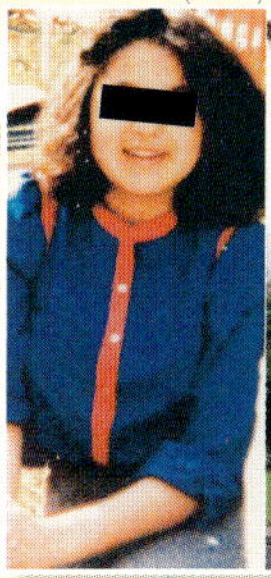

Zufluchtsort **Bochum: Ziad Samir Jarrah** traf sich hier oft mit seiner Freundin **Aysle**. Die Medizinstudentin ahnte nichts von seinen Plänen, wollte den Terroristen heiraten

In diesem Zimmer (10 qm, Miete 550 Mark/Monat) lebte **Marwan Al-Shehhi** 1996 für vier Monate zur Untermiete. Bevor er zur Vorbereing der Anschläge nach Hamburg zog, bechte er regelmäßig Vorlesungen der Universät **Bonn**

Die Technische Universität **Karlsruhe**: Auch hier wurden Studenten via Internet von militanten Islamisten angeworben

Im September 1998 wurde der Sudanese **Mamdu Mahmud Salim** in Grüneck (Bayern) verhaftet. Er war auf Einladung eines ägyptischen Freundes in Deutschland, galt als Finanzminister Bin Ladens. Drei Monate später wurde er an die USA ausgeliefert

Im Dezember 2000 wurden vier Frankfurter Terroristen festgenommen. Sie hatten von Baden-Baden aus einen **Anschlag auf den Straßburger Weihnachtsmarkt** geplant. Die Ermittler fanden 20 kg Kaliumpermannat (Foto, zum Bombenbau geeigneter Grundstoff)

Wir sind Muslime, wir hassen den Terror, wir lieben Amerika

Über 3 Millionen Muslime leben in Deutschland. Sie selbst oder ihre Vorfahren stammen aus der Türkei, Tunesien, Ägypten oder dem Sudan. Viele Muslime in Deutschland und der ganzen Welt leiden, weil die Attentäter von New York im Namen Allahs töteten. Weil ihr Glaube missbraucht wurde, um einen schrecklichen Massenmord zu begründen. Hier sprechen sie über den Terror, ihr Leiden, ihre Hoffnungen und Ängste und ihren Glauben. Sie sagen: „Wir hassen den Terror, wir lieben Amerika."

Solidarität In Deutschland, in Amerika – überall in der Welt trafen sich Muslime, um zu trauern. Sie zündeten Kerzen an und beteten

Mittwoch, 26. September

Donnerstag, 27. September

Putin liest BILD

Russlands Präsident Wladimir Putin las aufmerksam BILD und gab BILD-Chefredakteur Kai Diekmann ein großes Interview: „Deutschland gehört zu unseren führenden Partnern"

Yorker Feuerwehrmänner, die auf den Trümmern des World Trade Centers die US-Flagge hissen. Die Männer tragen die blaue Uniform, in der über 300 Kollegen von ihnen ums Leben kamen. BILD schreibt zu diesem ergreifenden Foto: „Die Kamikaze-Flieger des Bösen haben gemauerte Symbole der USA in Asche gelegt. Aber den amerikanischen Traum wird Menschenhand im neuen Jahrtausend nicht zerstören können. **Das Sternenbanner weht – auch über einer Welt, die nie mehr so sein wird, wie sie vor dem 11. September war.**"

„Entweder sind Sie mit uns oder mit dem Terror"

Drei Tage nach den Anschlägen ist klar, dass die entscheidenden Spuren bei der Tätersuche nach **Deutschland** führen. Die Haupttäter, darunter **Mohamed Atta,** waren als Studenten an der **Universität Hamburg-Harburg** eingeschrieben. Sie hatten sogar eine islamische Studentengruppe gegründet („AG Islam").

Genau eine Woche nach den Anschlägen wird die Wall Street geöffnet. Am Broadway wird wieder gespielt. Erst wenig mehr als 200 Opfer sind geborgen. Die Vermisstenzahl pendelt sich bei 4000 ein. **Präsident Bush** erklärt dem Terrorismus vor dem US-Kongress offiziell den Krieg und verlangt ultimativ die Auslieferung von Bin Laden. „Jede Nation muss sich nun entscheiden: **Entweder ist sie mit uns oder mit den Terroristen.** Von diesem Tag an werden die Vereinigten Staaten jede Regierung, die weiterhin Terroristen beherbergt oder unterstützt, als feindliches Regime betrachten."

200 000 gingen in Berlin für Amerika auf die Straße

Sie kamen zur großen Trauerkundgebung vor dem Brandenburger Tor. Sie zeigten zusammen mit Bundeskanzler Schröder, FDP-Fraktionschef Gerhardt, Bundestagspräsident Thierse und Bundespräsident Rau (v. links) ihre Trauer und ihren Zorn über die Anschläge. Auch in vielen anderen Großstädten gab es Trauerkundgebungen.

Sie trauten sich und sagten „Ja“

Herzog & Baronin Alt-Bundespräsident Roman Herzog heiratete seine Lebensgefährtin Alexandra Freifrau von Berlichingen. Zur geheimen Hochzeit waren nur engste Freunde eingeladen

Heiner & Viktoria Schauspieler Heiner Lauterbach und Freundin Viktoria feierten den Bund fürs Leben in München mit 25 Leibwächtern. bild.de sendete live aus der Kirche

Jaguar-Mann & ZDF-Frau Automanager Dr. Wolfgang Reitzle (Jaguar) und ZDF-Star Nina Ruge („Leute heute“) mogelten sich in der Toskana aufs Standesamt

Total verknallt in Schlager-König Ralph Siegel

Das ist Naddels neue Liebe

Bild

Terror-Alarm

Luftraum über Schumi gesperrt

Ich lüge nicht

Passagier-Jets zum Abschuss frei!

Freitag, 28. September

Exklusiv

Der Terror-Befehl

Bild

Bekenner-Schreiben von Todespilot Atta entdeckt

Ja, es ist aus!

SPD droht Grünen

Sonnabend, 29. September

Der 11. September und die Tage danach lassen alle anderen Ereignisse des Monats verblassen. Dennoch hier eine Zusammenfassung.

Das „Spiel der Schande“: 1:5 gegen England

● Es gab im September **Wirbel um Minister Scharping.** Er bekam Ärger wegen seiner Vielfliegerei und kämpfte verzweifelt um seinen Job.
● Es gab im September **Trauer um Herzchirurg Christiaan Barnard.** Er starb auf Zypern im Alter von 78 Jahren ausgerechnet am Herzinfarkt.
● Es gab im September **Wut auf unsere schwache Nationalelf.** Im Fußball-„Spiel der Schande“ schlug uns England 5:1; damit war uns der direkte Weg zur WM verbaut.
● Es gab im September **Sorgen um Ingrid Steeger**, die an schwersten Depressionen litt und angeblich Selbstmordgedanken hatte.
● Es gab im September **Glückwünsche** für gleich drei prominente Paare, die sich trauten: **Roman Herzog und Alexandra Freifrau von Berlichingen** heirateten in Österreich, **Heiner Lauterbach und Viktoria Skaf** am Starnberger See, **Nina Ruge** und Jaguar-Chef **Wolfgang Reitzle** in der Toskana.
● Es gab im September **Tuschelei und Skandale** um diese Prominenten: **Sabine Christiansen** verlor ihren Mann an ihre Freundin **Ulla Kock am Brink**, Schlagerstar **Ireen Sheer** verliebte sich kurz vor der Silberhochzeit in einen Freund ihres Mannes, und wir freuten uns über **Naddels** neues Glück (**Ralph Siegel**). Ganz spannend ist es, noch einmal die O-Töne nachzulesen (BILD, 29. September): „Bei ihm fühle ich mit 100 % als Frau… Er trägt mich auf Händen… Ein Mann mit Lebens- und Liebeserfahrung… Wenn ich Ralph sehe, habe ich dieses irre Kribbeln im Bauch…“
Wie kurzlebig Nachrichten manchmal sein können, erfuhren wir dann am 11. Oktober. Auf Seite 1 der BILD-Zeitung las das staunende Publikum: **„Naddel und ihr Schlager-Millionär – Trennung per SMS“**

In Hamburg stürzte Schill Rot-Grün

Roland Schill, der politische Aufsteiger des Jahres. Bei der Bürgerschaftswahl in Hamburg holte der als „Richter Gnadenlos“ bekannte Neu-Politiker mit seiner Schill-Partei auf Anhieb 19,4 Prozent. Er hatte fast ausschließlich aufs Thema Innere Sicherheit gesetzt. Sein Erfolg war das Aus für den rot-grünen Senat. Die CDU ging mit Schill und der FDP eine Koalition ein. Schill wurde Innensenator und kündigte an, demnächst bundesweit antreten zu wollen.

Naddel und Siegel – hier trügt der Schein

Naddel verlässt das Hotel „Bayerischer Hof" in München...

...Ralph Siegel öffnet ihr die Tür seines Mercedes...

...und beide brausen beglückt zu seiner Villa

Sabine Christiansen: Trau, schau, wem...

Seit dem Sommer ein Paar: Ulla Kock am Brink mit Theo Baltz

„**Sabine Christiansens** Ehe kaputt", meldete BILD am 15. September exklusiv. Kaum ein Society-Ereignis wurde 2001 kontroverser diskutiert. Denn ausgerechnet Frau Christiansens Freundin **Ulla Kock am Brink** war der Trennungsgrund. Wenn man heute rückblickend die Fotos sieht, geht einem das alles noch einmal durch den Kopf. Unten die beiden Ladys mit Herzensbrecher **Baltz,** rechts die Christiansen skeptisch, nachdenklich. Trau, schau wem...

Die Ehefrau, der Mann, die Geliebte. Theo Baltz wie der Hahn im Korb. Das Foto entstand ein Jahr vor der Trennung

Wie der September unser Leben veränderte

Die NATO sucht nach neuer Sinngebung

Peter Scholl-Latour
TV-Journalist, Nahost-Experte, Buchautor, war Kriegsberichterstatter in Vietnam

Hat der 11. September tatsächlich die Welt verändert? Oder sind es nur die Bilder des Grauens, die im kollektiven Gedächtnis haften bleiben? Mit dem Abstand von drei Monaten können wir einige grundlegende Veränderungen festhalten. Amerika legt in der Abwehr des Terrorismus eine grimmige patriotische Entschlossenheit an den Tag und scheint gewillt, seine Rolle als imperiale Großmacht voll auszuspielen. Das frühere Prinzip amerikanischer Kriegsführung unter Bill Clinton, „no dead – keine eigenen Toten", gilt heute nicht mehr. Präsident George W. Bush hat einen Kampf gegen das „Böse" angesagt, der sich eventuell über Jahre und weite Regionen des Erdballs erstrecken wird. Nach der Katastrophe von New York sei sein Land in einer Reaktion der Selbsterhaltung „less innocent – weniger unschuldig" geworden.

Gewisse Spekulationen, die verschwörerischen Kräfte des militanten Islamismus zwischen Nordafrika und Indonesien könnten der geballten Macht der US-Streitkräfte die Stirn bieten, haben sich zunächst als Anmaßung und Illusion erwiesen. Es gibt keine islamische Großmacht, sondern nur Gruppen von religiösen Extremisten, die zwar zum Äußersten, bis zur Selbstaufopferung bereit sind, aber in offener Feldschlacht keine Chance haben, wie das Beispiel Afghanistans lehrt. Dennoch weiß man in Washington, dass diese Konfrontation längst nicht gewonnen ist. Auch die Vernichtung Osama Bin Ladens und seiner Organisation El-Kaida böte nicht die geringste Garantie dafür, dass aus der Masse von 1,3 Milliarden Muslimen nicht immer wieder neue Gewalttäter und „Märtyrer" hervorgehen werden. George W. Bush ist sich dessen offenbar bewusst, wenn er als künftige Steigerung der mörderischen Anschläge bereits die atomare Gefährdung an die Wand malt. Zudem wird das Ringen von Israelis und Arabern um das Heilige Land immer wieder dafür sorgen, dass der Orient – allen Abschreckungsmaßnahmen der USA zum Trotz – niemals zur Ruhe kommt.
Am Rande des schicksalhaften Konfliktes zwischen dem globalen Zivilisationsanspruch Amerikas und den Kräften einer flackernden islamischen Revolution bahnen sich seit dem 11. September Kräfteverschiebungen historischen Ausmaßes an. Bei aller Rivalität zwischen Moskau und Washington in Zentralasien zeichnet sich doch das Zusammenrücken dieser ehemaligen Krieger des Kalten Krieges ab, ja eine überraschende Interessengemeinschaft gegenüber dem expansiven Islamismus.

Sogar im Hinblick auf die Volksrepublik China könnten diese beiden „weißen" Mächte zusammenrücken, denn langfristig dürfte sich Peking als wirklicher Nutznießer des Engagements, der eventuellen Verzettelung der USA im Kampf gegen den Halbmond betrachten. Was nun die Europäer betrifft, so bieten ihre kleinlichen Rivalitäten, ihre widersprüchlichen Solidarisierungsbeteuerungen gegenüber Washington ein klägliches Bild der Schwäche. Die NATO sucht mühsam nach einer neuen Sinngebung, und auf die Europäische Union wirft der 11. September düstere Schatten des Niedergangs.

Wie die Reste einer zerbombten Kirche ragen die Stützpfeiler des World Trade Centers in den Himmel. „Kräfteverschiebungen historischen Ausmaßes“ erwartet Peter Scholl-Latour als Konsequenz aus den Ereignissen des 11. Septembers

Gelbe Carepakete und Bomben für Afghanistan

Oktober – Monat der Abrechnung. In Afghanistan zeigt sich die ganze Zerrissenheit dieses armen Landes am Hindukusch. Die Nordallianz, Amerikaner und Briten kämpfen gegen die Taliban, Osama Bin Laden und seine El-Kaida. Die Amerikaner aber schicken nicht nur Raketen und Bomben. Nacht für Nacht starten Transportflugzeuge im deutschen Ramstein und werfen über den einsamen Ebenen Afghanistans gelbe Carepakete ab, um die Not der Zivilbevölkerung zu lindern. Nicht alle Afghanen, wie auch offensichtlich diese beiden Kämpfer der Nordallianz (Foto), wissen damit etwas anzufangen.

Montag, 1. Oktober

Dienstag, 2. Oktober

Donnerstag, 4. Oktober

Freitag, 5. Oktober

Angst vor dem Krieg & Solidarität

Am 7. Oktober fielen die ersten Bomben auf Afghanistan

Besorgt sah Oktober-Deutschland nach Afghanistan. „Der Countdown läuft" – diese BILD-Schlagzeile eröffnete den Monat, und sie begleitete uns in der ersten Woche wie das unheilvolle Ticken einer Uhr.
Plötzlich war der Krieg gegen den Terror noch näher gerückt. Er wurde greifbar. Fast jeder von uns erinnerte sich in diesen Tagen an jemanden im Bekanntenkreis, der bei der Bundeswehr war oder ist.
Standorte wurden gehandelt: Werden in Wilhelmshaven stationierte Fregatten zum Einsatz kommen? Müssen Soldaten aus Hamburg-Fischbek in den Krieg? Trifft es unsere Gebirgsjäger, weil sie für die örtlichen Gegebenheiten am besten ausgebildet sind?
53 000 amerikanische und britische Soldaten befanden sich bereits auf **Flugzeugträgern** in der Golfregion; nun nahm auch die atomgetriebene „Kitty Hawk" mit ihren 70 Kampfjets, von Japan kommend, Kurs aufs Einsatzgebiet.
1,5 Millionen Afghanen waren auf der Flucht. Sie versuchten, Pakistan, Tadschikistan, Turkmenistan oder den Iran zu erreichen.

Deutschland feierte den elften Jahrestag der Wiedervereinigung in gedrückter Stimmung. Beim zentralen Festakt in der Mainzer Rheingoldhalle mahnte **Bundespräsident Rau:** „Es ist jetzt Entschlossenheit nötig, um Terroristen zu fangen und zu verurteilen. Aber die Politik muss besonnen handeln, damit wir nicht unter eine Last geraten, unter der wir nicht mehr gerade gehen können."
Der Tag der Wiedervereinigung war gleichzeitig ein bemerkenswerter Tag für **Helmut Kohl**. Bei einer Feierstunde der CDU in Stuttgart meldete sich der Alt-Kanzler mit einer ergreifenden Rede auf der politischen Bühne zurück. Sichtlich bewegt erinnerte er an die Rolle der USA beim Fall der Mauer. „Es ist wichtig, dass die Amerikaner spüren, dass wir bei ihnen sind!"

Bundespräsident Rau (Mitte) und Bundeskanzler Schröder am Tag der Deutschen Einheit mit ihrem Ehrengast, dem polnischen Staatspräsidenten Aleksander Kwasniewski (links)

Helmut Kohl – gerührt am Tag der Deutschen Einheit
Alt-Kanzler Helmut Kohl genoss nach seiner Rede in Stuttgart die Ovationen

Der größte Gentest der Geschichte beginnt

Im US-Bundesstaat Utah bereiten sich die Wissenschaftler des „Myriad Genetics"-Labors auf den traurigsten und gleichzeitig größten Gentest vor, den es jemals gab. Bis zu eine Million Leichenteile, Hautfetzen und Knochensplitter aus den WTC-Trümmern sollen per DNA-Analyse den Vermissten zugeordnet werden. Eine Arbeit, die mehrere Jahre dauern dürfte. Am WTC hörten die mit Aufräumarbeiten beschäftigten Männer ein Wimmern. Kurz danach spürte ein rasch herbeigeholter Suchhund eine abgemagerte, aber nur leicht verletzte Perserkatze auf. Sie hatte lediglich verbrannte Pfoten und war mit tödlicher Sicherheit das letzte Lebewesen, das am „Ground Zero" gerettet werden konnte.

Der Feldzug gegen den Terror begann dann am Sonntag, 7. Oktober, 18.30 Uhr unserer Zeit. Die ersten Bilder waren unwirklich; sie zeigten hellgrüne, an den Rändern ausfransende Kreise mit weißem Kern. Abwehrfeuer der Taliban,

Bomben gegen den Terror

„Blitze über Kabul", meldeten die Nachrichtenagenturen kurz nach 18.30 Uhr am 7. Oktober. CNN zeigte erste Kriegsbilder aus der afghanischen Hauptstadt sowie Marschflugkörper und F-14-Kampfjets beim Start von US-Flugzeugträgern. Wenig später bestätigte US-Präsident George W. Bush in einer Fernsehansprache an alle Amerikaner: „Wir haben Angriffe gegen Afghanistan gestartet. Wir vollstrecken den Willen der Welt. Die Taliban müssen ihren Preis zahlen."

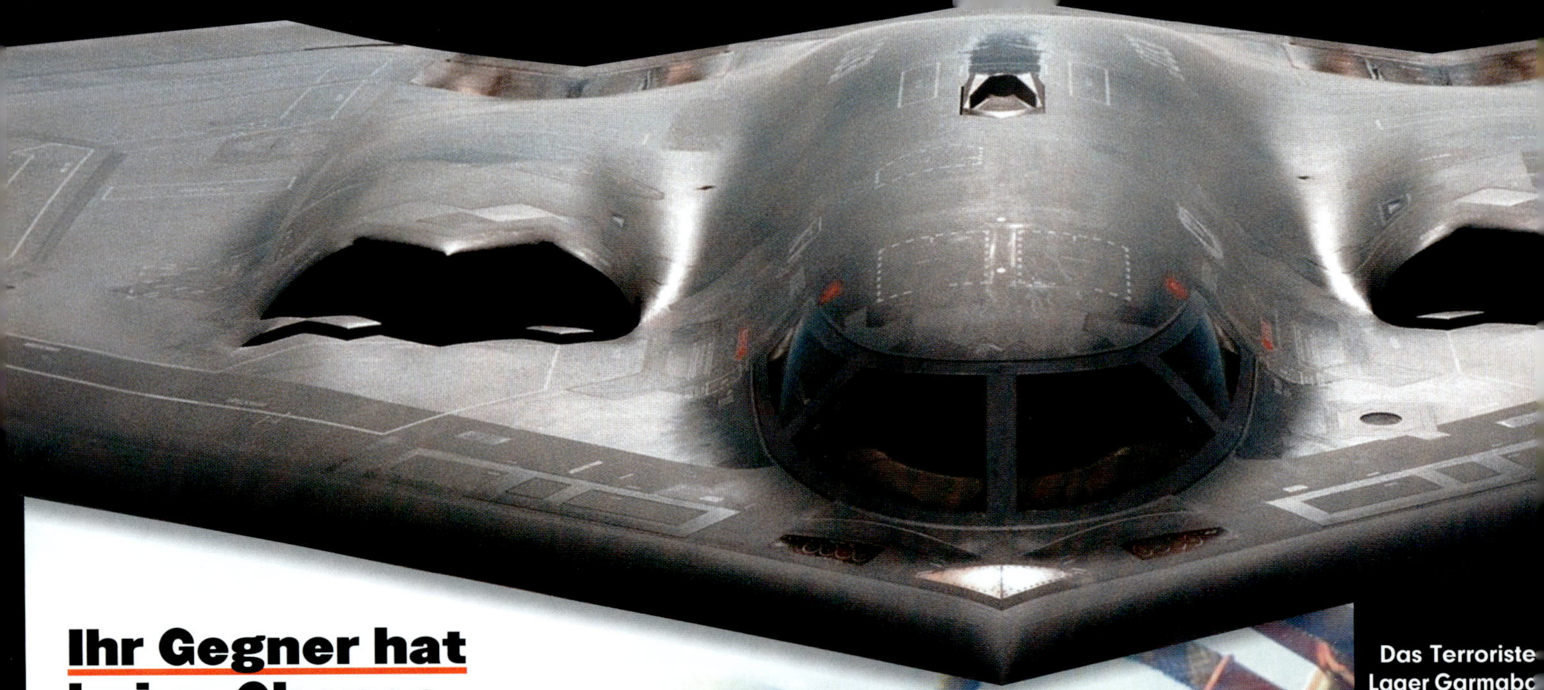

Ihr Gegner hat keine Chance

Daumen hoch und los! Mit ihren modernen Tarnkappen-Bombern B-2 „Stealth“ griffen die Amerikaner die Terrorcamps von Osama Bin Laden an. Die Bomber waren für das Radar der Taliban unsichtbar. Der Gegner hatte keine Chance.

Das Terroriste Lager Garmabo Ghar vor de Angriff der U Bomber

...und danac Wohngebäu und Hang sind zerstö Osama B Laden erklär in einem Vid den „Heilig Krieg“ (unte

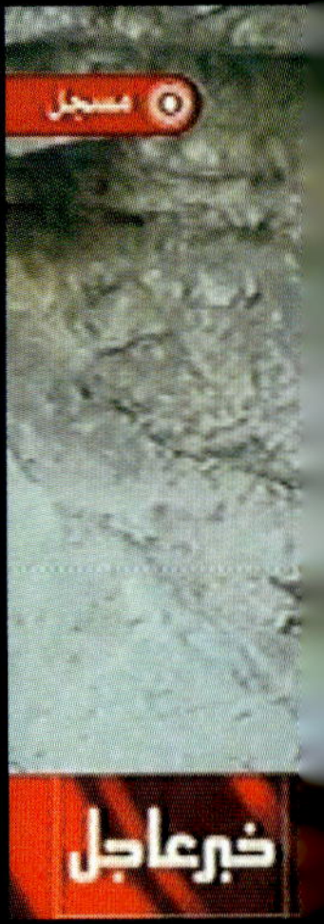

„Nach dem Krieg ist vor dem Krieg“, sagen die Afghanen

BILD-Reporter Jürgen Damsch berichtete vom Hindukusch:

Ich war in der Hölle von Afghanistan. Ich habe in den Schützengräben der Nordallianz den Staub der Wüste geschluckt und mich bei Taloqan unter den Kalaschnikow-Salven der bärtigen Gotteskrieger geduckt. Genau dort, wo nur ein paar Tage später drei Journalisten ihr Leben ließen. Der Einsatz in Afghanistan – für mich war das wie eine Reise in die Steinzeit. Im wilden Land des Hindukusch gilt immer noch das Gesetz der Natur: das Recht des Stärkeren. In diesem Land, wo sich die Menschen seit über 20 Jahren gegenseitig blutig niedermetzeln, wo eine Kalaschnikow auf dem Basar mit umgerechnet 60 Mark nur halb so teuer wie ein Esel ist, wo Frauen die Fingerkuppen abgehackt werden, wenn sie sich die Nägel lackieren – in diesem Land zählt ein Menschenleben nicht viel. So schoss ein Soldat der Nordallianz auf unseren Pick-up – nur weil wir ihn nicht auf der Ladefläche mitfahren ließen. Leben am Limit. Alltag in Afghanistan heißt: kein Strom, kaum Essen und kein sauberes Wasser. Wer hier überleben will, muss wissen, wie man ein Tier schlachtet und einen Acker pflügt. Wie man Werkzeug über Feuer biegt und aus Lehm Ziegel brennt.

BILD-Reporter **Jürgen Damsch**

Neue Erkenntnisse der Geschichts-Forschung
War Hitler schwul?
Ralf & Cora Heimliche Hochzeit
WM-Entscheidung Kahn: „Wir brennen auf den Sieg!"
Wussow Ich schäme mich für meine Frau
20-Mio-Jackpot BILD verlost Superschein

Sonnabend, 6. Oktober

+++ Raketen-Schläge gegen Afghanistan +++ Dramatische Ansprache des US-Präsidenten an die Welt +++ Bin Laden erklärt im TV allen Juden und Christen den Krieg +++
Der Angriff
ESSO Hit der Woche
Für euch Flaschen gibt's nicht mal Pfand

Montag, 8. Oktober

40 Kampfjets, 50 Cruise Missiles – gestern 2. Angriff
Die Nacht der Bomber-Piloten
BILD sagt Völler, wer raus muss!
Polizei sucht diese Terroristen bei uns

Dienstag, 9. Oktober

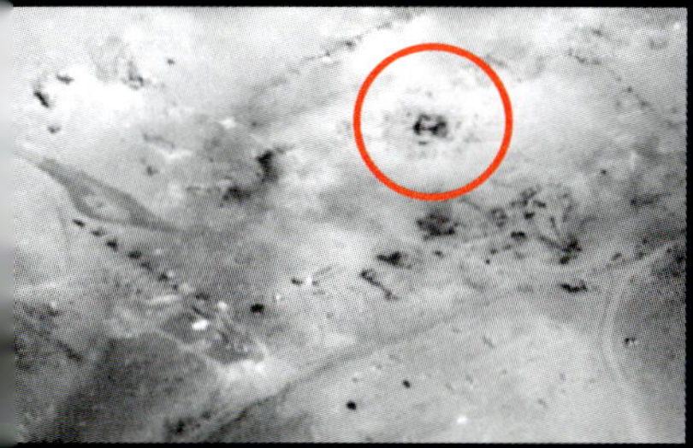

nächtliche Luftaufnahmen aus großer Höhe. BILD-Reporter Jürgen Damsch flog sofort hin; seinen Bericht lesen Sie links unten.

Präsident Bush hielt eine eindrucksvolle Fernsehrede an die Nation. Fast auf Tuchfühlung mit der US-Flagge, die sich neben seinem Schreibtisch aufreckte, nannte er illusionslos und unverblümt Ziele, Strategien und Risiken. Unverbrüchlich ihm zur Seite **Bundeskanzler Gerhard Schröder** („uneingeschränkte Solidarität"), der wenig später erst das Weiße Haus in Washington und dann demonstrativ auch den „Ground Zero" in New York besuchte.

Wickert musste sich live entschuldigen

Kopfschüttelnd sah Oktober-Deutschland auf zwei Männer, die jeder kennt. „Tagesthemen"-Mann **Ulrich Wickert** in „MAX": „Bush ist kein Mörder und Terrorist. Aber die Denkstrukturen sind die gleichen." Wickert, der sich Anfang Oktober erstmals mit neuer Freundin **Julia Jäkel** (Verlagsleiterin „Financial Times", D) in der Öffentlichkeit zeigte, musste sich in den „Tagesthemen" live für seine Entgleisung entschuldigen.

Kopfschütteln auch über Modeschöpfer **Wolfgang Joop**. Die Twin Towers hätten „kapitalistische Arroganz" symbolisiert; Kanzler Schröder sei ein „Mitläufer", der „ins Rampenlicht drängt" (Interview mit dem österreichischen Magazin „Profil"). Was dachte sich der Mann bei solchen Sprüchen?

Diskussion um Claudia Roth. Nach ihrer Pakistan-Reise forderte die Grünen-Chefin den sofortigen Stopp der US-Angriffe und zündete damit das Feuer unter einem politischen Konflikt-Kessel an, der im Folgemonat November beinahe überkochen sollte.

Verliebt
Ulrich Wickert küsste seine neue Freundin Julia Jäkel beim Bundespresseball in Berlin

Jnd vor allem: Wie man mit einer Kalaschnikow umgeht.
Das ganze Wissen der westlichen Zivilisation – in den schroffen Schluchten und auf den staubigen Ebenen Afghanistans zählt es einach nichts.
Auch wenn der Krieg gegen die Taliban beendet ist, wird nicht wangsläufig Frieden in das Land einkehren. Denn am Hindukusch galt bisher: Nach dem Krieg ist vor dem Krieg. „Frieden" ist für die meisten Afghanen nur ein Wort...

Kanzler Schröder besuchte New York
Tief betroffen zeigte sich Bundeskanzler Gerhard Schröder mit New Yorks Bürgermeister Rudolph Giuliani am „Ground Zero"

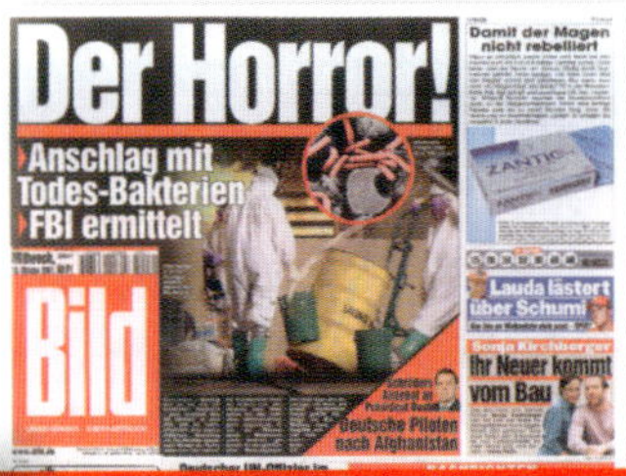
Der Horror!
Anschlag mit Todes-Bakterien
FBI ermittelt
Bild
Damit der Magen nicht rebelliert
Lauda lästert über Schumi
Ihr Neuer kommt vom Bau
Deutsche Piloten nach Afghanistan

Mittwoch, 10. Oktober

Ulrikes Mörder vor Gericht
Jetzt jammert er
Bild
Trennung per SMS
Kahn mit Messer beworfen
Bin Laden droht mit Todes-Piloten

Donnerstag, 11. Oktober

Yvonne Wussow vor ihrer Hamburger Villa. Auch die hohe Miete (5500 Mark monatlich) zahlte das Sozialamt

Diese Wussows

„Ich lebe vom Sozialamt und bekomme 561 Mark monatlich", verkündete Yvonne Wussow. Denn ihr Noch-Mann Klausjürgen (oben), der inzwischen in Berlin bei der Boxer-Witwe Sabine Scholz (kl. Foto) wohnt, zahlte ihr keinen Unterhalt mehr.

Zwischen den Kriegsmeldungen gab es natürlich auch andere Ereignisse.

● **Bestürzt sah Oktober-Deutschland** in das verlebte Gesicht einer Frau, die einst auf hohen Hacken über rote Teppiche zu vornehmen Bällen schritt und deren flache Schuhe jetzt über den schäbigen Linoleumboden des Sozialamtes huschten. Gestrandet war **Yvonne Wussow** (45) in einem Krieg, der jeden zum Täter und jeden zum Opfer macht. Es ist der uralte Kampf zwischen Mann und Frau.
Trennungsgeschichten gab es viele im Jahr 2001. Diesmal allerdings galten weder Schamgrenze noch Hemmschwelle; das zwischenmenschliche Kriegsrecht war zwischen Klausjürgen Wussow (72) und seiner „Noch-Frau" außer Kraft. Halb amüsiert, halb angewidert fragte sich ganz Deutschland: Ihr Wussows, wie tief wollt ihr eigentlich noch sinken?

Flammenhölle im Ferientunnel

Nach einem Reifenschaden kam es zum Zusammenstoß der beiden LKW im Gotthard-Tunnel. Sie fingen sofort Feuer, brannten völlig aus. Der Tunnel, eine der wichtigsten Straßenverbindungen nach Südeuropa, musste für Monate gesperrt werden

Verirrte Rakete traf eine Tupolew, 77 Tote

● **Betroffen sah Oktober-Deutschland** auf drei furchtbare Unglücke. Von Tel Aviv kommend stürzte eine Tupolew 154 über dem Schwarzen Meer ab (77 Tote). Was zunächst nach einem neuen Terroranschlag aussah, war das Werk einer verirrten Rakete. In Mailand kollidierte eine **SAS-Maschine** mit einer deutschen Cessna und bohrte sich in einen Hangar (118 Tote). Und im **Gotthard-Tunnel** gab es ein Flammeninferno, als zwei Laster zusammen krachten (elf Tote).

● **Teils fassungslos, teils fasziniert sah Oktober-Deutschland** auf die Fußball-Welt; sportlich betrachtet war dieser Monat eine Fundgrube für besonders originelle Schlagzeilen. Unser peinliches 0:0 gegen

Ulrikes Mörder
Das furchtbare Geständnis
Bild
Polizei knackt Terror-Zelle
Irrer Endspurt
Jan Ullrich Weltmeister!

Freitag, 12. Oktober

Naddel wütend auf Schlager-Millionär
„Ich bin doch keine Hure!"
Bild
Dramatische Rede von Präsident Bush
Noch 2 Jahre Krieg?

Sonnabend, 13. Oktober

MILZBRAND
Führt die Spur zu ihm?
ESSO Hit der Woche
Naddel
Bild

Montag, 15. Oktober

Milzbrand!
Alarm im Kanzleramt, verdächtiges Pulver entdeckt
US-Präsident bestätigt Bakterien-Anschlag auf Senator
Raumfahrt-Zentrale in Frankreich evakuiert
Brief-Zentrum in Bonn gesperrt
Bild
ARD kippt Ulla Kock am Brink

Dienstag, 16. Oktober

Das Inferno von Mailand

Ein Feuerball, ein ausgebranntes Flugzeugwrack, eine weinende junge Frau und viele aufgebahrte Tote – die Katastrophe auf dem Mailänder Flughafen. Auch der deutsche Cessna-Pilot Paul Königsmann (oben) starb. Ursache war, wie sich später herausstellte, die mangelhafte Ausrüstung des Flughafens.

Fußball-Finnland! BILD lachte: „Für euch Flaschen gibt's nicht mal Pfand..."
Dann das Gezerre um Oliver Bierhoff, der die Kapitänsbinde erst abgeben und dann doch behalten wollte! BILD spottete: „Als sei sie mit Pattex angeklebt..." Weiter ging's mit **„Pöbel-Manager"** (BILD) **Edgar Geenen**, der seine FC-Nürnberg-Spieler wüst beschimpfte: „Ihr seid Dreck." „Ihr seid Abschaum." „Ihr seid Müll." „Ihr seid die Lepra." „Am liebsten würde ich einigen von euch in die Fresse hauen." „Verpisst euch!" Sechs Tage später dann die überfällige Entschuldigung.

Bild SPORT
Flaschen wie ihr
...haben bei einer WM nichts zu suchen
Marko Rehmer, Christian Wörns, Jens Nowotny, Christian Ziege, Carsten Ramelow, Michael Ballack, Jörg Böhme, Sebastian Deisler, Oliver Bierhoff, Oliver Neuville

Trainer „Geyer Gnadenlos" verglich in Cottbus faule Fußballer mit St.-Pauli-Huren und zog sich dadurch den Zorn des horizontalen Gewerbes zu. In BILD wetterten die Damen: „Wir arbeiten härter als Fußballer!"
Schließlich noch Kurt Jara, der zum HSV wechselte und sich im Oktober als wahre Lichtgestalt zu entpuppen schien. BILD nach dem 4:0 gegen Hertha: „Ich sieg so schön, ich sieg so toll, ich bin der Anton aus Tirol!" Jaras Glückssträhne hatte leider schon im November ein jähes Ende, aber das wussten wir im Oktober ja noch nicht.

Pöbel-Manager
Edgar Geenen, hier noch cool mit Sonnenbrille, musste sich später kleinlaut entschuldigen

Verona Feldbusch
Tränen-Kollaps im TV
Bild
USA fordern deutsche Panzer an

+++ Neue Milzbrand-Attentate in den USA +++ Sehr starke Bakterien +++ Kapitol in Washington verseucht
Angst!
Bild
Dieter Bohlen
„Verona lügt“

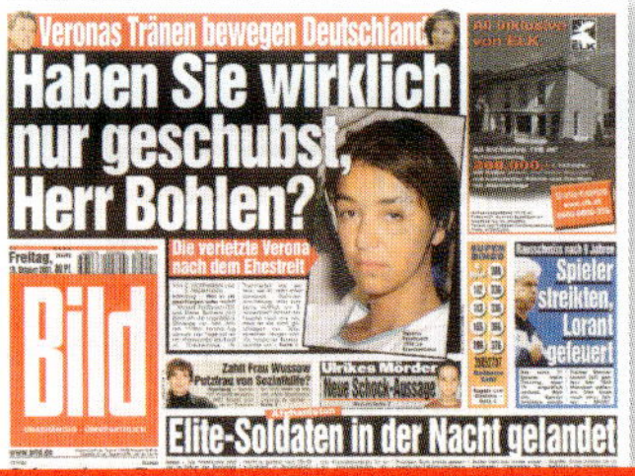
Veronas Tränen bewegen Deutschland
Haben Sie wirklich nur geschubst, Herr Bohlen?
Bild
Elite-Soldaten in der Nacht gelandet

Bohlen bittet Verona um Verzeihung
„Ja, ich habe ihr weh getan“
Bild
EU unterstützt Boden-Truppen in Afghanistan

 Mittwoch, 17. Oktober | Donnerstag, 18. Oktober | Freitag, 19. Oktober | Sonnabend, 20. Oktober

Christina Rau lud zur glanzvollen UNICEF-Gala

Bein zeigen, um zu helfen: Schauspielerin Alexandra Kamp machte bei der glanzvollen Gala mit, führte ein weißes Abendkleid vor

Gastgeberin Christina Rau hatte den Abend 300 000 Kindern gewidmet, die weltweit als Kindersoldaten missbraucht werden. 220 Gäste konnten die Raus zu ihrer UNICEF-Gala im Berliner Schloss Bellevue begrüßen. Und wer wollte, konnte Kleider von Berliner Designern kaufen, um mit dem Erlös den Kindern zu helfen.

Franziska van Almsick als Model. Die Schwimm-Weltmeisterin (wie ein Profi) im roten Kleid mit viel Rücken

Als ihre Tochter Anna ein Kleid präsentierte, gaben auch unser Bundespräsident und seine Frau ihr Model-Debüt

Mädchen (7) in Schule vergewaltigt
Sind unsere Kinder denn nirgendwo sicher?
ESSO Hit der Woche
Stoppt der Kanzler Rot-Rot in Berlin?
Bush befiehlt Geheim-Agenten „Tötet bin Laden"
Bild

Montag, 22. Oktober

Polizei fordert Videokameras und Wachpersonal
Macht unsere Schulen sicher!
Kopf klar?
Na klar!
Gewinne für 500 000 Mark
Heute neue Glücksuhr in BILD
Bild

Dienstag, 23. Oktober

Verona Feldbusch
Tränen-Kollaps im TV
ARCOR
4:0 2:1
USA fordern deutsche Panzer an
Bild

Mittwoch, 24. Oktober

Steffis Blitz-Hochzeit
Kommt ihr Baby früher?
Flammen-Hölle im Ferientunnel
Bild

Donnerstag, 25. Oktober

In einer Münchner Grundschule wurde ein erst siebenjähriges Mädchen vergewaltigt. Und noch einmal dachte Oktober-Deutschland an vier gequälte und geschändete Kinder, deren Schicksal schon in anderen Kapiteln dieses Jahrbuches erzählt werden musste.

Adelinas Leiche in einem Plastiksack gefunden

Da war zunächst die zehnjährige **Sophia aus Berlin** (Januar-Kapitel): Ihr Peiniger musste sich vor Gericht verantworten. Dann dachten wir an die zwölfjährige **Ulrike aus Eberswalde** (Februar-Kapitel): In Frankfurt/Oder begann der Prozess gegen ihren Mörder. Die zehnjährige **Adelina aus Bremen** (Juli-Kapitel): Ca. 100 Tage nach ihrem Verschwinden fand eine Pilzsammlerin im Oktober ihre skelettierte Leiche in einem Plastiksack. Schließlich die achtjährige **Julia aus Biebertal** (Juli-Kapitel): Ihr mutmaßlicher Mörder Thorsten V., der beim Spurenvernichten fast verbrannt wäre, konnte die Spezialklinik verlassen.

● **Angstvoll sah Oktober-Deutschland** nach Boca Raton, Florida, USA. Dort schleppten FBI-Männer in weißen Schutzanzügen und grünen Stiefeln ihr Werkzeug zur Spurensicherung vors Verlags- und Redaktionsgebäude der Wochenzeitung „Sun". Ein Fotoredakteur war gestorben. Zwei weitere Männer und eine Frau waren infiziert. In allen vier Fällen hieß die Diagnose: **Anthrax**. **Milzbrand**. In den nächsten Wochen tauchten dann auch in Deutschland immer wieder Briefe mit weißem Pulver auf und erschreckten die Empfänger fast zu Tode; zum Glück waren es durchweg nur üble Taten von Trittbrettfahrern. Im November wurde dann klar, wie schlecht wir auf Milzbrand-Alarm vorbereitet waren.

Anthrax-Anschläge per Post

Anthrax – unter dem Mikroskop sehen die gelben Bakterien aus wie winzige Pommes frites. Helfer in weißen Schutzanzügen sicherten die Spuren des Horror-Anschlags. Verschiedene Politiker, darunter auch Senatoren, bekamen Anthrax-Briefe: „Sie können uns nicht stoppen. Wir haben dieses Anthrax. Sie sterben jetzt. Haben Sie Angst? Tod für Amerika. Tod für Israel. Allah ist groß." Als das FBI die Spuren der Briefe zurückverfolgte, stellte sich heraus: Nicht islamische Fanatiker, sondern amerikanische Abtreibungsgegner oder Rechtsradikale waren wahrscheinlich die Absender.

Tapfere Petra Schürmann im TV
Neues Grab für tote Tochter
Bild
Vier Deutsche verbrannt
Trauer um Ex-Kaiserin Soraya

 Freitag, 26. Oktober

Glückwunsch, Mama Steffi
Das Baby ist da!
Bild
Rätsel um ihre letzten Stunden
Gewerkschaft will 10 Prozent mehr Lohn

Sonnabend, 27. Oktober

Alle reden über Baby „Jaden Gil"
Steffi, was ist das für ein komischer Name?
Bild
Kanzler gegen Feuerpause

Montag, 29. Oktober

Steffi zeigt uns ihr Baby
Ich bin so glücklich!
Bild
Heute neue Glücksuhr in BILD
Jetzt Bodentruppen nach Afghanistan?

Dienstag, 30. Oktober

Killer-Welse wie Kuno können bis zu 1,80 m lang werden. Sie fressen auch Enten, Ratten – und kleine Hunde

Geschichten zum Schmunzeln waren im Oktober eher rar. **Killer-Wels Kuno**, 1,60 m lang und 60 kg schwer, hatte in Mönchengladbach angeblich einen Dackel gefressen! 5000 Neugierige kamen zum „Fangt den Kuno"-Wochenende; Angler köderten Kuno mit Hühnerleber, Blutegeln, Mettwurst und Plastik-Dackeln. Der Wels guckte sich das Spektakel von unten an und fiel auf keinen Köder rein.

Formel Schumi. In Japan gewann er auch noch das letzte Rennen der Saison. 123 Punkte, Rekord! Weltmeister mit 58 Punkten Vorsprung, Rekord! Neun Siege in einer Saison, Rekord! Insgesamt 53 Grand-Prix-Siege, Rekord!

Veronas Heul-Attacke bei Kerner

Verona brach im Gespräch mit Johannes B. Kerner in Tränen aus, weinte hemmungslos und fing sich wieder (rechts). Und Dieter Bohlen entschuldigte sich (unten)

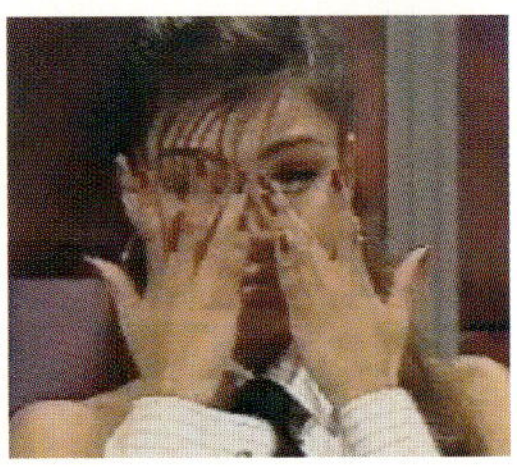

Kein Herz für Siegel

Naddel kocht zwar gerne, schrieb sogar ein Kochbuch – doch nicht für Ralph Siegel. Dessen Brillant-Herz gab sie zurück, nachdem sie sich per SMS (rechts) von ihm getrennt hatte

Tja, und dann noch...

● **2x Naddel!** Einmal sehr kühl, einmal sehr heiß. Sehr kühl die SMS-Trennung vom allzu heftig klammernden **Schlager-Millionär Siegel** („Ich habe dich gern, aber ich habe es mir noch mal überlegt. Es geht nicht. Ich wünsche dir alles Gute"). **Sehr heiß hingegen ihr Kochbuch**, herausgegeben von BILD, mit Rezepten wie „Sandwich auf japanisch" („Ich kenne einige Männer, die danach zum Tiger wurden") oder „Beeren mit Amaretticreme" („Regt die Phantasie an, auch für danach").

● **2x Jan Ullrich!** Ganz unerwartet erstrampelt er sich in Lissabon den WM-Titel im Zeitfahren, schafft dann beim Profi-Straßenrennen aber nur Platz 13 (Zabel sensationell Fünfter).

● **2x Verona!** Erst ihr legendärer Weinkrampf bei Kerner. „Dieter hat mit seiner Linken ausgeholt und zugeschlagen, das Blut spritzte wie eine Fontäne..." Da glaubten viele noch, dass sie auf Kommando heulen kann.

Dann aber die sensationelle Wende: Wiederum bei Kerner gibt **Bohlen** die Schläge zu und entschuldigt sich! BILD: „Der Triumph der Tränenfrau"

● **Montag, 22. Oktober.** Als „Triumph der Tennisfrau" könnte man **Steffi Grafs Traumhochzeit** in Las Vegas bezeichnen, aber **Andre Agassi** triumphierte natürlich mindestens so wie sie. Er hatte sich ja schon 1992 (Wimbledon) in Steffi verliebt, „aber ihr Herz zu erobern war so schwierig, wie ein schweres Tennismatch zu gewinnen. Immer wenn ich Matchball hatte, machte sie drei Punkte in Folge..."

Das war doch endlich mal wieder eine Society-Geschichte zum Träumen und zum Lächeln! Er schenkte ihr einen Ring aus Platin und Diamanten (22 Karat), den er für 300 000 Mark ersteigert hatte. Die beiden gaben folgende rührende Erklärung ab: „Wir sind überglücklich, verheiratet zu sein und zusammen einen neuen Abschnitt in unserem Leben zu beschreiten. Die private und persönliche Atmosphäre unserer Trauung war wundervoll und stand für alles, was wir schätzen."

Nachwuchs bei Schumis, Agassis und Kerners

● **Dienstag, 23. Oktober.** Wieder eine schöne Nachricht aus der High Society: Im Salzburger Diakonissen-Krankenhaus wird **Ralf Schumachers Frau Cora** von einem gesunden Jungen entbunden! Im Januar-Kapitel dieses Jahrbuches steht, dass er sich bei der Vierschanzentournee in Bischofshofen erstmals öffentlich mit seiner neuen Liebe gezeigt hatte. Ob sie damals wohl schon schwanger war?

Mama Steffi zeigt ihr Baby Jaden Gil

22. Oktober, 14 Uhr in Las Vegas (USA): Steffi Graf hauchte „Yes" und wurde Frau Agassi. Eine Woche später war der kleine Star geboren: Jaden Gil, gut fünf Pfund schwer, wunderhübsch und kerngesund. Steffi und ihr Mann Andre Agassi ließen sich stolz mit ihrem friedlich schlummernden Söhnchen fotografieren. „Wir sind so glücklich", strahlten die Eltern. Und Steffi verriet: „Ich möchte gerne zwei Kinder haben."

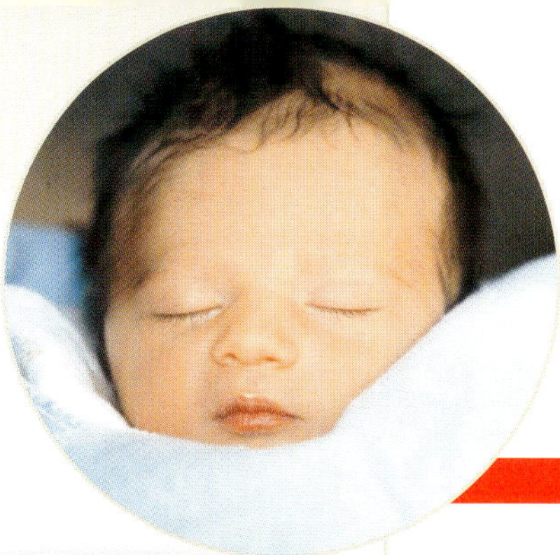

Uiiiiii, Jenny Elvers!
Du wolltest doch eine brave Mama sein...
Damit der Magen nicht rebelliert
Bild
Neues Attentat droht!
US-Regierung warnt vor Terror-Anschlag noch diese Woche
Denkt Steffi schon an 2. Baby?
Groß-Razzia in der Bundesliga

● **Donnerstag, 25. Oktober.** Eine betrübliche Society-Nachricht: In Paris stirbt Soraya einen sanften, natürlichen Tod. Sie wurde 69 Jahre alt. 1951 hatte sie den Schah von Persien in einem 20 kg schweren und mit 6000 Diamanten verzierten Brautkleid geheiratet; sieben Jahre blieb sie seine Frau (Nachfolgerin: Farah Diba). Soraya war „die Lady Di der 60er" (BILD).

Deutsche Kaiserin

Soraya heiratete am 12. Februar 1951 Schah Reza Phalevi. Sie sprach fließend Deutsch, ihre deutschstämmige Mutter Eva lebte zeitweise in München

● **Freitag, 26. Oktober.** Jetzt ist es fast schon ein Sternschnuppenregen der Society-News, denn in einer Privatklinik in Las Vegas bringt **Steffi** ihren **Sohn Jaden Gil** zur Welt. BILD meldet es welt-exklusiv. Hochzeit und Mutterschaft, alles innerhalb einer Woche! Und was für ein ungewöhnlicher Name!

● **Montag, 29. Oktober.** Und noch ein Baby! Diesmal heißt es Nik David, und der Vater ist **Johannes B. Kerner**.

● **Mittwoch, 31. Oktober.** Hätte der Monat nicht mit den beiden neuen Erdenbürgern enden können? Aber an diesem letzten Oktobertag musste BILD eine ganz besonders tragische Nachricht bringen. Sie betraf Peter Kraus („Sugar Sugar Baby"). So viel Freude hat er uns mit seinen Liedern geschenkt.
Jetzt aber weinte er um seine Tochter, die mit nur 39 Jahren an Brustkrebs gestorben war.

Hochzeit & Baby für Schumi

Der Oktober war auch ein Glücksmonat für Formel-1-Star Ralf Schumacher und seine Cora: Blitzhochzeit am 5., am 23. wurde Sohn David geboren

Wie der Oktober unser Leben veränderte

Bush erklärt dem Terror den Krieg

Lothar Löwe
war u. a. Leiter des ARD-Nachrichtenstudios in Ostberlin, Fernsehkorrespondent in Washington und Intendant des Senders Freies Berlin

„Präsident Bush hat mein vollstes Vertrauen. Ich bin mit seiner Kriegführung gegen den internationalen Terrorismus absolut einverstanden...“ Das ist das typische Urteil eines New Yorker Geschäftsmannes, dessen Meinung Millionen Amerikaner teilen. George W. Bush genießt in Amerika eine außergewöhnliche Zustimmungsquote von fast 90 Prozent. Der US-Präsident, der noch vor einem Jahr unsicher, sprunghaft und auch oberflächlich wirkte, hat wie aus heiterem Himmel die schicksalhafte Feuerprobe des barbarischen Terroranschlages auf das New Yorker World Trade Center und das Pentagon überzeugend bestanden. Ähnlich wie Präsident Roosevelt bei dem japanischen Angriff auf Pearl Harbor oder wie John F. Kennedy während der legendären Kuba-Krise hat Bush über Nacht an Statur und Profil gewonnen. Weltweit genießt er hohes staatsmännisches Ansehen.

Ob Bush als ein großer Präsident in die Geschichte der Vereinigten Staaten eingehen wird, muss sich allerdings noch zeigen. Die Opfer an Leib und Leben, die der amerikanischen Nation abverlangt werden könnten, lassen sich noch nicht übersehen. Immer wieder warnt der Präsident die Amerikaner vor noch bevorstehenden schweren Prüfungen. Mit einem hohen Maß an Kaltblütigkeit und Besonnenheit hat Bush auf die unvorstellbaren Verbrechen vom 11. September reagiert.

Er hat weder sofort den Irak bombardiert noch hat er amerikanische Bodentruppen unverzüglich, blindlings in Afghanistan einfallen lassen. Gemeinsam mit seinen Beratern, Vizepräsident Cheney, Außenminister Powell, Verteidigungsminister Rumsfeld und seiner Sicherheitsberaterin Condoleezza Rice, hat er sorgfältig eine politische und militärische Strategie ausgearbeitet. Er hat eine Allianz mit seinen europäischen Verbündeten, mit den arabischen Partnern und sogar unter Einschluss der alten Gegner Russland und China geschmiedet.
Die militärischen Aktionen der USA begannen mit dem intensiven Bombardement militärischer Ziele in Afghanistan durch die Luftwaffe. Dann folgten kleine Kommandos amerikanischer Sondereinheiten, die das Feindgebiet aufklärten. In der kürzlich angelaufenen dritten Phase, in der nun die Nordallianz im Begriff ist, alle wesentlichen Zentren des Landes von den fanatischen Taliban-Anhängern zu säubern, folgten US-Eliteeinheiten zur intensiven Unterstützung der Nordallianz.
Es ist das Ziel dieser von Präsident Bush gesteuerten Operationen, den arabischen Terroristenführer Osama Bin Laden und seine EL-Kaida-Banden zu jagen, aufzuspüren und unschädlich zu machen. Bisher ist diese Strategie des Präsidenten zur Verblüffung vieler kritischer Beobachter glänzend aufgegangen.

Georg W. Bush hat bis zur Stunde keine entscheidenden Fehler begangen. Im Kreis seiner Verbündeten erwies sich der Präsident als ein anerkannter Führer der westlichen Allianz und überzeugender Kriegsherr. Den Amerikanern präsentierte er sich auch als fürsorglicher Landesvater. Gewisse texanische Gewohnheiten bei manchen seiner sheriffähnlichen Auftritte in den USA werden sogar von jenen liberalen Intellektuellen in Amerika geduldig hingenommen, die Präsident Bush zu Beginn seiner Amtsperiode fälschlich für eine taube Nuss gehalten haben.

US-Präsident George W. Bush befahl den Krieg gegen den Terror. Der Texaner handelte umsichtiger, als viele ihm das zugetraut hatten, verfolgte dabei aber sehr konsequent sein Ziel: Vernichtung der Taliban

Sie brachten uns die „Luder-Debatte“

Für die einen sind sie die Stars auf jeder Party. Für die anderen einfach nur unwichtige „Party-Hühner“, die sich ins Blitzlicht drängeln. Als Thomas Gottschalk die hochgeschlitzten Blondinen Jenny Elvers (links) und Ariane Sommer auf sein „Wetten dass...?“-Sofa holte, begann die große Luder-Debatte, und die meisten Männer meinten: Uns sind natürliche Frauen viel lieber! Nur Naddel kam nicht zur Gottschalk-Sendung, sie traf sich mit Bohlen und nahm später Abschied vom Luder-Leben

Ganz romantisch in der Kirche
Weihnachten Hochzeit in Weiß
Wunderpferd Rembrandt tot
Anke Hubers bitterer Abschied
Peter Kraus So qualvoll starb meine Tochter
Bild
Streicht Deutsche Bank 10 000 Arbeitsplätze?
Neue Milzbrand-Tote!

Donnerstag, 1. November

Es geschah in einer Kinder-Klinik
Kleine Sarah (4) von ihm entführt, missbraucht
Der Hustensaft zum Lutschen
Bild
Völler nimmt Kirsten nicht mit
Neue Drohungen von bin Laden
Naddel lässt ihren Busen wiegen

Freitag, 2. November

MILZBRAND
Groß-Alarm in Neumünster
30 unheimliche Pakete in der Innenstadt
Bild

Sonnabend, 3. November

Er missbrauchte das Mädchen (4) aus der Kinder-Klinik – und ging zum Tanzen
Sarahs Schänder in dieser Disco verhaftet
ESSO Hit der Woche
Bild
Naddels Foto-Tagebuch
Jede Stunde eine neue Chance
12 US-Soldaten verwundet?

Montag, 5. November

Blinder Alarm & Kindesraub

Ein Monat voller Angst, Sorgen und Hoffnungslosigkeit

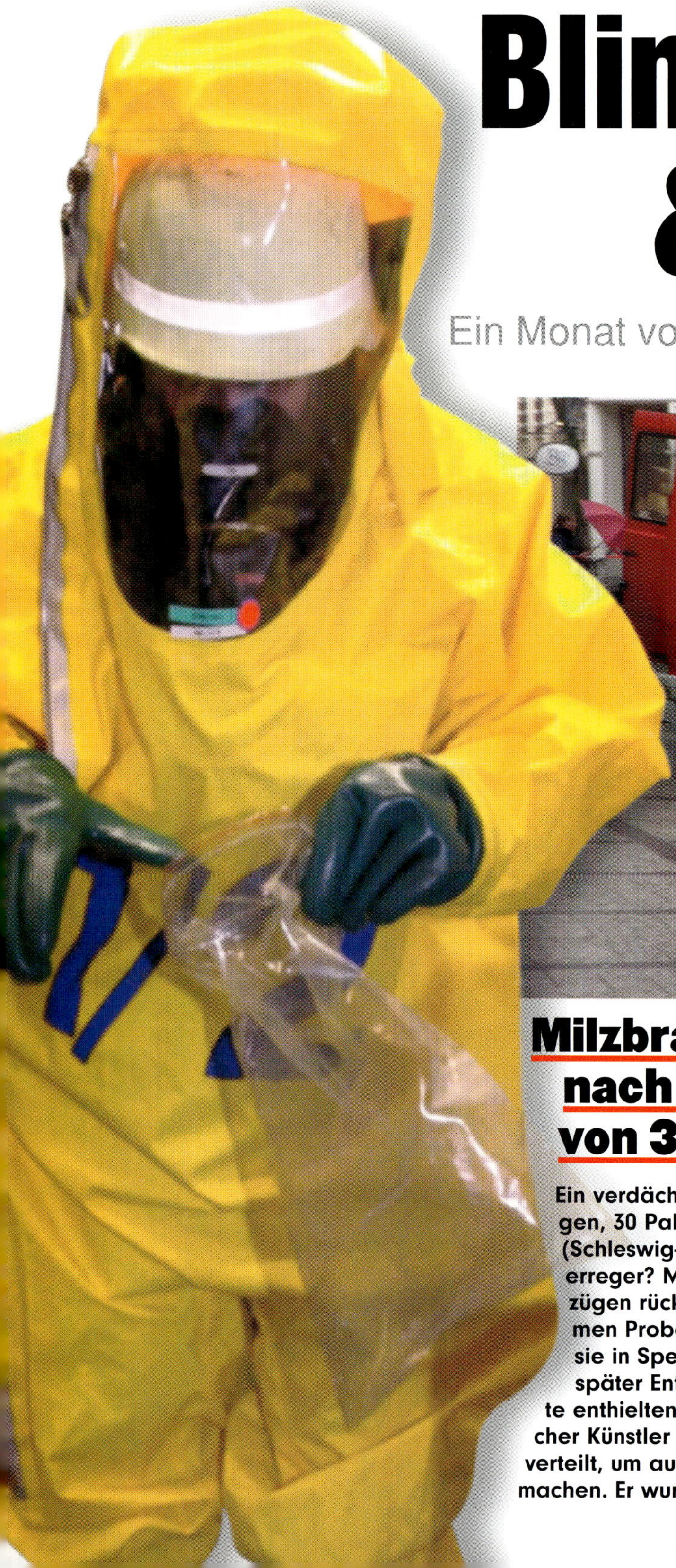

Milzbrand-Alarm nach dem Fund von 30 Paketen

Ein verdächtiger Brief in Thüringen, 30 Pakete in Neumünster (Schleswig-Holstein). Milzbranderreger? Männer in Schutzanzügen rückten sofort aus, nahmen Proben, die Polizei flog sie in Speziallabors. Wenig später Entwarnung: Die Pakete enthielten Gips. Ein angeblicher Künstler hatte es in der Stadt verteilt, um auf sich aufmerksam zu machen. Er wurde festgenommen.

Dienstag, 6. November

Der November begann dunkel; die ersten zwei Wochen kennzeichneten Sorgen, Wut und Hoffnungslosigkeit, Trauer, Querelen und Angst.

● **Sorgen:** Anfang des Monats spürten wir, wie es sein könnte, wenn es ernst wird. Es gab „echten" Milzbrand-Alarm. Deutschland erstarrte. Ein Pulver-Brief in Rudolstadt, 30 Pulver-Pakete in Neumünster (Schleswig-Holstein)!
Zwar wurde rasch Entwarnung gegeben, aber aufatmen mochte man nicht: Es wurde deutlich, dass unsere Labors völlig überfordert und wir für den Katastrophenfall nur ungenügend vorbereitet sind.

● **Wut** über einen besonders brutalen Fall von Kindesmisshandlung. In Herford wurde ein vierjähriges Mädchen aus einer Kinderklinik geraubt, missbraucht und zurückgebracht. Die Mutter des Kindes schlief im selben Zimmer! Der Täter war erst 16; er wurde wenige Tage später in einer Disco verhaftet.

Zwei Männer und ihr Kampf gegen den Krebs

● **Hoffnungslos:** Der Kampf zweier Männer gegen die Geißel Krebs. Da war zunächst **George Harrison (58)**. Ein letztes Mal flog der Ex-Beatle nach New York, um seinen Hirntumor einer neuen Therapie auszusetzen. Er verlor den tapferen Kampf und überlebte den Monat nur wenige Tage.
Auch der deutsche Schauspieler **Oliver Hasenfratz** (32, „Der König von St. Pauli") erkannte im November die Hoffnungslosigkeit seiner Lage (er litt an Blutkrebs). Am Schluss spendete ihm sein Bruder noch Knochenmark, aber am 14. des Monats schlief Oliver Hasenfratz im Berliner Virchow-Krankenhaus für immer ein.

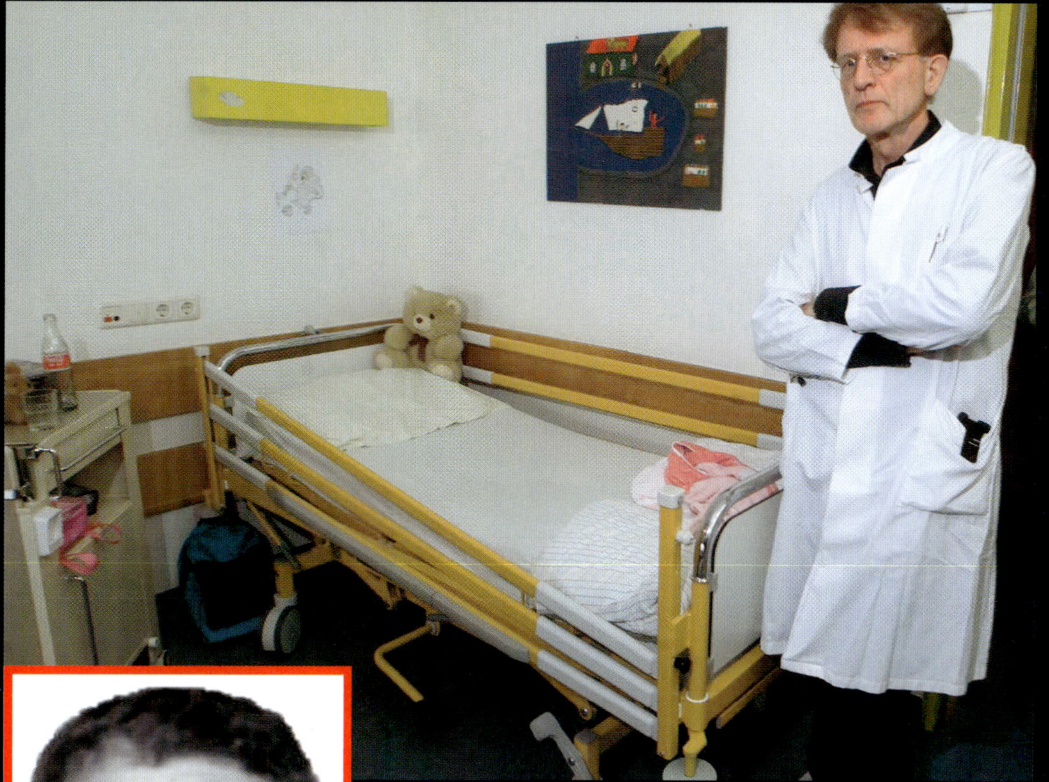

Aus diesem Klinikbett wurde ein Kind geraubt

Sarah (4) schlief nachts in ihrem Bett in der Kinderklinik von Herford (NRW). Gegen Mitternacht ging die Balkontür auf, ein Mann kam ins Zimmer, raubte Sarah aus ihrem Bett und missbrauchte sie auf dem Rasen neben dem Parkplatz. Die Polizei fahndete mit einem Phantombild (links) und verhaftete nach fünf Tagen den mutmaßlichen Täter: Daniel K. (16), Schüler.

Die Türsteher „Sammy" und Holger der Disco „Kick" erkannten den Kinderschänder (Foto rechts) nach dem Phantombild und riefen die Polizei

3900 Deutsche ziehen in den Krieg gegen den Terror. Der Kanzler spricht von historischer Entscheidung!
Wie groß ist die Gefahr für unsere Soldaten?
Der Hustensaft zum Lutschen
Ich wurde vergewaltigt
Wir geben alles für die WM
Bild

Deutsche Soldaten nach Afghanistan
Trifft uns jetzt bin Ladens Rache?
Bundeskriminalamt und Geheimdienste warnen vor Terror in Deutschland
BILD enthüllt: Das ist Rudis Schicksals-Elf
Bild

Außenminister Fischer droht mit Rücktritt
Zerbricht Schröders Regierung am Krieg?
Harald Juhnke Nerven-Klinik!
Rudi, lass die Sau raus!
Bild

17.59 Uhr! Deutschland drückt WM-Daumen
Größte Fan-Aktion aller Zeiten vorm TV
Stürzen sie den Kanzler?
Bild

● **Trauer** auch um ein Tier, das jeder kannte. Pferde-Deutschland nahm Abschied von **„Rembrandt"**. Der braune Westfalen-Wallach musste im Alter von 24 Jahren in einer Wattenscheider Tierklinik eingeschläfert werden. Er hatte Nicole Uphoff zu Weltruhm getragen und 21 Goldmedaillen gewonnen!
Trauer schließlich um die niedlichen **Braunbär-Babys Björne, Bolli und Bompa,** die angeblich aus Platzgründen im Zoo von Lycksele (Schweden) erschossen wurden. Eine Gemeinheit. Erst zehn Monate vorher hatten die Kinder von Lycksele den drei tapsigen Bären-Geschwistern Namen gegeben!

Rembrandt, unser Wunderpferd, trug seine Reiterin Nicole Uphoff von Sieg zu Sieg. 21 Jahre waren sie unzertrennlich

Erschossen und gegerbt
Ausgelassen trollten die kleinen Bären durch ihr Gehege. Wenige Tage später wurden sie erschossen. Übrig blieben nur die Felle, ausgelegt im blutverschmierten Schnee

Querelen in der CDU. Der Machtkampf wurde härter, die Luft wurde eisiger, und der Ton wurde schärfer. CSU-Generalsekretär Goppel warf **Angela Merkel** Nervenschwäche vor. Auf dem Landesparteitag in Baden-Württemberg kämpfte die Parteichefin um ihre Macht. CDU-Vize Teufel forderte die sofortige Nominierung des Kanzlerkandidaten, und sein Amtskollege Christian Wulff bezeichnete die Stimmung in der Partei als „einfach katastrophal".

● **Angst** um unsere Soldaten. Das Bundeskabinett beschloss, 3900 Mann nach Afghanistan zu schicken. Erstmals seit dem Zweiten Weltkrieg ging es dabei nicht nur um einen humanitären, sondern ausdrücklich auch um einen militärischen Einsatz. Die rot-grüne Regierung geriet in ihre bisher schwerste Krise. Am 8. November, einem Donnerstag, meldete BILD: „Kanzler-Mehrheit für Kriegseinsatz nicht sicher". Einen Tag später, Zitat **Joschka Fischer**: „Ich klebe nicht an meinem Sessel!"

Reporter erschossen, Shelter-Helfer frei

Wenig später geriet der 40-jährige „STERN"-Reporter **Volker Handloik** auf einem Panzer der Nordallianz in einen Hinterhalt und wurde von den Taliban erschossen. Als sein Sarg auf dem Weg in die Heimat war, kamen die vier **Shelter-Helfer** frei, die von den Taliban auf der Flucht zunächst mitgenommen und dann im Stadtgefängnis von Gahsni zurückgelassen worden waren.
Gerhard Schröders schwerste Stunde nahte. Unser Kanzler vergisst diesen November bestimmt niemals! Er verband die Zustimmung des Bundestages zum deutschen Afghanistan-Einsatz mit der Vertrauensfrage, bekam 336 Stimmen (zwei mehr als nötig) und ließ sich von seiner Frau Doris erleichtert umarmen.

Glück und Unglück in Afghanistan
Der „STERN"-Reporter Volker Handloik (links) wurde erschossen. Die „Shelter-Now"-Mitarbeiter Georg Traubmann, Silke Dürrkopf, Margit Stebnar und Kati Jelinek wurden freigelassen

King Kahn Hebt jetzt bloß nicht ab!
ESSO Hit der Woche
Bild
Das Riesen-Harry-Potter-Quiz
Jede Stunde eine neue Chance
Denkt der Kanzler an Neuwahlen?

2 Monate nach dem Terror stürzt ein Airbus auf die Stadt – viele hundert Tote
Armes New York!
Bild
Deutscher Reporter von Taliban erschossen
Heute Glücksuhr in BILD
Also doch! Völler bringt 2 neue Stürmer

Kanzler vor dem Aus?
Schröder stellt Vertrauensfrage
Trennen sich SPD und Grüne?
Der Hustensaft zum Lutschen
Bild
Notarzt! Sein Herz
Afghanistans Hauptstadt erobert
King Kahn Pack uns die WM!

Rudi, Rudi, rallala!
4:1 Jungs, wir knutschen euch!
DAS LAMA IST DA!
Bild
Kanzler droht mit Neuwahlen
Danke, Dieter Bohlen
Deine schöne Estefania nackt wie noch nie

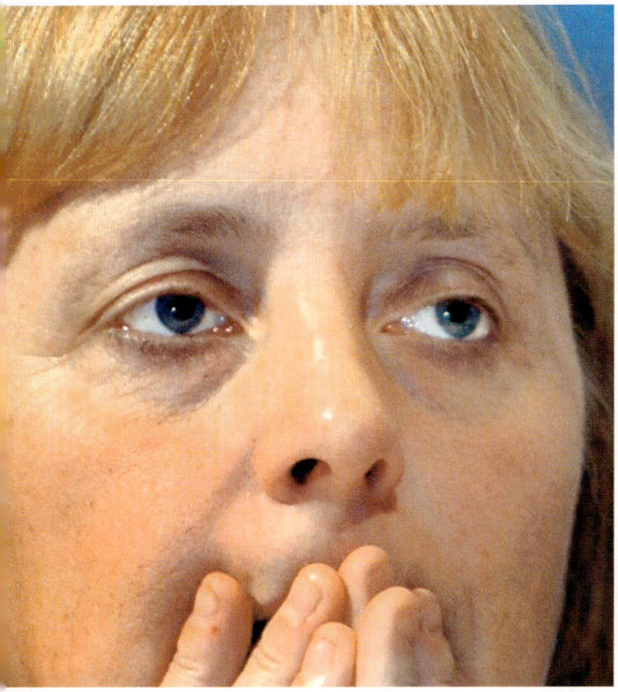

Angela Merkel
Harte Zeiten auch für die CDU-Chefin. Wird sie die Kanzler-Kandidatin für 2002?

Joschka Fischer
Er mag kaum hinsehen. Wie viele stimmten gegen ihn?

Im Bundestag ging's um Alles oder Nichts

Es waren die spannendsten Stunden des Jahres im Deutschen Bundestag: Bei der Abstimmung über die Vertrauensfrage bangten die Politiker fast aller Parteien. Schaffen es Schröder und sein Vizekanzler Joschka Fischer oder platzt die rot-grüne Koalition?

Kanzler küsst Doris
Geschafft! Gerhard Schröder hatte Grund, Grimassen zu ziehen. Nach der Abstimmung gab es Küsschen von Doris

Vertrauensfrage
Wer steht heute zu Schröder?
Bild
Bro'Sis Skandal um Teenie-Band
Alle lieben Ballack

Freitag, 16. November

Oliver Hasenfratz wurde nur 32
Blutkrebs
Der qualvolle Tod des TV-Stars
Alles aus im TV!
So peinigten mich die Taliban
Bild
Mio! Arsenal will Ballack
Kanzler knapp gerettet
Doris fiel ihm um den Hals

Sonnabend, 17. November

Deutsche Frauen schimpfen über Gottschalks Luder
Was findet ihr Männer bloß an diesen Hühnern?
ESSO
Hit der Woche
Bild
Kanzler, entlassen Sie diesen Mann!
Jede Stunde neue Gewinne

Montag, 19. November

Wegschließen!
...und zwar für immer
Heute endlich Urteil gegen Ulrikes Mörder
Bild
Kaviar-Affäre
Kanzler, so geht's nicht
Heute neue Glücksuhr in BILD

Dienstag, 20. November

Das Unglück bleibt New York weiter treu

Ein Flammenmeer über dem New Yorker Stadtteil Queens – der abgestürzte Airbus A 300-600 war vollgetankt mit Kerosin. Und wieder standen die tapferen Feuerwehrmänner zwischen Trümmern und Leichen, und wieder weinten Menschen um ihre toten Angehörigen

Pilot Edward States (links) und Co-Pilot Sten Molin berichteten kurz vor dem Absturz von Turbulenzen

Glückspfennig im Fußball-Rasen

Für so richtig gute Laune sorgte im trüben November eigentlich nur der Fußball. Im Rasen von Kiew hatten BILD-Reporter einen Glückspfennig vergraben; gemeinsam mit SAT.1 ließ Europas größte Tageszeitung die Fans zum Anpfiff die Daumen fest auf den Bildschirm drücken. Nicht nur Uri Geller war überzeugt davon, dass sich so eine kollektive Energie auf unsere Mannschaft übertragen ließ. Es ging ja schließlich um die Teilnahme an der WM!

Fast unheimlich der beinahe reglose Mann auf der ukrainischen Trainerbank (Walerij Lobanowski). Einmal sah er auf die Uhr, einmal schwankte er leicht, einmal stand er für Sekunden auf. Das war's.

Daumendrücken, Glückspfennig? Irgendetwas hatte geholfen. Endstand 1:1, Deutschland dankte Ballack, aber wir zitterten vor dem Rückspiel in Dortmund.

Und dann knallte wieder ein Flugzeug auf New York.

Das rechte Triebwerk eines Airbus A 300-600 mit 246 Passagieren und neun Besatzungsmitgliedern an Bord war kurz nach dem Start auf dem John-F.-Kennedy-Flughafen in Brand geraten. Die Maschine (sie war auf dem Weg in die Dominikanische Republik) stürzte in ein Wohngebiet im Stadtteil Queens. Mindestens 265 Menschen starben; darunter auch ein Pärchen, das im World Trade Center gearbeitet hatte und sich am 11. September aus den Trümmern retten konnte. Die beiden wollten sich in der DomRep erholen...

Zum ersten Mal seit Beginn des Krieges in Afghanistan gingen fröhliche Bilder aus **Kabul** um die Welt. Sie zeigten junge Leute in der von den Taliban befreiten Stadt, die freudig den Truppen der Nordallianz

Kabul: Hier begrüßen sie das Ende der Taliban

Als die Soldaten der Nordallianz auf ihren Panzern in Kabul einrollten, liefen die Menschen ihnen jubelnd entgegen. Während es für die besiegten Taliban oft keine Gnade gab (rechts), startete auf dem Flughafen Bagram eine seltsam bunte Gesellschaft: Die Abgesandten für die Afghanistan-Konferenz auf dem Petersberg bei Königswinter

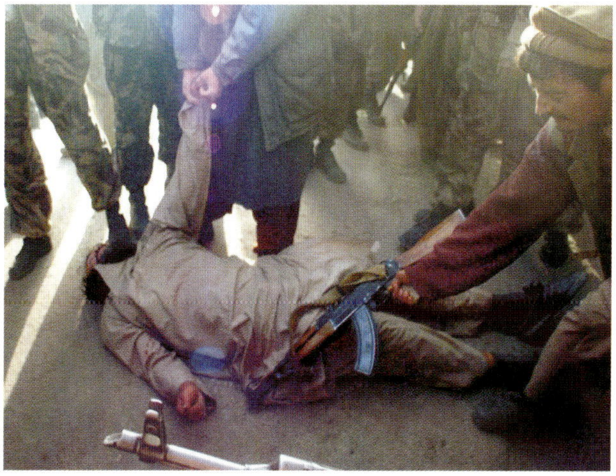

Lebenslang für den Mörder
Findet Ulrikes Mutter jetzt ihren Frieden?
Bild
Sozialamt will Frau Wussow in billigere Wohnung einweisen
Champions League
Bayern – Manchester 1:1
Kaviar-Affäre Kanzler lässt seinen Berater fallen

Jenny, Ariane & Naddel hacken aufeinander ein
Jetzt zoffen sich die Hühner
Bild
Effes Flucht vor bösen Pfiffen
Terror-Chef Osama bin Laden
Lebendig kriegt ihr mich nicht!
Geburtstags-Überraschung
Babs und die Kinder feiern mit Boris

Guten Morgen, Babs
Die ganze Nacht bei Boris
Bild
Naddel Ich schäme mich!
Rezession in Deutschland!

Die Überraschung des Jahres
Werden Boris und Babs wieder so glücklich?
Bild
Toppmöller Effe tut mir leid!
Die Tränen-Briefe von der Ostfront
Heiko Herrlich Tor gegen den Tumor
Ein Arzt packt aus
Naddel Mein neues Leben

 | Mittwoch, 21. November | Donnerstag, 22. November | Freitag, 23. November | Sonnabend, 24. November

Freude: Diese Frau in Kabul lüftete bei der Lebensmittelverteilung ihren Schleier

Endlich dürfen sie lernen, sogar studieren

BILD-Reporter Christoph Hörstel sprach nach der Befreiung mit den Frauen von Kabul.

Der Machtwechsel hat vor allem das Leben der Frauen in der Stadt verwandelt. Im Radio verliest plötzlich eine Moderatorin die Nachrichten. Fernsehbilder zeigen die ersten Frauenköpfe ohne Schleier.

BILD-Korrespondent **Christoph Hörstel**

Ich besuche die 17-jährige Jila im Haus ihrer Eltern. „Alles scheint plötzlich möglich", sagt das Mädchen begeistert. „Wir dürfen auf die Straßen. Die Männer haben die hässlichen Bärte abrasiert. Und viele tragen Jeans statt unförmiger Röcke. Da kann man endlich sehen, wie ein Mann gebaut ist..."

Gestern hat Jila mit ihrer Freundin den ersten Ausflug gewagt. Staunend haben sie sich Lippenstifte angesehen, bunte Kleider, Haarreife. „Das war wie ein Kribbeln am ganzen Körper", sagt sie, „aber gekauft haben wir nichts." Die Angst sitzt immer noch tief bei den jungen Frauen in Kabul. Bis vorgestern wurden sie verhaftet, wenn sie mit Nagellack erwischt wurden. Sittenwächter der Taliban hackten ihnen die Fingerkuppen ab. Ihre Burka wollen die jungen Frauen erst einmal weiter tragen. „Wir wissen nicht wirklich, ob die Taliban nicht zurückkommen..."

Ich frage Jila nach ihren Plänen. Studieren will sie. Die Schule durfte sie ja nie besuchen, weil die Taliban es verboten. Ihr Vater, ein Ingenieur, hat sie unterrichtet. Jetzt will sie mit anderen Frauen und Männern zur Uni, Medizin und Literatur studieren – oder auch heiraten und Kinder kriegen.

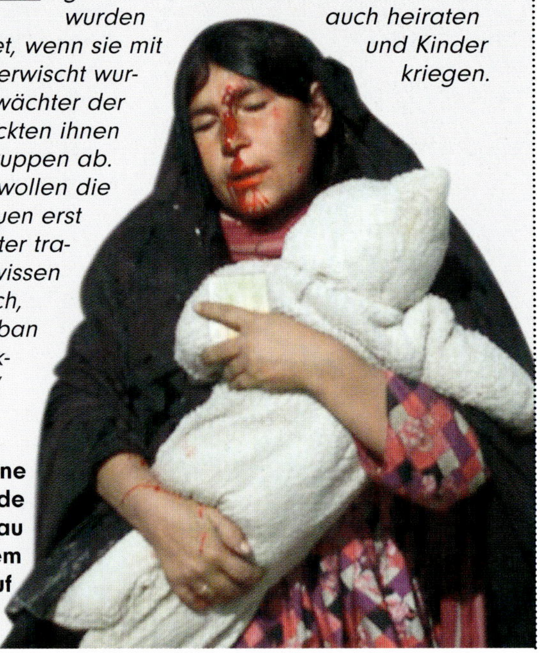
Elend: Eine blutende junge Frau mit ihrem Baby auf der Flucht

entgegenliefen. Frauen lächelten unverschleiert in den Straßen, Männer rasierten sich wieder und überall erklang Musik.

Es war fast wie damals in den 50er Jahren, als Afghanistan die „Perle der Wüste" und Kabul eine Handelsmetropole voller Lebenslust war, mit unglaublichem Flair, farbenfrohen Bazaren und dem betäubenden Duft von tausendundeins verschiedenen Gewürzen in der heißen, flirrenden Luft.

Diesmal beobachtete Christoph Hörstel für BILD die Lage in Kabul; links auf dieser Seite schreibt er übers Erwachen der afghanischen Frauen aus einem langen, finsteren Schlaf.

Rudi, Rudi, rallala – 4:1 gegen die Ukraine!

Atem anhalten, wieder Daumen drücken! Das Westfalenstadion wird zur Schießbude! Der ein weiteres Mal von BILD-Reportern im Rasen vergrabene Glückspfennig leistet gute Dienste; 4:1 putzen wir nun die Ukraine mitsamt ihrem Buddha-Trainer weg. „Rudi, Rudi, rallala" – auf der BILD-Seite 1 flattert die schwarz-rot-goldene Fahne, und Ballack (traf zweimal) ballt die Faust dazu. WM, wir kommen – wunderbar.

Nun durften wir etwas entspannen. Bei Thomas Gottschalk auf der Couch versammelten sich die so genannten **Party-Luder** Jenny Elvers und Ariane Sommer. Ja, auch die nicht so ganz ernst gemeinte „Luder-Debatte" gehört in den Jahresrückblick hinein!

„Was findet ihr Männer bloß an diesen Hühnern?", fragte die BILD-Schlagzeile stellvertretend für Millionen Frauen, und die Antwort der Männer war fast einhellig: „Nichts, wir mögen natürliche Frauen viel lieber." Aber ob man das wirklich glauben durfte?

Montag, 26. November

Hurra, wir fahren zur WM 2002!
Teamchef Rudi Völler hielt nichts mehr auf seiner Trainerbank. Nach dem 4:1-Sieg gegen die Ukraine ließen sich die deutschen Spieler von den 60 000 im ausverkauften Dortmunder Westfalenstadion richtig feiern. BILD titelte am nächsten Tag: „Jungs, wir knutschen euch!"

Ein FDP-Mediensprecher forderte jedenfalls allen Ernstes „Hühnerverbot bei ARD und ZDF" („Es kann nicht sein, dass Millionen Gebührenzahler weiterhin für jedes Weibergezänk blechen müssen"), BILD meldete „Zicken-Alarm im Luder-Stall"

und Luder-Seniorin Naddel (36) schwor innere Einkehr („Es tut mir Leid, was ich in der Vergangenheit getan habe, und ich schäme mich"). Zur „König der Löwen"-Premiere im Hamburger Hafen Anfang Dezember erschien sie dann tatsächlich wie eine Büßerin (hochgeschlossen, ganz in Schwarz). Die anderen beiden ließen keinen Zweifel daran, dass sie sich herzlich unsympathisch waren.

Für Schmunzeln sorgte auch Lautern-Star **Mario Basler**, der mit dem Pepitahut eines Fans auf dem Kopf einen Eckball gegen St. Pauli treten wollte, was der Schiri-Assi aber verbot („Missachtung des Gegners"). Kanzler Schröders sicherheitspolitischer Berater Steiner stolperte über die so genannte Kaviar-Affäre (Rücktrittsgesuch wurde angenommen), Ulla Kock am Brink schien über ihre Theo-Baltz-Affäre zu stolpern, und Verteidigungsminister Rudolf Scharping stolperte fast auf dem Nürnberger SPD-Parteitag (nur beschämende 58 % bei der Wahl zum Partei-Vize).

Baslers Ecken-Show
Mario Basler mit dem Hut eines Zuschauers – sehr zum Leidwesen von Linienrichter Thorsten Schiffner

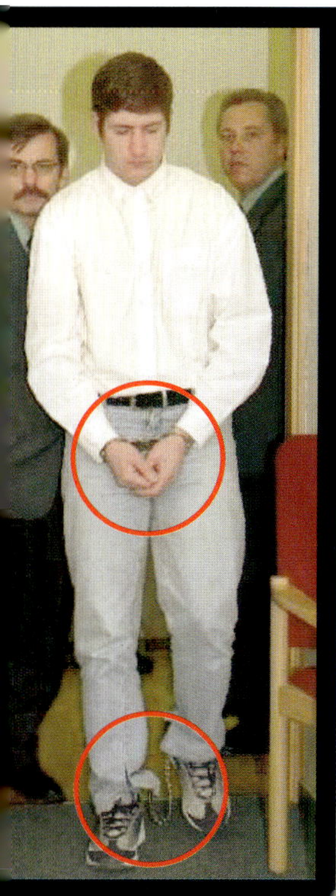

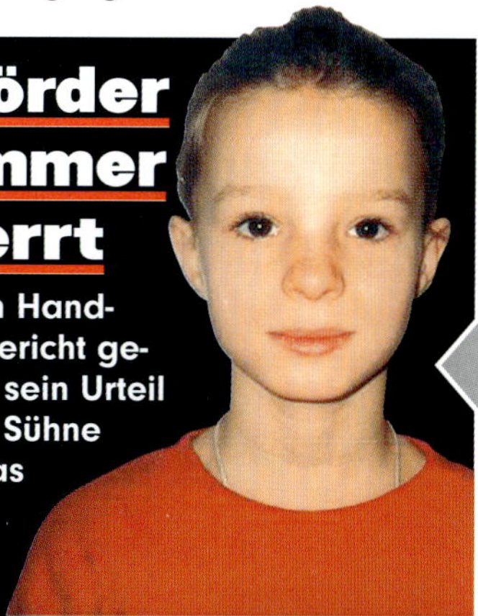

Ulrikes Mörder wird für immer weggesperrt
Stefan Jahn wurde in Hand- und Fußfesseln ins Gericht geführt (links). Er nahm sein Urteil regungslos auf. „Die Sühne wird Ulrikes Eltern das Leid nicht nehmen", sagte die Richterin in ihrem Urteil

Ulrikes Eltern wurden als Nebenkläger von Gregor Gysi vertreten

In Frankfurt/Oder wurde **Ulrikes Mörder Stefan Jahn** zu lebenslänglicher Haft verurteilt. Ulrike – das Fahrrad im Schnee, die großen Kinderaugen (Februar-Kapitel). Anschließende Sicherungsverwahrung wurde nicht verhängt; theoretisch könnte Jahn nach 15 Jahren wieder auf freiem Fuß sein. Ulrikes Mutter weinte im Gericht („keine Genugtuung"). Lebenslänglich auch in Bremen für den „dicken Serienkiller" (fünf tote Rentnerinnen in nur neun Tagen, siehe Juni-Kapitel).

Die überraschendste Affäre Deutschlands
Hitzfeld und das schöne Model
Der Hustensaft zum Lutschen
Bild
Jede Stunde neue Chancen
INVASION!
1500 US-Marines jagen bin Laden

Dienstag, 27. November

Regine Hildebrandt †
Verfluchter Brustkrebs!
Das Drama ihrer letzten Stunden
Bild
Hitzfelds Affäre Sein Model erzählt

Mittwoch, 28. November

Zuletzt sprach Regine Hildebrandt oft von Sterbehilfe
Ihr Tod war eine Erlösung
Bild
Frau Wussow verkauft ihre schönen Kleider
Attas bester Freund gefasst

Donnerstag, 29. November

Babs Becker im Miami-Chic: Dreadlocks, Jacke mit Fellbesatz, Karo-Hose. Morgens um 10 Uhr huschte sie aus Boris' Villa

Die schöne Rosi und der brave Ottmar
Bayern-Trainer Ottmar Hitzfeld wurde bei der schönen Rosi schwach, versöhnte sich aber wieder mit Gattin Beatrix (oben)

Zweimal waren die Society-Scheinwerfer auf München gerichtet. Zunächst mal feierte **Boris** dort seinen 34. Geburtstag, und gerührt betrachteten wir die Fotos, auf denen sein Besuch zu sehen war. **Babs und die Kinder** blieben sogar über Nacht!

Aber kaum hatten wir neue Hoffnung geschöpft (BILD-Schlagzeilen-Hattrick: „Sprachen die beiden schon über eine zweite Hochzeit?", „Werden die beiden wieder so glücklich?" und „Zieht Babs wieder bei Boris ein?"), dementierte der nun schon fast ein Jahr geschiedene Publikumsliebling das neue Glück. Schade! Das zweite Mal sahen wir neugierig nach München, weil Bayern-Trainer **Ottmar Hitzfeld** eine Affäre gestand. Drei Jahre hatte er eine schöne, schwarzhaarige, rassige Geliebte, aber er hatte sich mit seiner Frau schon ausgesprochen (alles verziehen). Seitdem fast hitverdächtig als „Wort des Jahres 2001": „Ergänzungs-Sex" (Kürzel für Liebesaffären glücklich verheirateter Männer, siehe Boris, Blanco, Beckenbauer).

Der trübe November ging dann letztendlich so, wie er gekommen war: Todtraurig und tränenreich.

Der Todesflug des Popstars

Das Wrack der abgestürzten Crossair-Maschine, die bei schlechtem Wetter viel zu tief geflogen war, im Wald bei Zürich. Die Retter fanden auch die Leiche von Melanie Thornton (Foto rechts).

Sie hatte gerade im Studio ein Duett mit DJ Bobo aufgenommen. Von der Popgruppe „Passion Fruit" (Foto unten) überlebte nur Debby (links). Nathalie und Maria starben

Freitag, 30. November

„Ich lebe jeden Tag so, als ob es mein letzter wäre" (Popstar **Melanie Thornton**, 34, in einem TV-Interview).

Wenige Stunden nach diesen Worten starb die Sängerin („I Love How You Love Me") in den Trümmern eines Crossair-Jets, der aus Berlin kommend beim Landeanflug auf Zürich abgestürzt war. An Bord auch die drei Sängerinnen der Gruppe **„Passion Fruit"**, von denen nur eine überlebte. Insgesamt gab es 24 Tote und neun Verletzte.

Regine Hildebrandt, Mutter Courage des Ostens

In Woltersdorf bei Berlin starb die beliebte SPD-Politikerin und ehemalige brandenburgische Sozialministerin **Regine Hildebrandt** im Alter von nur 60 Jahren an Brustkrebs. Ein Klinikbett zum Sterben hatte die Politikerin abgelehnt; in dem Hildebrandt-Haus am Flakensee lebte sie mit elf Familienmitgliedern aus vier Generationen unter einem Dach. „Wenn der Ärger in der Politik zu groß wird, habe ich immer meine Familie zum Freund", so wurde sie zitiert.

Noch sechs Tage vor ihrem Tod ließ sich die scheinbar unverwüstliche „Mutter Courage des Ostens" auf dem SPD-Parteitag wieder in den Bundesvorstand wählen. Als ihr Mann sie bat, alles doch etwas ruhiger angehen zu lassen, hatte sie nur gelacht: „Ich kann halt nicht anders. Ruhe habe ich nach dem Tod."

Fast unheimlich, wie sich die Worte gleichen. Melanie Thornton, die bei Zürich verunglückte Sängerin, in dem besagten TV-Interview: „Wir wissen alle nicht, ob wir morgen noch leben."

Regine Hildebrandt in ihrem letzten „BUNTE"-Interview: „Vielleicht erreiche ich Weihnachten gar nicht mehr. Das ist nicht ausgeschlossen. Man muss es einfach einkalkulieren."

Abschied des Ex-Beatles am Ganges

„Meine Asche soll über dem Ganges verstreut werden", hatte sich Ex-Beatle George Harrison von seiner Frau Olivia gewünscht. Auf dem Foto oben ist er ganz rechts zu sehen. „Er war wie mein kleiner Bruder", bekannte Paul McCartney, als er vom Tod seines Freundes erfuhr.

Sie verloren ihren schwersten Kampf

Sie hatten gekämpft bis zum letzten Augenblick, doch der Krebs war stärker. Ex-Beatle George Harrison († 58) starb in Beverly Hills (Kalifornien) an Lungenkrebs. Der Schauspieler Oliver Hasenfratz war erst 32 Jahre alt, als ihn der Blutkrebs besiegte. Selbst eine Knochenmarkspende seines Bruders Dirk konnte ihm nicht mehr helfen. Regine Hildebrandt hatte bis zuletzt versucht, mit Zuversicht gegen ihren Brustkrebs anzukämpfen. Sie starb in ihrem Haus bei Berlin.

Die letzte Rolle des jungen Schauspielers

Oliver Hasenfratz im „König von St. Pauli" – eine seiner letzten großen Rollen

Sie trug ihr Schicksal gefasst

Regine Hildebrandt (links) konnte auch noch unbeschwert lächeln, als sie um ihre schwere Krankheit wusste. Jan Hildebrandt trug die Urne seiner Mutter Regine zur Trauerfeier in die Kirche

Wie der November unser Leben veränderte

Das große Bangen um die Fußball-WM

Franz Beckenbauer

wurde Fußball-Weltmeister als Spieler (1974) und Trainer (1990). Seit 1994 ist er Präsident des FC Bayern München. Er holte die Fußball-WM 2006 nach Deutschland und ist BILD-Kolumnist

Eine Weltmeisterschaft ohne Deutschland? Der Gedanke war für mich genau wie für die meisten Fans unerträglich und unvorstellbar. Bei meinen vielen Auslandsreisen wurde ich immer wieder gefragt: „Was ist denn mit euch Deutschen los?" Zum Glück wachte die Nationalelf gerade noch rechtzeitig auf, bevor aus dem Albtraum Realität wurde... Dabei hatte es 2001 für Rudi Völler und seine Mannschaft auch Galavorstellungen gegeben wie das 4:2 in Griechenland und das 5:2 in Ungarn, wo du dachtest: Hoppla, da passt ja fast alles. Die WM-Qualifikation kann gar nicht in die Hose gehen.

Doch dann kamen auch Spiele, da fühlten wir uns wie ein Hund, dem die Wurst weggezogen wird, kurz bevor er danach schnappen kann. Die zweite Halbzeit beim 1:5 gegen England und die erste Hälfte beim 0:0 gegen Finnland waren eine grausame Prüfung für alle Fans.
BILD hat die Spieler ja anschließend in die Flasche gesteckt und sie schon deftig veräppelt. Das war vielleicht ein bissel hart, doch es traf die Wut-Stimmung der Fans: Wie kann man so dumm sein und zu Hause nicht gewinnen, zumal Otto Rehhagel mit seinen Griechen gegen England alle Schützenhilfe geleistet hatte. Haben wir nicht alle so empfunden?

Rudi Völler spürte zum ersten Mal, wie es ist, wenn man im Feuer der Kritik steht. Ich kenne das aus meiner Zeit als Teamchef: Es tut weh – aber am Ende macht es dich stärker. Manchmal schweißt es eine Mannschaft erst richtig zusammen, wenn man richtig Prügel bezieht. Aus meiner Karriere als Spieler fällt mir ein Beispiel ein: 1972 fuhren wir als krasser Außenseiter nach England. Aber plötzlich stand nun im Wembley-Stadion eine deutsche Elf auf dem Rasen, die wie aus einem Guss spielte. Netzer, Müller, Heynckes – der Ball lief wie aufgezogen. Wir siegten 3:1, und nichts hielt uns mehr auf dem Weg zum Europameister-Titel auf.
Was ich damit sagen will: Wenn der Druck von außen gewaltig wird, rückt eine Mannschaft enger zusammen. Die beiden K.o.-Spiele gegen die Ukraine waren doch der Beweis, dass da ein echtes Team auf dem Platz stand. Fußballerisch kann es bestimmt noch besser laufen, aber du hast bei jedem den Willen gespürt: Ich will zur WM und nicht als Fußball-Depp in die Geschichte eingehen, der erstmals die Teilnahme bei diesem Turnier vergeigt.
Nun fahren wir also nach Japan und Korea. Und ich bin sicher, wir bleiben auch länger dort. Die Gruppe mit Saudi-Arabien, Irland und Kamerun ist wirklich keine, bei der die Knie weich werden. Drei Gegner, die wir schlagen können – alles andere als das Achtelfinale wäre eine echte Enttäuschung.

Gegen die Ukraine hat der Leverkusener Block mit Ballack, Neuville, Nowotny, Ramelow und Schneider die WM-Teilnahme vorbereitet. Die Bayern stoßen noch richtig dazu, wenn nach Kahn und Jancker auch wieder Scholl und Jeremies nach ihren Verletzungen zurückkehren. Und dann noch Deisler, den ich schon als Bayern-Spieler zähle. Wenn Rudi auf diese beide Blöcke baut, sie noch mit starken Spielern aus anderen Vereinen ergänzt, können wir bei der WM einiges erreichen. Argentinien und Frankreich sind zwar meine Topfavoriten, aber dahinter ist alles drin.

Der Moment, auf den Fußball-Deutschland so sehnsüchtig gewartet hatte: Soeben ist das 3:0 gegen die Ukraine gefallen. Marco Rehmer (links), Carsten Ramelow und Bernd Schneider können jetzt sicher sein: Wir fahren zur WM nach Japan und Südkorea

Frieden für Afghanistan?

Über 20 Jahre hat das Volk Afghanistans unter dem Krieg gelitten. Erst trugen ihn die Sowjets ins Land, dann kamen der Bürgerkrieg und die Taliban. Doch Weihnachten 2001 hatte Afghanistan die große Chance auf Frieden. Amerikanische Elitesoldaten, die den befreiten Flughafen Kandahar bewachten, zelebrierten in dem moslemischen Land christliche Weihnachten: Während sich Josh Johnson über sein Weihnachtspäckchen aus der Heimat freute, verzierte Michael Pyle (24) den Hütteneingang mit einem Weihnachtsbaum aus grünen Zweigen. In Ermangelung des Christbaumschmucks umwickelte er den Baum mit roten Absperrbändern für Minenfelder.

MINES
خطر- الغام!

Beatle George Harrison†
Er starb glücklich!
Bewegende Abschiedsfeier am Totenbett
Er glaubte an die Wiedergeburt
Seine letzten Worte: „Liebet einander!"
KRINNER
Ist da was kleines Königliches unterwegs?
Bild
Neue Chance beim ZDF
Um 11.55 Uhr Daumen drücken
Bush bombardiert bin Ladens Festung

Wussow intim
Jetzt sag ich alles!
ESSO
Hit der Woche
Bild
Hertha Bayern 2:1
HSV St. Pauli 4:3
WM-Spiele mittags!
Feige Massaker am 1. Advent
26 Tote, über 200 Verletzte
Krieg jetzt auch im Heiligen Land?
Ottke
Ein Sieg fürs Baby

Was ist mit seinen Augen?
Brillen-Schumi
baut Unfall auf der Autobahn
Der Hustensaft zum Lutschen
Bild
Berti unser Gegner bei der WM?
Jede Stunde neue Chancen
Wussow-Scheidung geplatzt!
Raketen auf sein Hauptquartier, seine Hubschrauber und Autos
Jetzt wird Arafat gejagt

Aus der Traum vom Familienglück
Ich heirate Babs nicht noch mal!
Bin Laden fleht um sein Leben
Neue Schock-Zahl
3,789 Mio Arbeitslose!
Bild
Feuer-Unfall
Heinz Hoenigs Gesicht verbrannt
Effenberg
Ja, ich verhandle mit Madrid
SPD jetzt offen für Koalition mit PDS
Regiert Gysi bald Berlin?

 Sonnabend, 1. Dezember | Montag, 3. Dezember | Dienstag, 4. Dezember | Mittwoch, 5. Dezember

Bomben & Schneesturm

Die Lage in Israel macht uns Angst. Und Petrus nimmt unseren Wunsch nach „weißer Weihnacht“ allzu wörtlich

Auf Tora Bora fallen die ersten Bomben. Bin Laden kommt vorerst nicht aus der Höhle. Oder er ist schon lange weg.

Noch sorgenvoller sehen wir am Monatsbeginn aber nach Israel. Bei drei brutalen Selbstmord-Attentaten mit Nagelbomben sterben 26 Menschen; über 200 werden verletzt. Wie hart werden die Israelis auf diese Terroranschläge von radikalen Palästinensern reagieren? Gibt es nun auch dort Krieg? Gleich in der ersten Monatswoche werden Raketen auf **Jassir Arafats** Hauptquartier abgefeuert; es gibt mehrere Verletzte.

Letzter Auftritt
Harald Juhnke, gestützt von seiner Frau Susanne (rechts) und einer Helferin auf dem Weg ins Pflegeheim

Der erste Advent bringt eine scheinbar gute Nachricht über die Genesung von **Harald Juhnke** (72). Seine Frau Susanne (56) te ihn aus der Klinik; auf einem aktuellen Foto lächelt er uns an. Deutschland ahnt noch nicht, dass sich hinter diesem Lächeln ein trauriges schwarzes Loch verbirgt. Juhnkes Schicksal wird erst später in der Adventszeit das ganz große menschliche Diskussionsthema; zunächst freuen wir uns für die beiden und erinnern uns an die von Juhnke so geliebte Textstelle aus der deutschen Version von Sinatras „That's life“: „Wenn jemand zu mir sagt, he da, der ist verlor'n, dann steh' ich auf und beginn' wieder von vorn...“

Arafat im Visier Israels

Fast täglich gab es in Israel Tote und Verletzte durch palästinensische Selbstmord-Attentäter. Israels Ministerpräsident Scharon reagierte sofort: F-16 Kampfbomber stiegen auf und schossen die Zentrale von Arafats Leibwächtern in Gaza in Brand. Auch sein Hubschrauber (Foto unten rechts), sein Haus und sein Büro wurden vernichtet. Israelische Panzer rollten ins Westjordanland, Soldaten töteten gezielt Anführer der Hamas.

Bayern-Trainer Hitzfeld und seine Reue-Gefühle

Ich schäme mich so

Für die Affäre mit Model Rosi

Bild

Geheimnis gelüftet!

„ATLANTIS" WARTET AB HEUTE IM KINO!

10 Mio Gehalt für Effenberg

Kein Witz, sondern Ski-Langlauf!

Stefan Raab startet bei Olympia 2002

Wird der Terror-Chef jetzt endlich gefasst?

Amis stürmen bin Ladens Höhle

Donnerstag, 6. Dezember

Noch ein Mensch kehrt zurück. 165 Tage nach dem Tod ihrer Tochter Alexandra zeigt sich **Petra Schürmann** erstmals wieder lächelnd in der Öffentlichkeit (anlässlich der „Stars in der Manege 2001"-Gala). Ganz in Schwarz freut sie sich über die ungeschminkte Herzlichkeit und die tröstende Sympathie, mit der die anderen Prominenten sie wieder in ihrem Kreis aufnehmen.

Zum „Paar des Monats" konnte man **Katja Flint** (Lauterbach-Ex) und **Peter Handke** (Schriftsteller) erklären, deren ungewöhnliche Liaison die „BUNTE" enthüllte. Mitleid hatten wir mit

Mit einem Blumenstrauß holte Prinz Edward seine Frau aus dem Krankenhaus ab

Prinz Edwards Frau Sophie, die ihr Baby in der sechsten Schwangerschaftswoche verlor und nicht mal Besuch von ihrer hartherzigen Schwiegermutter bekam.

Die eher peinlichen Promis: Natürlich machten **„diese Wussows"** auch im Dezember Schlagzeilen. Bei Yvonne klebte der Gerichtsvollzieher Kuckucke auf Bilder, die ihr Noch-Mann gemalt hatte. Peinlich wirkte ferner **Stefan Raabs** geplante Olympiabewerbung als Skiläufer für Moldawien, und peinlich fand nicht nur der deutsche Hochadel die Verhandlung gegen den „feinen Pinkel" (wie BILD ihn nannte): **Prinz Ernst August** wurde vom Amtsgericht Springe (Niedersachsen) wegen gefährlicher Körperverletzung und Beleidigung zu acht Monaten Haft auf Bewährung und 500 000 Mark Buße verurteilt.

Peinlich auch, was sich Sachsens Ministerpräsident **Kurt Biedenkopf** leistete. An der Ikea-Kasse in Dresden feilschte er mit seiner Frau hartnäckig um 132 Mark Rabatt! Offenbar kein Einzelfall. In den Folgetagen kamen immer mehr Raffke-Vorwürfe hoch, und die Rücktritts-Rufe auch innerhalb der CDU wurden lauter.

Die Biedenkopfs auf Rabattjagd

Kurt und Ingrid Biedenkopf beim Urlaubseinkauf in einem bayerischen Supermarkt. Als er auf einer Messe einmal Honig und Töpferwaren bezahlen wollte, wurde er – so heißt es in einem Bericht – von seiner Frau gestoppt: „Kurt, wenn die Leute dir etwas schenken wollen, darfst du sie nicht enttäuschen."

Raab für Moldawien

Er wollte unbedingt nach Salt Lake City (USA), um für Moldawien im SkiLanglauf zu starten. Deshalb trainierte Stefan Raab wochenlang in Kajaani (Finnland)

Prinz Ernst August, dieser feine Pinkel…
Verurteilt!
Acht Monate fürs Treten, Prügeln und Pöbeln. Richter spricht von „Hinterlist"
Olympia-Raab
Sie baut Liebes-Paradies
Taliban-Chef gibt auf
Bild

Freitag, 7. Dezember

Sie weinen um ihr totes Baby
Prinz Edward und die schöne Sophie
Wirbel um Stefan Raabs Olympia-Träume
BILD verschenkt die ersten Euros
Taliban-Chef auf der Flucht!
Völler bleibt bis 2006
Bild

Sonnabend, 8. Dezember

Kaltherzig wie damals bei Diana
Queen lässt Sophie im Schmerz allein
ESSO Hit der Woche
Stolzer Papa Roberto
BILD verschenkt die ersten Euros
Macht's Stoiber doch?
Bild

Montag, 10. Dezember

Ulla Kock am Brink
Begnadigt
Sie darf wieder ins Fernsehen · Ihr Ex gibt sie frei · Kehrt das Glück zurück?
Der Hustensaft zum Lutschen
Schumis neuer Ferrari
mehr Lohn!
Bild

Dienstag, 11. Dezember

Anfang Dezember fragen sich viele Eltern, ob sie etwas mit ihren Kindern falsch machen. Die sogenannte **Pisa-Studie** lässt deutsche Schüler beim internationalen Leistungsvergleich ganz hinten landen (in Mathe zum Beispiel nur auf Platz 20). Kümmern wir uns zu wenig? Gucken sie zu viel fern, sitzen sie zu lange am Computer? Oder liegt es an den Lehrern?

Schüler-Studie
Er passt auf, aber das gilt wohl nicht für alle Schüler

Einfache Gegner in unserer WM-Gruppe

Fußballfans atmen zweimal auf. **Rudi Völler** bleibt bis zur WM 2006 deutscher Teamchef! Und bei der Auslosung zur WM 2002 erwischen wir die Gruppe E (BILD: „E wie einfach"); unsere ersten Gegner werden die Saudis, die Iren und Kamerun sein (Fußballfan Gerhard Schröder: „Das hätte schlimmer kommen können"). Aber es sind Mittagsspiele (Anpfiff: 13.30 Uhr unserer Zeit), das war eine kleine Enttäuschung.

Keine Enttäuschung, sondern eine Sensation war die Premiere des **„König der Löwen"** im Hamburger Hafen. Bundesweit „das" Musical-Ereignis des Jahres! 20 Millionen Mark kostete die Produktion! Für weitere 40 Millionen wurde das Zelt am Elbufer ausgebaut! Darsteller aus elf Ländern! Wunderschöne afrikanische Klänge mit behutsamen Pop-Einlagen, z.B. von Elton John! Sofort bis ins Frühjahr 2002 ausverkauft!

Der „König der Löwen" und die anrührende „Mozart!"-Inszenierung im Theater „Neue Flora" machen Hamburg im Jahr 2001 zur deutschen Musical-Hauptstadt.

Simba – der König der Löwen

Simba kehrt als Sieger in seine Heimat zurück, aus der er als Kind vertrieben wurde. Die Stärke dieser Inszenierung ist die unvergleichliche Kombination aus Schauspiel, Tanz und Puppenspiel.

Für immer ins Heim
Juhnke unheilbar geisteskrank
Bild
Er ist nicht mehr ansprechbar
Seine Frau völlig verzweifelt
KRINNER
325 575
Kati Witt giftet gegen Stefan Raab
Bin Ladens Krieger ergeben sich!

Mittwoch, 12. Dezember

Der geisteskranke Juhnke
Er spielt nur noch mit seinem Teddybär
Bild
Bus aus dem Hinterhalt mit Granaten beworfen
8 Tote! Neues Blutbad in Israel

Donnerstag, 13. Dezember

Seine Frau hat so entschieden
Hier sitzt Juhnke einsam im Heim
Bild
Tiger Frau und Kinder weg
Scharon bricht mit Arafat!
Das teuflische Geständnis
Bin Ladens Terror-Video

Freitag, 14. Dezember

Isabelle (23), sein neuer Schwarm
Wird Boris mit ihr glücklich?
KRINNER
Juhnke für immer im Heim
Wie schwer fiel

Harald Juhnke verließ die Bühne

Eine glanzvolle deutsche Show-Karriere ging jammervoll zu Ende. Harald Juhnke, der Charmeur mit Zigarre, wurde von seiner Frau Susanne ins Pflegeheim gebracht. Für immer vorbei die Zeiten, in denen die Juhnkes das Leben genossen – mit Sohn Oliver oder wie im letzten gemeinsamen Urlaub in Südafrika am Meer.

CDU-Chefin verrät Vertrauten, dass sie Kanzlerkandidatin werden will
Jetzt sagt Merkel Stoiber den Kampf an
„Ich würde wohl wollen..."
„...ich dann aber auch"

In Dresden tagt die CDU, und der Countdown um die „K-Frage" (K wie Kanzlerkandidat) läuft. Angela Merkel bekommt während einer kämpferischen 90-Minuten-Rede 105-mal Zwischenbeifall und hinterher sechs Minuten und 39 Sekunden Applaus mit „Angie, Angie"-Rufen.
Einen Tag später erntet ihr Erzrivale Edmund Stoiber jedoch elf Sekunden mehr Beifall, wie manche per Stoppuhr registrieren. Stoiber wird noch vor Weihnachten signalisieren, dass er die K-Frage gern für sich entscheiden würde – wenn CSU und CDU es denn so wollen. Und in Berlin beschließt die SPD eine Koalition mit der PDS. Berlin ist rot-rot.

Die große Debatte über Demenzkranke

„Juhnke unheilbar geisteskrank" Diese BILD-Schlagzeile am 12. Dezember macht die Freude, die wir zum Monatsbeginn über seine Heimkehr aus der Klinik empfunden hatten, zunichte. Der große Entertainer ist demenzkrank. Seine Familie hat gemeinsam entschieden, ihn in ein Heim zu geben.
Über das tragische Schicksal von Harald Juhnke hinaus beginnt plötzlich eine deutschlandweite Debatte, die viele Familien betrifft. Susanne

Exklusiv-Foto: NEUE REVUE

Harald Juhnke, wie er sich selbst gern sah: lässig, charmant, mit Zigarre

Harald Juhnke im Flur des Heimes: Er wirkte fröhlich, unbeschwert – aber irgendwie abwesend

Die geklaute Liebe
Ulla Kock am Brink
Sie bricht ihr Schweigen
ESSO Hit der Woche
Bild
Der Euro ist da!
Matthäus
Effe muss weg!
Wird Juhnke entmündigt?

Montag, 17. Dezember

„Herr der Ringe“? Oder lieber „Harry Potter“?

Zwei Superfilme eroberten unsere Kinos (und Herzen): Der „Herr der Ringe“ mit dem kleinen Hobbit Frodo (Elijah Wood, Foto rechts) und den gruseligen Orks (Foto oben) – mit 660 Millionen Mark Produktionskosten der teuerste Film des Jahres. Kleine Kinofans zieht es eher zu „Harry Potter – der Stein der Weisen“ mit Daniel Radcliffe als Harry Potter (Foto links).

Juhnkes mutiger Schritt in die Öffentlichkeit rückt die vielen tausend Menschen ins Scheinwerferlicht, die einen hilflosen Familienangehörigen aufopfernd zu Hause pflegen.
Plötzlich wird darüber gesprochen, was diese Menschen in aller Stille leisten. Ebenso deutlich wird aber, dass es für eine Heimeinweisung durchaus sehr gute und plausible Gründe geben kann. Dass eine Entscheidung wie diese nicht zwangsläufig ein Indiz für Herzlosigkeit sein muss, macht uns die **Juhnke-Debatte** kurz vor Weihnachten ebenfalls deutlich. In der „BUNTEN“ sagt Susanne Juhnke: „Wer das nicht durchgemacht hat, weiß nicht, was es bedeutet, mit einem Menschen zu leben, der immer abwesend ist, mit dem man kein Gespräch mehr führen kann...“
Dann wird es wieder erfreulicher; es gab ja auch wirklich genug schlechte Nachrichten (Wort des Jahres 2001: **„11. September“**).

Alle Welt spricht von **Harry Potter**, als unsere Kinder (aber natürlich nicht nur die) schon wieder für einen Kinokassenschlager Schlange stehen. Der **„Herr der Ringe“** ist da! Die teuerste Filmproduktion aller Zeiten (660 Millionen Mark) ist sozusagen die Mutter-Story für alle verfilmten Märchen, in denen die Guten gegen die Bösen kämpfen. Doch während im Kino der Kampf unentschieden ausgeht, kapitulieren im wahren Leben die Bösen noch vor Weihnachten. Tora Bora fällt. Die Taliban ergeben sich. Nur **Osama Bin Laden** nicht. Der war bei Redaktionsschluss dieses Buches immer noch auf der Flucht.

Feuerwehren retteten die St. John-Kathedrale. Das Feuer brach in einem Souvenirshop aus

Bin Ladens Wort zum Jahreswechsel

Zwei Mal Bin Laden auf Video. Links kann er den Arm noch heben, auf dem jüngeren hängt er kraftlos herab – eine Kriegsverletzung?

Ulla Kock am Brink spricht von Versöhnung
Kann sie ihr verzeihen?
Preise im Wert von 400 000 Mark
Bild
Jetzt Machtkampf
Euro
Rocky 10 Jahre Knast?
Wird er Schumi gefährlich?

Dienstag, 18. Dezember

Sabine Christiansen
Jetzt die Millionen-Scheidung!
KRINNER
Ursula Karven
Bild
600 000 Mark für WM-Titel
Rockys Frau packt aus

Mittwoch, 19. Dezember

Sabine Christiansens 10-Millionen-Scheidung
Kann das viele Geld ihren Schmerz lindern?
Bild
Mutter mit 13!
Kahn, der Würger
Justiz entlastet Helmut Kohl

Donnerstag, 20. Dezember

Sabine Christiansen spricht
Bild
Frau Wussow sucht einen neuen Mann
Was macht Rot-Rot aus Berlin?

Freitag, 21. Dezember

Der Jahresschluss in Stichworten. Box-Legende **Graciano Rocchigiani** (37) schlägt in Berlin einen Polizisten nieder! Es könnte sein endgültiger Absturz sein (bereits vier Verurteilungen seit '96). Rockys „Boxer-Leben liegt in Trümmern" (BILD). Seine Frau gibt die Trennung bekannt und spricht von einem ernsthaften Alkoholproblem ihres Mannes.

BILD sammelt 7,2 Mio. für hilfsbedürftige Kinder

Wieder brennt es in New York. Diesmal ist es die berühmte (und amerikaweit größte) **Kathedrale „St. John the Divine"** in Manhattan, an der seit 1892 gebaut wird. 48 Löschzüge mit 300 Feuerwehrmännern können die totale Zerstörung verhindern.

Die ZDF-Gala **„Ein Herz für Kinder"** rührt die Herzen von fast sechs Millionen Zuschauern. „BILD hilft e.V." rief ganz Deutschland zu Spenden für besonders hilfsbedürftige Kinder auf, und es kamen 7,2 Millionen Mark zusammen. Prominente wie **Uschi Glas, Gudrun Landgrebe, Patrick Lindner** usw. saßen an den Spenden-Telefonen; 760 geladene Gäste erlebten im Hangar 2 des Flughafens Tempelhof eine bewegende, rührende Nacht. Die schönste Überraschung und Gesprächsthema Nr.1: **Ursula Karven**, die ja noch um ihren kleinen Sohn trauert, war extra aus Malibu nach Berlin gekommen!

Leuna-Affäre: Kohl wird rehabilitiert

Das Leid von Altkanzler Helmut Kohl wird im Dezember gelindert. Er bereitete sich ja auf das erste schmerzliche Weihnachtsfest ohne seine Frau vor, aber kurz vorher wurde er in der sogenannten Leuna-Affäre rehabilitiert. Die Staatsanwaltschaft sah keinen Grund mehr, wegen Be-

BILD rief – und alle kamen

EIN HERZ FÜR KINDER

Im Hangar 2 des Berliner Flughafens Tempelhof rollten an diesem Tag keine Flugzeuge, sondern Geld: BILD rief zu Spenden für hilfsbedürftige Kinder auf. Schauspieler Karlheinz Böhm (Foto: mit Friede Springer, Patrick Lindner und BILD-Chefredakteur Kai Diekmann, links) bekam den Ehrenpreis „Goldenes Herz" für sein Lebenswerk „Menschen für Menschen" (Äthiopien-Hilfe).

Schauspielerin Ursula Karven (links mit Sohn Christopher) und Moderatorin Petra Schürmann kamen zur BILD-Gala. Beide Mütter verloren 2001 ein Kind durch tragische Unfälle

Ehrung für die Sportler des Jahres

Eisläuferin Gunda Niemann-Stirnemann, Schwimmerin Hannah Stockbauer, Radrennfahrer Erik Zabel und Eisläuferin Anni Friesinger wurden die Sportler des Jahres

Sabine Christiansen
Zwei Männer trösten sie auf dem Traumschiff
Die allerschönsten Love-Songs der Welt!
Kehl geht zu Dortmund
Juhnke Heiligabend zu Hause
Bild
Jetzt gesteht Daum alles
Super-Bingo
1200 deutsche Soldaten nach Kabul

Kati Witt
Sie ist 36 und will Mutter werden
Ich wünsche mir ein Baby
ESSO Hit der Woche
Bild
Ballack
Bayern zahlt 100 Mio für diesen Mann
Dramatischer Kampf im Flugzeug!
Passagiere stoppen Selbstmord-Attentäter
Liebe Leserin, lieber Leser,

Sonnabend, 22. Dezember

Montag, 24. Dezember

Schwere Unruhen in Argentinien

Ein junger Argentinier schwer verletzt auf der Straße: Bei den Ausschreitungen und Plünderungen starben mindestens 20 Menschen

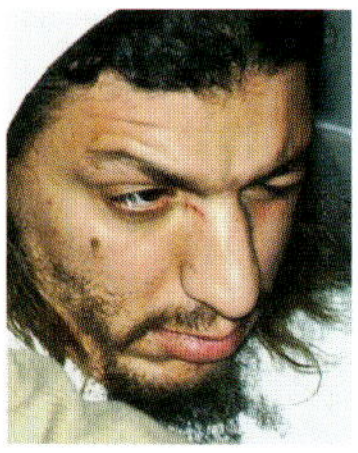

Festgenommen: Terrorist Richard Reid

stechlichkeit gegen ihn zu ermitteln. In **Argentinien** gehen tausende verzweifelter Menschen auf die Straße, sie plündern und zünden Autos an. Präsident de la Rúa muss zurücktreten. An Bord einer America-Airlines-Maschine von Paris nach Miami versucht ein **Terrorist**, den in seinen Absätzen versteckten Sprengstoff zu zünden; er wird überwältigt. Und dann nimmt Pe-

Schnee, Hitze und Andacht – Weihnachten 2001

Es war schon ein bisschen chaotisch, dieses Weihnachten 2001: Während in fast ganz Europa Schneestürme wüteten, tobte im 40 Grad heißen Südaustralien eine Flammenwalze. Schwere Buschbrände bedrohten Sydney. Tausende mussten aus ihren Häusern fliehen. Und in New York erinnerte ein fast 10 Meter hoher Weihnachtsbaum an die Terror-Opfer. Die US-Fahne auf seiner Spitze wehte auf Halbmast.

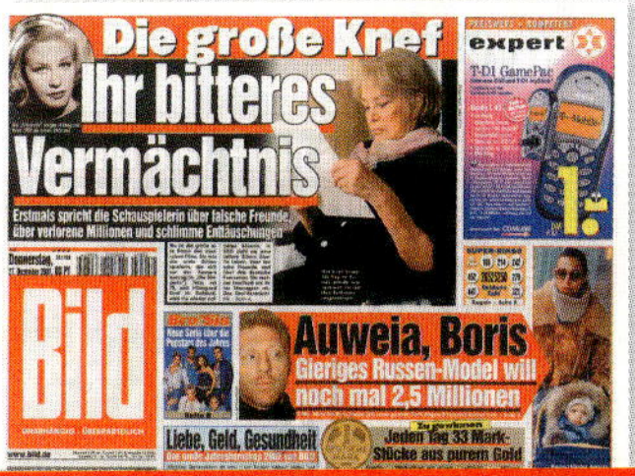

Donnerstag, 27. Dezember

Freitag, 28. Dezember

Sonnabend, 29. Dezember

Montag, 31. Dezember

trus unseren Wunsch nach weißer Weihnacht wörtlich.
Das **Schnee-Chaos** kommt buchstäblich über Nacht und bringt den Weihnachtsverkehr zum Erliegen. Weit über 100 000 Menschen stecken fest. Viele verbringen 18, 20 Stunden und mehr auf der Autobahn. Allein bei Nürnberg stauen sich die Autos auf 150 Kilometern, die Behörden lösen Katastrophenalarm aus. Chaos auch auf Bahnhöfen und Flughäfen; viele Flüge müssen wegen des Schnees gestrichen werden. Eine Winterlandschaftsweihnacht wie im Bilderbuch für alle, die nicht unterwegs sein müssen!

Trauer bei Hackls, Feuer bei Völler und Feldbusch

Wir freuten uns mit **Lore Strack** (65), die über ihre innige Freundschaft (platonisch) mit **Preußen-Prinz Georg Friedrich** (25) erzählte. Wir trauerten mit Gold-Rodler **Georg Hackl**, der seinen Vater am Eiskanal verlor (Infarkt). Wir erschraken mit **Verona Feldbusch** (33), deren Sofa in Flammen aufging (Kerze vergessen), und wir bemitleideten **Rudi Völler** (41), dessen Villa in Leverkusen abfackelte (Brandstiftung).

Dann hieß es Abschied nehmen. Abschied von einer guten, ehrlichen Freundin. Nur die Älteren erinnerten sich noch daran, wie es einmal ohne sie gewesen war. Für die meisten gehörte sie einfach zum Leben, und der Abschied machte vielen ein bisschen Angst.
Die gute, ehrliche Freundin: Das war die **Deutsche Mark**.
Auf Wiedersehen, 2001. Auf Wiedersehen, D-Mark. Hallo, 2002 – willkommen im Euro-Land!

5-er: Bettina von Arnim

10-er: Carl Friedrich Gauß

20-er: Annette von Droste-Hülshoff

50-er: Balthasar Neumann

100-er: Clara Schumann

200-er: Paul Ehrlich

500-er: Maria Sibylla Merian

1000-er: Jacob und Wilhelm Grimm

Abschied von vertrauten Köpfen – Der Euro kommt

Der Abschied zum Jahresende fiel den Deutschen schwer, obwohl sich die Mehrheit auf den Euro freute. Zum Gedenken an die gute alte D-Mark hier noch einmal die Porträts, die ihre Geldscheine im Wert von 5 bis 1000 Mark schmückten und die neue Währung

Wie der Dezember unser Leben veränderte

Beschämendes Schauspiel nach dem CDU-Parteitag

Dr. Peter Gauweiler
ist CSU-Landtagsabgeordneter und BILD-Kolumnist. Von 1990 bis 1994 war der Intimus von Franz Josef Strauß bayerischer Umweltminister

Die bürgerliche Klasse ist die unsolidarische Klasse. Diesem traurigen Ruf hat die Dezember-CDU neue Nahrung gegeben.
Das beschämende Schauspiel nach dem Dresdner CDU-Parteitag zeigt, dass immer noch zu viele Führungspersonen der CDU nicht in der Lage sind, diese große Gemeinschaft zu integrieren, sondern sie zertrümmern.
Worauf müssen sich die Suchscheinwerfer der CDU-Vorsitzenden Merkel richten, wenn sie gleichwohl nicht diese Schwächen ihrer Partei beleuchten will (was als Wut-Reaktion verständlich wäre), sondern die Stärken? Die wichtigste Stärke der CDU-Idee tritt zutage, wenn man den Ex-Juso-Chef Schröder reden hört, warum er in die politische Mitte gewandert ist. Oder wenn Fischer „die Kontinuität" seiner Außenpolitik bis zurück in die fünfziger Jahre herausstellt.

Fischer und Schröder preisen diesen Fortsetzungszusammenhang ihrer heutigen Politik mit den Anfängen Westdeutschlands, seiner Marktwirtschaft und der NATO ja nicht, um sich klein zu machen, sondern um selbst aufs Siegerpodest dieser Erfolgsgeschichte zu gelangen.
Man muss sagen, dass unter den politischen Alternativen nach dem Zweiten Weltkrieg die Ideen mit weitem Abstand den größten Anteil an diesem Jahrhundert-Erfolg hatten, die von der Christlich-Demokratischen Union ausgegangen sind. Eine Weichenstellung, die fast alle Roten und Grünen, die heute etwas zu sagen haben, jetzt auf einmal in höchsten Tönen loben und auf ihre (manchmal etwas künstliche Art) nachmachen und imitieren wollen.

Man kann nicht sagen, dass dies gegen das Programm spricht, welches von der CDU für Deutschland und seine Wirtschaft über die Jahrzehnte durchgesetzt worden ist.
Der zweite günstige Umstand für die CDU liegt in einer Fehlbeurteilung von Kanzler Schröder. Der Regierungschef hat im Herbst, als die Grünen in der Krise waren, die für ihn einmalige Chance verstreichen lassen, vorgezogene Neuwahlen durchzuführen, was er durch einen mutigen Rücktritt hätte erzwingen können. Die Vertrauensfrage durch den Wähler wäre zu diesem Zeitpunkt – es ging nach dem 11. September um die Schicksalsfrage der Solidarität mit Amerika – zu seinen Gunsten und mit einem eindrucksvollen Ergebnis beantwortet worden (allerdings eher ohne die Grünen als mit ihnen).

Diese Chance hat Schröder nicht genutzt. Jetzt wachsen seine Bäume nicht mehr in den Himmel – im Gegenteil.
Nun kommt auch noch – drittens – als Schicksalsfrage des nächsten Jahres die Einwanderungsdebatte erst richtig hoch: ob es mit den Wirtschaftsinteressen und der Wohlfahrt der Deutschen zu vereinbaren ist, dass – zu allem, was an Problemen schon im Lande ist – nochmals neue Einwanderungsgruppen zu hunderttausenden geholt werden sollen.

Wenn Angela Merkel den Mut und die Kraft aufbringt, in der Beantwortung dieser Frage ihre CDU zu einer Alternative zur Regierung zu machen (und nicht nur zu einer Variante), kann die CDU Rot-Grün schlagen. Wenn nicht, dann nicht.

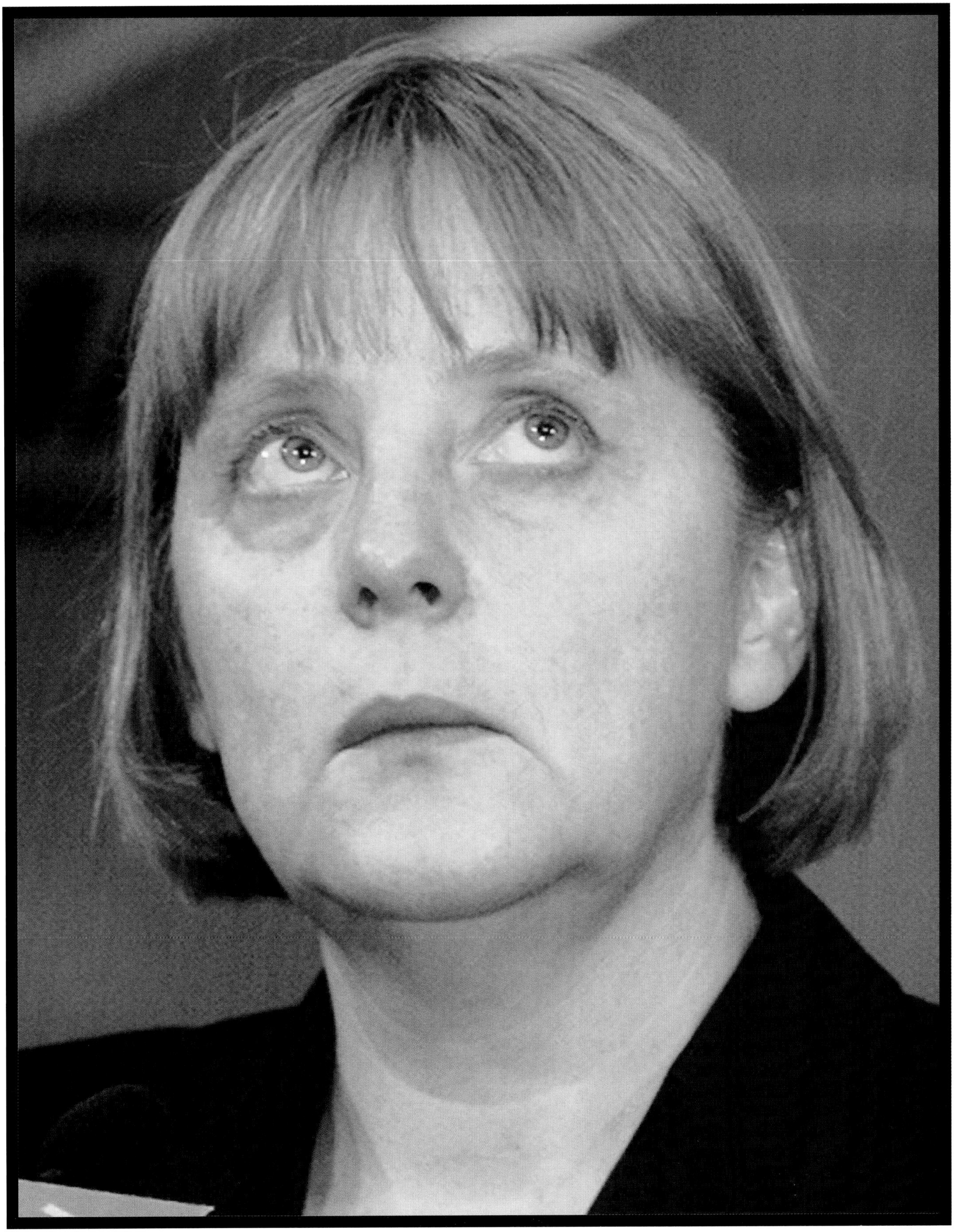

Angela Merkel vor einer ungewissen Zukunft. Kann sich die CDU-Chefin im Ringen um die Kanzlerkandidatur gegen ihren Kontrahenten Edmund Stoiber durchsetzen?

action press S. 19 (2), 51, 111, 120, 123, 158, 161, 164, 165, 174, 192, 201; **Adams, Eddie** S. 102; **Alpha Press** S. 29, 141 (2); **AP** Umschlag (2), 5, 6, 19, 21, 22 (2), 23 (3), 24, 26, 32/33, 38, 47, 50, 54, 57, 59 (2) ,66, 73 (2) ,81, 83, 86 (3), 100 (3), 101, 102, 104, 105 (2), 111, 112, 112/113, 114 (2), 122 (2), 124, 134 (2), 134/135, 137, 138, 139, 142, 145, 146/147, 146 (2), 147 (2), 148/149, 149 (2), 150, 151 (2), 154 (2), 155 (2), 156, 157, 158, 159 (3), 160, 161 (3), 162, 163, 164, 168/169, 171, 173, 174, 175 (3), 177 (4), 179, 180, 184, 187, 188 (3), 189 (2), 190 (2), 192, 193, 196, 196/197, 198 (2), 199, 202 (2), 204 (2), 205; **ARD** S. 70 (4); **Artis** S. 161; **ASA** S. 55, 95; **Aug** S. 69; **Augenklick/N. Rzepka** S. 95; **Baader, Lorenz** S. 91; **Baptista, Fernando** S. 114, 119 (2); **Barth, Thomas** S. 101; **Bavaria** S. 137; **Beitlich, Klemens** S. 103 (4); **Beutner, Bernd** S. 64 (4), 65; **bild.de/Stefanos Notopoulos** S. 164; **Blumenthal, Andreas** S. 176; **Bongarts** S. 21, 52, 191; **BPK** S. 30; **Brauer, Sabine** S. 178; **Breuel** S. 28, 103, 173; **Bulls Press** S. 24 (2), 68, 120; **Bulls Press/Phil Ramey** S. 120; **Channel** 9 S. 51 (2); **Chaperon, Laurence** S. 104; **CMK Images/Kiesling** S. 97 (2), 192; **CNN** Umschlag, 50, 171 (3); **Corbis Sygma** S. 143; **Damsch, Jürgen** S. 186; **dana press** S. 4, 140 (2), 143 (2), 186; **Darchinger, Marc** S. 8, 104, 137; **Dargelis, Heinz** S. 20, 53, 89; **DDP** S. 9, 28, 53, 59, 61 (2), 81, 87, 119, 187 (3), 193, 203; **DDP/US Air National Guard** S. 172/173; **Decker, Erwin** S. 172; **DHA-Karaman-Burdur** S. 161; **Donohoe, Alban** S. 71 (2); **Döring, Olaf** S. 175; **DPA** Umschlag (4), Vorsatz, 7, 10, 11, 13, 15, 16/17, 21, 22, 27 (2), 33, 34, 37, 38/39, 40, 41, 44, 44/45, 51, 52 (2), 53 (2), 56, 61, 63, 66, 69 (3), 71, 74, 75 (2), 78, 82, 83, 87 (3), 93, 97, 98, 103, 116, 123, 128/129, 131, 134, 136, 138, 139, 140, 141, 155, 157, 159 **Dreier, Udo** S. 175; **Ein Leben für die Liebe** S. 125; **Endemol** S. 89;

Eventpress Herrmann S. 203; **Fessel, Rüdiger** S. 26; **Firo** S. 70; **Fischer & Friends/A. Beil** S. 138 (2); **Fleischhauer, Thorsten** S. 105 (4), 116; **Focus/P. Schirnhofer** Umschlag, 67, 110/111, 127; **Focus/ SPL** S. 88; **Focus/Steve McCurry/Magnum** S. 152/153 **Fotex** S. 55, 209; **Future Connection** S. 118; **gamma press** S. 135 (2); **Garff, Michael** S. 29; **Gaulke, Thomas** S. 97; **George, Kalazois** S. 165; **GES** S. 191; **Getty Images** S. 188; **Getty Images/Avi Ohayon/GPO** S. 117; **Globe Photos** S. 158; **Gnoni Press** S. 192; **Gstettenbauer, Michael** S. 72 (2), 73; **Guenther, Ralf** S. 83, 104, 136/137, 203; **Hahn, Michael** S. 119; **Haertel, Harry** S. 136 (2); **Hangen, Martin** S. 199; **Heuser, Eric** S. 56 (3) **HIKO** S. 26; **Horstmüller** S. 161; **Hürriyet/ Cem Oksuz** S. 82 **Ifa Bilderteam** S. 88, 135; **Imago** S. 35; **Interfoto** S. 179; **Intertopics** S. 121; **Intertopics/ Shooting Star** S. 193; **Intertopics/Timepix** S. 193; **Kanka, Björn** S. 26 (2), 116 (3); **Kiener, Sigi** S. 97, 99 (2); **Köhler, Andreas** S. 83; **Körner** S. 136; **Kopruluoglu, Atilla** S. 26; **Korte, Christian** S. 121; **Laif** S. 107; **Lehmann, Conny** S. 29 (4); **Lengemann, Martin** S. 62; **Ley, Josef** S. 101, 161; **Lucas, Marc** S. 25 (2); **Mahnke, Jürgen** S. 115, 131 **Mancuso, Vincenzo** S. 29; **Mauritius** S. 177, 200; **MDR** S. 190; **Meier, Ralf** S. 185 (4) **Mirror** S. 143; **Moenkebild** S. 85; **Mrozkowski, Wolfgang** S. 104; **Müller, Peter** S. 37, 51, 68, 80, 107, 115, 163, 178 (2), 192; **Multhaupt, Hennes** S. 85; **NASA** S. 75; **Neue Revue** S. 201; **New York Daily News** Umschlag; **Niebergall, Peter** S. 131; **Online Sport** S. 19, 106 (2), 195; **Ossenbrink, Frank** S. 37; **People Picture** Umschlag, 141, 174; **Phalanx/N. Maskus** S. 102; **Playboy/Eric Thevenet** S. 80;

Pro 7 S. 57 (2); **Public Address** S. 200; **PUK** S. 58; **Rauchensteiner, Hans** S. 89, 192; **Reflex** S. 96/97, 121; **Reuters** Umschlag (2), 14, 18, 22, 23 (2), 27, 38, 44, 53, 61, 66, 74, 75 (2), 77, 85 (2), 86, 100, 102, 109, 120, 122/123, 123, 124 (3), 125, 131, 135, 139, 140, 142 (2), 149, 154 (2), 155, 159, 160/161, 163, 167, 170, 171, 173 (3), 175, 177, 187 (2), 189 (2), 198 (2), Nachsatz; **Rex Features** S. 24, 188; **Rival, Andre** S. 12, 81; **Roba Press** S. 135; **Rose, Paul** S. 19; **Roth Foto** S. 203; **RTC** Umschlag, 43, 44/45, 45, 53, 58, 184, 186; **RTL** S. 35, 44, 124; **RTL West** S. 72; **RTL, Klaus Oberst** S. 58; **SAD** S. 154; **SAT 1** S. 131; **Sauerbier, Michael** S. 118; **Schackow, Bodo** S. 116; **Schaffner, Henning** S. 101; **Schneider Press** S. 98 (2), 99 **Schroe' wig** S. 165, 192; **Schoepal, Edgar R.** S. 205; **Schulz, Hans-Rudolf** S. 99; **Seeger Press** S. 164; **sh:z** S. 184; **Siemoneit, Ronald** S. 176 (2); **Simon, Sven** S. 52, 89, 125, 137; **Sipa Press** S. 133; **Snaps** S. 85, 143; **Sportimage** S. 27, 48/49, 115; **Starnick, Niels** S. 182/183; **Starpress** S. 161, 182; **Stollarz, Patrick** S. 59; **Story** S. 96/97 (4); **Sub Aqua Divecenter/Peter Schinck** S. 58 **Team 2** S. 70, 139; **Thelen, Andreas** S. 54, 95, 174, 178, 201; **Thomas & Thomas** S. 193, 201; **Thomas, Simone** S. 118 **TNC** S. 56; **Transglobe** S. 158; **Tri Ass/Peter Brenneken** S. 116; **Ullstein Bild** S. 133, 161 (2), 178; **Ulmer Pressefoto** S. 78/79; **Vario-Press** S. 31; **Wabra, Michael** S. 81; **Warner BroS.** Umschlag, 202 (3); **WEA** S. 40; **Wedler, Eberhard** S. 95; **Wedler, Udo** S. 60; **Welke, Horst** S. 119 (3); **Wende** S. 85, 106, 191; **Werek** S. 94; **Witters** S. 41, 84, 143; **Worth, Jonathan** S. 135; **ZDF** S. 178 (4); **Zentralbild** S. 58, 191; **Zimpel, Reto** S. 165 (3)

New York – der Mythos

Der Hudson River schimmert im Rot der aufgehenden Sonne. Lichter flimmern wie tausende Glühwürmchen in den beiden Türmen des World Trade Centers. New York – die Stadt der himmelhohen Türme. New York bei Nacht – so wird es nie wieder sein! Die beiden Türme gibt es nicht mehr. New York – mehr als nur eine Stadt. Der Traum vieler Menschen, die hier ihr Glück suchen wollen – und finden. New York – ein Mythos, der nicht zerstört werden kann!

Franklin's